그 래 도 우 리 , 헤 어 질 수 는 없 잖 아

그래도 우리, 헤어질 수는 없잖아

초판 1쇄 인쇄일 2024년 5월 22일 • 초판 1쇄 발행일 2024년 5월 27일
지은이 박성덕
펴낸곳 도서출판 예문 • 펴낸이 이주현
등록번호 제307-2009-48호 • 등록일 1995년 3월 22일 • 전화 02-765-2306
팩스 02-765-9306 • 홈페이지 www. yemun. co. kr
주소서울시 강북구 솔샘로67길 62(미아동, 코리아나빌딩) 904호

ISBN 978-89-5659-485-9 03180

상처받은 관계를 회복하고 마음의 거리를 좁히는 감정 테라피

그래도
우리,
헤어질 수는
없잖아

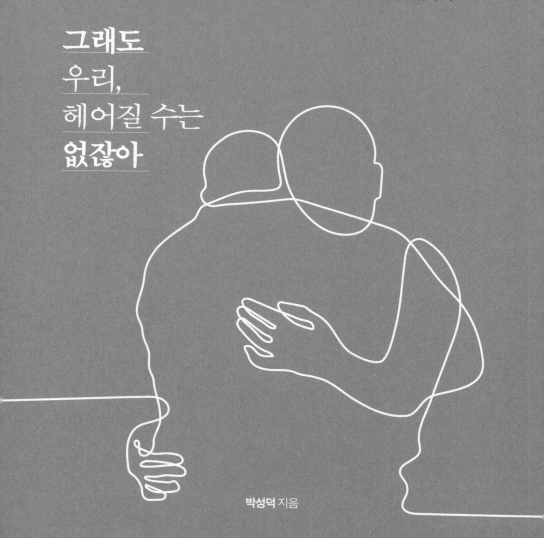

박성덕 지음

쌤앤파커스

불화는
행복을 위해
불가피한 여정이다

당신은 어떤 가정에서 자라났는가? 책을 시작하기에 앞서 이 질문을 던지는 이유는 원가족의 가정환경이 부부관계에 미치는 영향이 매우 크기 때문이다. 아무리 화목한 가정에서 자랐더라도, 어린 시절 자신이 따랐던 부모 형제의 모습을 지금의 배우자에게서는 찾아볼 수 없다면 그것이 화근이 되어 갈등을 부추길 수 있다. '우리 아버지는 안 그랬는데, 왜 우리 어머니처럼 가정에 헌신하지 못하지?'라고 비교하는 순간, 갈등이 그 틈을 비집고 들어오게 된다. 즉, 원가족의 환경이 훗날 결혼생활에 긍정적인 영향을 줄 수도, 반대로 부정적인 영향을 줄 수도 있다는 점을 이해하는 것이 중요하다.

이는 정신과 의사로서의 조언일 뿐 아니라, 내 경험에서 우러나온 이야기이기도 하다. 나 또한 나와는 전혀 다른 가정에서 자란 배우자를 이해하지 못해 한때 갈등을 겪었다.

나는 여섯 남매 중 넷째이자 장남으로 태어났다. 집안은 늘 시끌시끌하고 다복한 분위기로 가득했다. 농촌 생활이 경제적으로 넉넉지는 못했지만, 그럼에도 부모님은 아들딸들에게 힘든 내색을 하지 않으셨고, 공부하는 데 필요한 돈이라면 빚을 내서라도 마련해 주셨다.

부모님 사이에는 깊은 사랑이 있었다. 아버지는 힘든 상황도 유머로 환기시키실 줄 아는 분이셨다. 가부장적이었지만 연세가 들어가며 어머니를 더욱 아껴주셨다. 어머니 역시 가정을 위해 헌신하며, 자신을 인정해 주고 사랑해 주는 아버지를 끔찍하게 생각하셨다. 아버지가 돌아가신 후에도 늘 아버지를 그리워하실 만큼 두 분은 애틋하셨다. 아버지는 농사를 짓더라도 공부를 놔서는 안 된다며, 평생 배우는 것이 삶이라고 말씀하시곤 했다. 그 말씀대로, 아버지는 농사일뿐만 아니라 일본어, 영어, 한문, 서예 등 다양한 학문과 예술에 대한 배움에도 열정을 쏟으셨다.

이 같은 아버지의 모습은 내게 '가장'의 롤모델과 같았다. 하지만 아버지와 같은 가장이 된다는 건 한편으론 큰 부담이었다.

전공의 시절 바쁜 와중에 아내를 만나 결혼했고, 결혼 후에도 밤낮으로 이어지는 당직과 저녁 회식으로 인해 집에 늦게 돌아오는 일이 잦았다. 그럼에도 나는 그 모든 것이 모두 가정을 위한 일이라 생각했다. 아침이고 밤이고 성실하게 일하는 그 자체를 헌신이라 여겼다.

결혼 초기까지는 큰 다툼이 없었다. 하지만 당직과 술자리가 잦아지자 아내가 점차 불만을 토로하기 시작했다. '함께 있는 시간이 없다', '어디 가든 배려받지 못하는 것 같다', '아이들과 놀아 주지 않는다', 심지어 '자신을 사랑하지 않는 것 아니냐'는 소리까지 들었다.

나는 내 나름대로 최선을 다하고 있다고 생각했는데, 아내는 고립감과 외로움을 호소했다. 아내의 불만이 나에 대한 비난처럼 들려 서운했다. 고된 일과 후 술자리도 일의 연장이며 결국 가정을 위한 노력의 일환이라고 생각했던 나로서는, 이를 이해하지 못하는 아내가 답답하게 느껴졌다. 화도 났다. 하지만 이 모든 감정을 허심탄회하게 아내에게 털어놓지는 못했다.

정신과 전문의로서 다른 사람들과의 대화에는 익숙하지만, 아내와의 대화는 어색하고 어려웠다. 서운함과 감정의 격동 속에서, 대화는 점점 더 힘든 일이 되어갔다. 아내가 나의 노력과 고생을 이해하고 기다려준다면 내가 알아서 잘할 텐데 하는 원망도 했다.

나는 성실한 가장의 본보기가 되어주셨던 아버지처럼 살고 싶었다. 그리고 머릿속에 각인된 아버지의 모습대로 살기 위해서 직장에서 열심히 일했다. 이런 모습을 아내가 내 어머니가 아버지에게 그랬던 것처럼 이해해 주리라 생각했다. 그러나 현실은 달랐다. 아내는 무엇보다 관심과 배려를 원했다. 나는 강한 불만을 드러내는 아내에게 다가가는 것이 부담스러웠다. 묵묵히 아버지를 내조하셨던 어머니처럼만 해준다면, 우리도 얼마든지 행복하게 살 수 있을 거란 생각을 했다. 그때 나에겐 어머니의 순종적인 삶이 아내를 판단하는 유일한 잣대였던 것이다.

오붓했던 부모님, 밝고 화목했던 가정 분위기는 분명 나에게 긍정적인 영향을 많이 끼쳤다. 사회생활을 하는 데도, 내 가정을 꾸리는 데도 좋은 영향을 주었다. 하지만 그것이 부부가 결합해 가는 과정에는 문제가 될 수도 있음을, 나중에야 알았다.

한편, 정신과 전문의라는 타이틀은 오히려 결혼생활을 어렵게 만드는 데 일조하고 있었다. 정신과 전문의인 내 가정에 문제가 있으면 안 된다는 생각에 문제가 드러나지 않기를 바랐기 때문이다.

그렇게 속으로 골병이 들어가는지도 모른 채 10여 년의 세월을 보냈다. 그 사이 우리 부부는 누가 먼저랄 것도 없이 지쳐갔다. 불화가 깊어지자 결국 우리는 서로를 건드리지 않기로 했다. 그렇게 무시하고 덮어두면 시간이 알아서 해결해 주겠지, 하고 막연히 기대한 것이다. 하지만 한 집에 사는 부부가 투명인간처럼 숨죽이고 사는 게 가능한 일이던가? 가정을 유지하기 위해서 함께해야 할 시간이 얼마나 많은가? 그 모든 시간을 서로 없는 것처럼 지내기란 어불성설이다. 서로를 무시하고 한 집에서 산다는 것은, 인정받고자 하고 위안받고자 하는 인간의 기본적인 욕구를 포기하는 것이다. 무시와 회피는 다투고 싸우는 것보다 더 무서운 방법이다. 그렇게 간신히 결혼 생활을 유지하고 있을 때, 아내가 심각한 표정으로

쪽지 하나를 내밀었다.

'아버지학교 신청서.'

서운함과 분노가 치밀었다. 나처럼 열심히 살아가는 가장이, 참고 견디는 남편이 또 있을까? 나를 전혀 인정하지 않는 아내가 미웠다. 하지만 아내의 태도는 결연했고, 가지 않으면 무슨 일이 생길 것만 같았다. '너나 어머니학교 가서 배워'라고 내뱉고 싶은 것을 간신히 참았다.

사람들은 고통을 받으면 그 어느 때보다 변화를 간절히 원하게 된다. 안타까운 사실은 많은 사람이 어떻게 해야 변할 수 있는지 모른다는 것이다. 그러나 때때로 변화를 촉진하는 것은 예상치 못한 사소한 계기일 때가 많다.

우리 부부에게 변화의 계기는 아버지학교였다. 명색이 정신과 전문의인데 뭐 더 얻을 게 있을까 하는 생각에 반신반의로 들렀던 그곳에서 나는 머리에 망치를 맞은 듯한 충격을 받았다. 당연하다고 생각했던 것이 당연한 것이 아니었다. 나에겐 가부장적인 사고가 없다고 생각했는데, 알고 보니 나도 예외가 아니었다. 아내가 나를 괴롭힌다고 생각했는데, 실은 내가 아내의 몸과 마음을 지치게 하고 있었다.

이 경험을 통해 정신과 전문의로서 나는 새로운 결단을 했다. 이전까지는 정신분열병, 우울증, 알코올 중독 등 정신과 질환을 치료하는 것이 나의 사명이라고 여겼다. 그러나 아버지학교를 통해 가족과 부부의 치유가 얼마나 중요한지를 깨닫고, 가정 회복에 초점을 맞춘 연구와 공부에 나서기로 마음먹었다. 많은 사람이 부부관계 개선을 갈망하지만 그 방법을 몰라 헤매고 있는 것을 보며, 체계적인 도움을 제공할 필요성을 느꼈다. 아버지학교 이전에는 정신과 전문의라는 내 전문성이 가정에 긍정적 영향을 미치고 있다고 자부했다. 그러나 수료 후에는 오히려 전문가로서의 내 역할이 가족을 괴롭히는 결과를 초래했다는 반성에 이르렀다.

아내는 종종 주변 사람들로부터 '남편이 정신과 전문의라 좋겠다'는 말을 듣곤 한다. 그때마다 아내는 웃으면서도 속으론 '당신이 한번 살아보시오' 하는 심정이었단다. 지식을 자신의 삶에 적용하지 못한다면, 오히려 주변 사람들에게 오히려 독으로 작용할 수 있다. 제아무리 뛰어난 학자라도, 부부 사이에는 서로 모르고 주는 상처가 많다. 이런 무지에서 비롯된 상처는 상대방을 깊게 다치게 만든다.

아내가 옆에서 아무리 우울하다고 말해도 나는 속으로 '배부르고 할 일이 없으니 우울하지' 하고 대수롭지 않게 넘기곤 했다. 위로는커녕 아물지도 않은 상처 위에 더 깊은 상처를 내고 있었던 것이다.

아내의 바람은 단순했다. 그저 나와 함께하길 원했고, 나로부터 인정받고, 나에게 소중한 존재가 되길 바랐다. 나 역시 그랬다. 내가 열심히 살아가는 모습을 존중해 주고, 가장으로서 내 노력에 만족해 주기를 바랐다. 우리는 서로에게 원하는 것이 많았지만 어떻게 해야 할지 몰라서 서로를 자극하고 상처 주었다.

내가 부부치료를 공부하기로 결심한 또 다른 이유가 있다. 나는 특별한 사람이 아니다. 내 일에 충실하고, 가장으로서의 도리를 다해 행복한 가정을 꾸리겠다는 평범한 남편, 평범한 남자일 뿐이다. 그런데 내가 직접 불화를 겪고 나니, 부부 사이의 불화는 대부분의 가정이 겪는 현실임을 알게 되었다.

나도 결혼하면 행복할 것이라고 생각했다. 그래서 아내와 갈등을 겪을 때, 내가 불행한 결혼을 한 것은 아닌가 밤새워 고민했다. 누구에게도 들어본 적 없지만, 지나고 보니 부부 사이의 불화는 결혼생활의 필수 과정이었다. 불화를 겪지 않고 부부가 행복해지는 경우는 드물다. 아니, 없다고 해도 과언이 아니다. 그때 알았더라면 회복은 더 쉬웠을 것이다.

여러 부부들을 만나고 그들의 이야기를 들어주는 일을 업으로 하다 보니 왕왕 결혼식 주례를 서 달라는 부탁을 받는다. 아직 주례를 설 때가 아니라고 생각해 정중히 사양하고 있지만, 훗날에 먼저 살아본 사람으로서, 그리고 수많은 부부들을 만나본 사람으로서 주례를 서게 된다면 이렇게 말해주고 싶다.

"지금 두 분의 결혼을 진심으로 축하합니다. 안타깝게도 신혼의 단꿈에 젖어 있을 두 사람을 기다리고 있는 것은 행복이 아닐 겁니다. 결혼은 행복이 아니라 성숙의 과정입니다. 부부가 함께 그 성숙을 향해 나아갈 때 비로소 행복이 찾아옵니다. 결혼하면 행복해지기 전에 갈등과 불화가 먼저 두 분을 기다릴 것입니다. 제가 이 말씀을 드리는 것은 불화가 왔을 때 당황하지 말라는 뜻입니다. 그때 우린 맞지 않나 보다, 혹은 결혼을 잘못한 게 아닌가, 하는 생각을 하지 말라는 뜻입니다. 누구를 선택하든 그 불화는 반드시 겪게 되어 있습니다.

불화가 찾아오면 제 말을 기억해서 당황하지 말고 갈등을 어떻게 해결해야 할지에 초점을 맞추십시오. 두 사람이 해결하려면 힘들 수 있습니다. 두 사람이 노력해서 안 될 것 같으면 주변에 도움을 요청하세요. 필요하면 전문가를 찾아가도 좋습니다. 그렇게 노력해서 불화를 극복하는 순간, 두 사람은 성장하고 결국 부부로서 얻을 수 있는 큰 행복을 누리게 될 것입니다.”

결혼을 하면 누구나 불화를 겪게 된다. 부부 사이에 결함이나 부족함이 있어서가 아니다. 자연스러운 결혼생활의 과정일 뿐이다. 실제 불화를 극복한 수많은 부부가 이전보다 더 행복하게 살아간다. 하지만 안타깝게도 어떤 부부들은 서로를 이해하지 못하고, 불화를 안고 평생을 보내기도 한다. 더러는 이혼이라는 극단적인 선택을 하기도 하고, 이혼하지 않더라도 서로에 대한 기대를 버리고 ‘투명인간 부부’로 살아가는 경우도 있다. 누구나 겪을 수밖에 없는 부부의 갈등, 당신은 이 불화 앞에서 배우자와 어떤 모습으로 살기를 원하는가?

나와 아내 역시 불화 앞에서 복잡한 생각을 했었다. 내가 부부치료를 공부하지 않았다면 우리는 어떻게 살았을까, 서로 그런 대화를 나누기도 한다. 그런 생각조차 하기 싫다. 그랬다면 지금의 행복은 결코 찾아오지 않았을 것이다. 아마 우리는 서로를 이해하지 못한 채, 시간을 헛되이 보내며 서로를 탓하고 있었을 것이다.

아내와의 관계를 회복할 수 있었던 가장 큰 이유는 부부관계에 대한 이해였다. 공부를 통해 부부 불화의 본질을 깨닫게 되었다. 부부 싸움의 격렬한 말싸움과 행동 뒤에 숨어 있는, 진정으로 하고 싶었던 말이 무엇인지 알게 된 것이다. 이 책이 본의 아니게 멀어져 버린 남편과 아내 사이의 거리를 좁히고, 서로에 대한 이해를 넓혀 부부간의 소통을 돕기를 바란다.

부부는 사랑하기 때문에 결혼하고, 사랑하기 때문에 싸우며, 사랑하기 때문에 화를 내고 도망친다. 시간이 지나고 생활의 무게에 짓눌려 '정말 그럴까?' 하고 의심이 든다면, 이 책을 끝까지 읽은 후 남편과 아내 모두가 '그렇구나' 하고 공감할 수 있기를 바란다. 오늘도 서로 다른 방식으로 사랑을 표현하고 있지만, 그 사랑을 아직 눈치채지 못한 부부들에게 이 책을 권하고 싶다.

우리 부부관계를 회복하기 위해 결혼과 부부관계에 관심을 갖게 되면서 시작한 공부가 있었다. 그것이 '정서중심 부부치료'였고, 그 공부가 아내와의 관계를 좁히고 친밀감을 회복하는 데 결정적인 도움을 주었다. 결국 2024년 1월에는 국제정서중심치료 센터에서 공인된 정서중심 부부치료 트레이너가 되었고, 한국에서 전문가를 훈련하여 국제 자격증을 발급할 수 있게 되었다. 저자의 개인적 결혼 경험은 물론 3,000쌍 넘는 부부상담 사례를 통해서 알게 된 영역을 한국의 전문가에게 가르칠 때 가장 큰 힘이 난다.

이 책은 정서중심 부부치료를 처음 경험하면서 썼던 나의 첫 저서 ≪우리 다시 좋아질 수 있을까≫를 토대로 개정하여 새롭게 쓴 것이다. 특히 그간의 부부상담 경험을 통해 독자들이 상담을 받아 회복되는 경험이 되기를 바라며 PART 4를 기록했다. 이제 전문가 교육을 넘어서 한국의 모든 부부, 커플 등 사랑의 관계가 건강하게 회복되기를 바라며 이 책이 아파하는 부부에게 깊이 전달되기를 바란다. 또한, 전문가가 고통을 받는 부부를 회복시킬 때 좋은 길잡이가 되길 바라며 글을 썼다. 이 책이 사람은 변하지 않는다고 생각하며 절망에 싸인 가정에 깊이 스며들어 작은 희망의 빛이 되기를 소망한다.

"사람은 반드시 변하고, 그 변화는 사랑의 관계가 일으킨다!"

PART 01 행복을 꿈꾸지 않았던 부부는 없다

PART 02 사랑했기에 겪을 수밖에 없는 고통

그래도 내가 선택한 사람, 당신과 다시 행복질 수 있다면

헤어질 수 없는 부부를 위한 회복 상담실

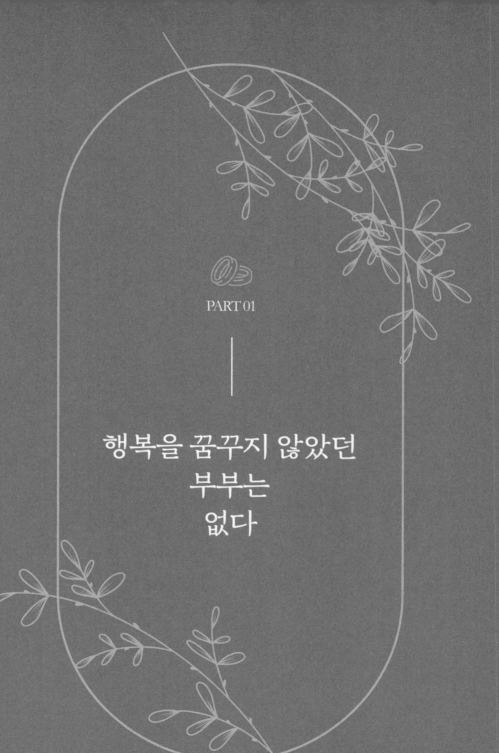

PART 01

행복을 꿈꾸지 않았던
부부는
없다

많은 이들이 행복을 논할 때 경제적 안정을 최우선 조건으로 꼽는다. 실제로 미국 「포브스」지에서 선정한 400대 부자들의 행복지수가 매우 높다는 발표도 이런 주장에 힘을 실어주는 듯하다. 하지만 그린란드의 에스키모인과 아프리카 마사이족의 행복지수가 이들과 비슷하다는 사실은 행복에 대한 기준이 얼마나 주관적인지를 보여준다. '행복 심리학'의 선구자로 알려진 일리노이 대학의 에드 디너 교수는 《매우 행복한 사람》이라는 논문을 통해 행복의 결정적인 요소를 '관계'에서 찾았다. 디너 교수는 222명을 대상으로 한 연구에서, 행복도 상위 10%에 속한 사람들이 다른 사람들에 비해 혼자 있는 시간이 적고, 타인과 자주 만나며, 관계 유지에 많은 시간을 투자한다는 공통점을 발견했다. 이는 행복한 삶을 위해서 관계에 대한 이해가 얼마나 중요한지를 확인시켜 주는 결과다. 행복한 삶을 위한 관계의 중요성은 가장 가까이에서 평생을 함께하는 부부관계에도 큰 영향을 미친다.

결혼하고 나니
사랑의 유효기간이 끝나 버렸다

사랑의 열병이 찾아온다. 결혼이라는 현실에 부딪히면 자연히 벗겨진다고 하는 콩깍지 낀 사랑이 찾아온다. 영원히 함께 구름 위를 걸을 것만 같고, 머릿속에는 때와 장소를 가리지 않고 화려한 불꽃놀이가 펑펑 터지는 듯하다. 이런 상태에서는 자신의 모든 것을 상대에게 쏟아부어도 전혀 아깝지 않다고 느낀다. 이렇듯 콩깍지가 씐 상태를 심리학 용어로 '핑크렌즈 효과Pink Lens Effect'라고 한다. 이는 남녀 사이에서 벌어지는 동서양 공통의 현상이다.

미국 럿거스 대학의 헬렌 피셔 교수에 따르면, 사랑은 세 단계의 과정을 거친다. 첫 번째 단계는 갈망이다. 성 호르몬의 작용으로 남녀는 서로를 갈망하게 되는데, 만약 이 단계에서 만남이 지속되지 않는다면, 관계는 금방 끝나버릴 수 있다.

두 번째 단계는 강한 끌림의 단계이다. 소위 '콩깍지가 씌었다'는 단계로, 영어로는 '홀딱 반함infatuation'이라 한다이 말은 라틴어로 'fatuus', 즉 '어리석다'는 의미다. 이 단계에서 사람들은 상대방에게 완전히 빠져들며, 많은 이들이 심리적인 장애를 겪기도 한다. 강한 끌림 이후에 상대방이 끊임없이 생각나는 증상이 그것인데, 이는 강박장애에 걸린 사람의 특징과도 흡사하다. 모든 일상이 사랑하는 사람의 생각으로 가득 차 있다. 상대가 보고 싶은 마음에 자신의 일에 집중하지 못하고, 반복해서 상대의 이름을 적어보기도 하고 종일 휴대전화를 붙잡고 있기도 한다. 때때로 식욕저하나 불면 증상이 찾아오기도 한다.

이러한 심리적 장애와 더불어 생기는 특별한 사고 장애가 있는데, 상대방과 얽힌 일이라면 무엇이든 긍정적으로 해석하고 의미를 부여하는 것이다. 이를 '이상화'라고 한다. 사랑의 기쁨에 도취되어 그 사람의 긍정적인 면만 생각하고, 부정적인 면은 외면하게 되는 것이다.

일전에 EBS 〈생방송 60분 부모〉라는 TV 프로그램에서 부부 상담을 진행했을 때, 갈등을 겪고 있는 한 부부를 만났다. 부부는 화만 나면 걷잡을 수 없이 커지는 남편의 폭력적인 성향 때문에 갈등이 깊어진 상태였다. 그런데 상담을 하다 알게 된 놀라운 사실은 남편의 난폭성이 갑작스러운 행동이 아니라 연애 시절부터 있어 왔다는 점이었다. 연애 당시 남편은 폭력을 행사한 다음이면 "내가 얼마나 너를 사랑하면 이렇게 화를 내

겠니?"라며 부인 앞에 무릎을 꿇고 사과를 했다고 한다. 당시 콩깍지가 단단히 씌었던 아내는 그런 남편의 행동이 자기를 정말로 사랑해서 그런 것이라고 느꼈다. 급기야 아내의 친구들까지도 남편의 난폭함에 대해 경고했지만, 오히려 자신의 남자친구를 부정적으로 평가하는 친구들에게 서운함을 느꼈다. 당시에는 이러한 행동이 결혼생활에 문제가 될 수 있다는 것을 전혀 예상치 못했기 때문에 두 사람은 주변의 우려에도 아랑곳없이 결혼을 했다. 하지만 결혼 후에도 남편의 폭력적인 성향은 그칠 줄 몰랐고, 뒤늦게야 이러한 행동이 남편의 성격적 문제를 인식하게 되었다.

결혼하기 전에 부모가 강하게 반대를 했다면 과연 두 사람은 헤어졌을까? 둘은 더욱 강하게 뭉치고, 부모와 심각한 갈등을 겪었을 것이다. 주변에서 두 사람의 관계를 반대하는 이들은 누구든 '공공의 적'이 되며, 그에 맞서 연인은 더욱 결속력을 갖게 된다. 때로는 야반도주나 가출과 같은 극단적인 행동으로 이어진다.

사회심리학자인 스탠턴 필은 이러한 상태를 마약중독 상태에 비유했다. 상대방에 대한 모든 것이 긍정적으로 보이며, 스릴을 즐기고, 황홀경을 느낀다. 지금의 행복한 순간을 계속 이어가길 원하며, '절정'의 상태를 지속하고 싶어 한다. 마약중독자들이 환각 상태에서 깨어나면 슬픔과 공허감이 밀려와서 다시 마약에 손을 대는 것과 마찬가지로 상대가 멀어지는 듯한 느낌이 들면 관계를 지속하기 위해 안간힘을 쓴다.

이와 같이 홀딱 반한 상태는 페닐에틸아민PEA, 엔도르핀, 노르에피네프린 같은 신경전달물질에 의해 촉진된다. 특히 PEA가 신경세포를 적시면 황홀감을 느끼고 행복감에 도취되는데, 이는 강력한 천연 마약 성분이다. 스킨십을 하고 싶고, 종일 마주 보고 있어도 질리지 않는다.

하지만 PEA가 일으키는 감정의 고조는 오래 지속되지 못한다. 인간의 신체는 동일한 화학 물질에 오래 노출되면 내성이 생기게 되기 때문에 신경전달물질의 분비가 감소한다. 황홀감은 얼마 안 가 사라지고 점차 열기가 식어 가는데, 이때 흔히들 갈등을 겪으며 사랑이 식었다고 느낀다. 과학자들은 일반적으로 PEA가 지속되는 기간을 최장 3년으로 보고 있다. 흔히 말하는 '사랑의 유효기간', 다시 말해 콩깍지가 벗겨지는 시간이다.

부부는 대체로 연애 시절의 갈망과 끌림을 지나 애착 단계로 넘어간다. 많은 경우, 사랑의 끌림 단계에서 사랑을 고백하고 청혼하게 된다. 콩깍지가 씌어 있지 않았다면, 배우자를 선택하기가 훨씬 어려웠을 것이다. 상대방의 단점이 눈에 띄기 시작하면 결정을 고민하게 될 것이기 때문이다. 그러한 단점을 핑크빛 렌즈가 가려 주어 배우자를 선택하는 데 주저함이 없게 한다.

그러나 결혼 생활 속에서 사랑의 화학적 유효기간이 지나고 나면, 고통과 갈등을 동반한 '현실'에 직면하게 된다. 많은 부부가 애착 단계에서 일생일대의 위기에 직면한다. 갈망과 끌림으로 생긴 열정적인 사랑의 시기가 끝나고 나면, 새로운 차원의 사랑이 그들을 기다리고 있다. 이 새로운 사랑은 종종 고통과 갈등을 수반하지만, 동시에 더 깊고 진정한 연결을 제공한다.

친밀감과 인정,
모든 부부 싸움의 공통적인 이유

기혼자들에게 결혼한 이유를 물으면 가장 많이 나오는 대답이 '사랑해서'다. 결혼을 앞둔 예비부부들 또한 한결같이 "서로 사랑해서 결혼해요"라고 말한다.

이렇듯 사랑은 물론 부부를 맺어주는 가장 강력한 수단이다. 하지만 사랑에 대한 시각은 제각각이라서 종종 갈등을 일으킨다. 어떤 이는 함께 시간을 보내는 것만으로 사랑받는다고 느끼지만, 다른 이는 그것만으로는 충분치 않다고 여긴다. 실질적 도움이나 선물을 받을 때 사랑받는다고 느끼는 경우도 있다.

"우리를 알고 있는 주변 사람들은 남편과 내가 사랑하는 방법을 모른다고 말해요. 남편은 내게 사랑한다고 말을 하지만 난 그의 사랑을 느낄 수가 없어요. 물론 나도 남편을 사랑하지만, 우리는 서로를 못 잡아먹어 안 달이에요."

"지금 제가 원하는 건 가족 여행이 아니에요. 조용한 카페에서 남편과 마주 앉아 진지하게 대화를 나누며 문제를 풀고 싶어요. 하지만 남편은 여행을 가서 맛있는 음식을 먹고 쉬면 모든 게 해결될 거라고 생각해요."

우리는 사랑의 홍수 속에 살고 있다. 하루에도 수없이 '사랑'이라는 단어를 마주친다. TV에서는 사랑 이야기가 주를 이루고, 드라마와 음악 역시 사랑을 주된 테마로 다룬다.

도대체 사랑이 무엇이기에 우리는 이토록 사랑을 갈망하며 살아가는 걸까?

많은 사람이 '사랑'을 정의하기 위해 노력해 왔다. 어떤 이들은 사랑을 대등한 교환 관계로 보고, 마치 상업 거래처럼 서로 동등하게 주고받는 것을 사랑으로 여긴다. 자손을 남기고 양육하는 전략의 일환으로 사랑을 정의하는 시각도 있다. 상대를 위한 희생을 사랑의 본질로 정의하기도 한다. 종교적인 관점에서 종교지도자의 희생이 곧 사랑이라는 것이다.

고대 그리스의 철학자 아리스토파네스는 원래 공 모양이었던 인간이 신에 의해 반으로 나누어졌다고 말한다. 그래서 인간은 잃어버린 반쪽을 찾아 본연의 상태로 돌아가기 위해서 애쓰는데 이러한 노력이 바로 사랑이라고 정의했다. 불완전한 상태에서 완전한 인간으로 거듭날 수 있도록 도와주는 것이 사랑이라는 것이다. 소크라테스는 아름다움을 찾아 끊임없이 탐구하는 노력을 사랑이라고 정의했다. 아름다움은 '좋음善'과 함께할 때에만 진정 실현될 수 있으므로, 사랑이란 궁극적으로 선을 지속적으로 소유하고자 하는 갈망이라고 본 것이다.

우리나라에서는 떠나간 남편을 기다리다 돌이 된 여인을 기리는 망부석이 배우자에 대한 헌신적인 사랑의 상징으로 여겨진다. 또는 돌아가신 어머님을 생각하여 산소 옆에 움막을 짓고 삼년상을 치르는 아들의 모습을 사랑이라 정의하기도 한다. 이렇듯 동서고금의 많은 이들이 사랑을 정의해 왔음에도 불구하고, 사랑은 여전히 개인적인 경험에 의해 정의되며, 그 의미는 사람마다 천차만별이다.

그렇다면, 이리도 모호한 사랑을 이유로 하는 결심이 과연 부부관계를 잘 유지하는 기반이 될 수 있을까? 행복한 결혼생활을 영위하기 위해선, 사랑에 대한 깊은 이해와 함께 그것을 어떻게 지속적으로 유지할 수 있을지에 대한 공부가 필수적이다. 특히 평생을 함께해야 하는 부부 사이에서는 단기간의 열정을 넘어서는 사랑의 이해가 중요하다. 다행히 최근 20년 동안 사랑에 대한 새로운 이해가 등장했다. 이 새로운 관점은 사랑을 단지 감정의 교류로 보지 않고, 성장과 발전을 함께 하는 과정으로 보는 시각을 제시한다.

인간은 복잡하게 얽힌 관계 속에서 삶을 영위한다. 이 관계를 통해 우리는 때로는 짜릿한 행복을, 때로는 쓰라린 아픔을 경험한다. 인간이 관계를 벗어나서 살아가는 것은 물고기가 물을 떠나 사는 것과 같다. 우리는 관계를 통해 성장하고, 독립적인 삶을 영위하기 위한 에너지를 얻으며, 때때로 그 속에서 깊은 고통도 마주한다.

친밀한 관계가 인간의 수명에 미치는 영향은 상당하다. 미국의 브리검 영 대학 연구팀은 7년 반에 걸친 연구를 통해, 가족, 친구, 이웃, 동료와 같은 사회적 관계가 없을 때보다 있을 때 사람의 생존 가능성을 약 50% 증가시킨다고 발표했다. 연구팀은 또한 외로운 삶이 건강에 미치는 위험 정도가 매일 담배 15개비를 피우는 것과 유사하다고 밝혔다. 또 외톨이 생활을 하면 알코올 중독과 비슷한 정도로 건강을 위협받게 되며, 전혀 운동을 하지 않은 것과 같은 악영향을 미치게 되는 것은 물론, 비만한 사람보다 2배가량 더 수명을 단축시킨다고 밝혔다. 이러한 연구 결과는 가족과 친구의 존재가 인생을 풍요롭게 하고, 수명을 연장하는 중요한 요인임을 시사한다. 이러한 관점은 불화로 인해 갈라선 부부라도 예외는 아니어서, 관계의 단절이 수명 단축의 원인이 될 수 있음을 나타낸다.

사람은 누구나 자신을 인정하고 격려하는 사람을 곁에 두고 싶어 한다.

정치인들은 자신의 정치적 관점을 공유하고 지지해 줄 이들과 함께 정당을 이룬다. 이는 정치 활동의 원활한 진행과 정치 생명의 연장을 위해서다. 직장에서도 자신을 인정해 주는 사람이 많을 때, 오랫동안 일할 수 있고, 생산력도 높일 수 있다. 누군가로부터 인정받는 이들은 자신감이 넘친다. 직장에서 인정을 받는 사람은 회사를 위해 헌신하고, 학교에서 인정을 받는 학생은 공부하는 것이 즐겁다. 나를 인정해 주는 친밀한 이는 생존을 위한 필수적인 존재이다. 전쟁터에서도 혼자보다는 전우가 있을 때 생존 확률이 더 높은 것처럼, 인간은 관계 속에서 더 큰 힘을 발휘한다. 고래도 자신을 인정해 주는 사람을 위해서 춤을 춘다고 하지 않는가? 우리도 서로를 인정하고 지지함으로써 삶을 더욱 가치 있게 만든다.

또한 사람은 본능적으로 자신이 친밀하다고 느끼는 사람을 가까이 두고 싶어 한다. 친밀감에 대한 욕구는 인간의 생존 본능이다. 친밀감은 외면적인 매력에 의해 발생하기도 하지만, 알고 보면 더 깊은 무의식적인 이끌림에 의한 것이 대부분이다. 왜 특정 인물에게 이끌리는지 명확히 알 수 없음에도 불구하고, 마음이 끌린다. 일부는 이런 현상을 두고 '사랑의 자동조절 장치'가 내부에 장착되어 있다고 표현하기도 한다. 즉, 현재의 상황에서 자기 자신에게 가장 부합하는 사람에게 끌리도록 되어 있다는 것이다.

이런 관점에서 볼 때, 배우자는 우리 자신을 비추는 거울과도 같다. 부부 갈등을 분석하면 자신이 무엇을 원하는지 알 수 있고, 배우자를 통해서 나의 내면을 이해할 수도 있다. 비로소 나의 무엇이 문제였는지를 깨닫고 궁극적으로 자신에 대한 깊은 이해에 이르게 된다.

불화를 겪고 있는 부부가 불만을 토로하는 내용을 가만히 들어보면 그들이 결혼을 통해서 바라는 것이 무엇인지 알 수 있다. 싸움 속에서도 배우자에 대한 간절한 바람을 듣게 되는 것이다.

"남편은 더 이상 저를 사랑하지 않아요."
"아내는 내가 하는 일은 전혀 인정하지 않습니다. 다 못마땅해해요."
"내 의견은 항상 무시당해요."
"나보다 텔레비전을 더 좋아해요."
"아이가 태어난 뒤로 아내의 우선순위에서 밀려났어요."
"우리 부부는 한 집에 살아도 서로 투명인간처럼 대해요."
"아내의 목소리가 커지면 싸우는 게 싫어서 그 자리를 피합니다."
"도망가는 남편을 보면 전 말라죽을 것 같아요."

위의 말들을 자세히 살펴보면 남편과 아내의 공통적인 주장이 있다. 상대방에게 사랑과 인정을 받고 싶은데 그렇지 못해서 고통스럽다는 것이다. 자녀, 일, TV 등이 나보다 우선시 되면, 부부관계는 고통 속으로 빠져들게 된다. 상대와 함께하는 시간이 부족하거나 소외감을 느낄 때, 그것이 불화의 원인이 된다. 배우자와의 위기가 닥칠 때, 한 사람은 싸움을 통해 관계를 회복하려 하지만, 다른 한 사람은 더 큰 고통을 겪거나 평화가 사라질 것을 두려워해 도망간다. 한쪽은 회복을 위해 싸우려 하고, 다른 한쪽은 도망치며 싸움을 피하려 한다.

다시 말해, 상대방에게 인정을 받지 못하고 친밀감이 사라질 것이 예측되거나 혹은 실제로 그런 일이 벌어지면 부부싸움이 일어나고 관계가 악화된다.

사랑하면 왜 결혼해서 함께 지내고 싶어 할까? '정서중심 부부치료 모델'을 만든 수전 존슨 교수는 사랑을 진화의 최종단계이자, 중요한 생존전략으로 보았다. 결혼은 단순히 자손을 남기기 위한 짝짓기가 아니라, 생존을 위한 최적의 선택이라는 것이다. 인간의 유전자에는 이미 가장 가까운 사람을 가까이 두고 싶은 기본 욕구가 자리 잡고 있다. 인간은 정서적, 신체적으로 기댈 수 있는 사람을 통해 건강한 삶을 유지할 수 있기 때문이다. 그러므로 지금 당신 곁에 있는 배우자는 당신이 정서적, 신체적으로 기댈 수 있는 대상으로 '선택된' 사람이자 '애착의' 대상이다.

부부가 벌이는 전쟁은 바로 이 애착대상을 확보하기 위한 싸움이다. 자신이 상대방에게 소중한 사람이라는 느낌이 사라지면 이를 다시 쟁취하기 위해 전쟁을 벌이는 것이다. 따라서 부부가 벌이는 전쟁은 자신이 필요한 것을 얻기 위한 가장 적극적인 방법이기도 하다.

분명히 사랑해서 결혼했는데
우리 사이가 왜 이렇게 됐을까

잔뜩 찌푸린 표정으로 상담실 문을 두드린 희애 씨, 50대 중반이다. 명문 대학을 졸업하고 대학 동아리 선배였던 남편의 멋진 모습에 반해서 결혼했다. 아들딸도 잘 자라서 출가했고, 경제적으로 안정된 기반을 잡았다. 남편은 사업에 성공해서 서울 강남에 제법 큰 빌딩을 하나 갖고 있다. 주변 사람들로부터 더 이상 부러울 것이 없겠다는 말을 듣던 그녀에게 우울증이 찾아왔다. 심장이 벌렁거리고 초조하고 불안하다. 그동안의 세월이 공허하게 느껴진다. 남편하고 둘만의 생활에 기쁨과 즐거움이 사라진 지는 이미 오래되었다.

젊은 시절, 남편은 사업을 위해 전국을 돌아다녔고, 그로 인해 집에서의 시간은 드물었다. 희애 씨는 그런 남편이 한편으로 야속했지만, 젊은 시절 고생은 사서 한다고 애써 서운함을 드러내지 않고 자녀 양육에 시간을 투자했다. 그러나 남편에 대한 그리움과 원망은 시간이 흘러도 사라지지 않았고, 부부관계는 다른 일에 밀려 항상 뒷전이었다. 그럴수록 희애 씨는 아이들에게 매달렸다.

남편의 부재는 희애 씨에게 점점 더 크게 느껴졌다. 남편 정구 씨는 사업이 번창하면서 만나는 사람도 많아졌고, 사회활동도 늘어났다. 주중에는 늦게 퇴근하고 일주일에 3일 이상은 회식을 이유로 술을 마셨다. 주말이면 사업상의 이유로 골프를 쳤고, 운동이 없는 날에는 회사에 출근한다며 집을 비웠다. 희애 씨는 가정에서의 역할에만 몰두했다. 점차 친구들과의 관계도 멀어졌고, 남편과의 소통은 더욱 줄어들었다. 남편에게 외로운 마음과 허전함을 표현할 시간도 없었지만, 간혹 드러내더라도 "먹고살만하니까 배부른 소리 하고 있다"는 남편의 반응에 희애 씨는 더욱더 상처받았다.

어느 날인가부터 숨이 막히고 가슴이 조여 왔다. 희애 씨는 술에 의지하기 시작했다. 처음에는 한두 잔씩 마시던 술은 조금씩 그 양이 늘어났고, 종종 술로 인해 분노가 폭발하기도 했다. 남편에게 고함치고, 집안 물건을 파괴하는 자신을 발견하며 자신도 싫어졌다. 버림받은 듯한 느낌은 견딜 수 없었다.

남편 정구 씨 역시 사업 때문에 바쁜데 그 마음을 알아주지 않는 희애 씨가 원망스러워졌다. 힘들게 일하고 있는 자신을 위로해 주지는 못할 망정, 아내의 부정적인 태도는 마치 자신의 성공을 기뻐하지 않는 것처럼 여겨졌다. 집에 돌아올 때마다 맞이하는 아내의 찌푸린 얼굴은 부담스러웠고, 결국 더 많은 바깥 활동으로 이를 대신했다.

희애 씨는 남편에게 매달리는 자신의 모습에서 벗어나고 싶었다. 친구들은 적당히 남편 비위 맞추면서 경제적으로 맘껏 누리며 살라고 조언한다. 하지만 남편과 한 집에서 남남처럼 살아갈 자신이 없다. 특히, 부모의 이혼을 경험한 자신과 같은 아픔을 자녀들이 겪게 하고 싶지 않았다. 아이들에게 행복한 가정을 주고 싶었지만, 현재의 삶은 부모님과 별반 다르지 않았다는 생각에 고통은 더욱 커져만 갔다.

"결혼 전에 저 혼자 살 때보다도 지금이 더 외로워요. 그렇다고 지금 당장 헤어지는 것도 힘들고, 함께 사는 것도 고통스러워요. 남편에게 화가 나면 집안에 있는 물건을 집어던지기도 하고, 파괴적으로 변해가는 내가 싫어요. 이럴수록 남편이 절 더 싫어하게 될 거라는 생각이 들지만 멈출 수가 없어요."

부부는 떨어져 지낼 수 없었지만, 함께 지내는 것은 더 고통스러운 일이었다. 남남처럼, 아무 일이 없는 것처럼 살 수 없는 부부관계. 오랫동안 불화를 겪으면 관계 회복은 영영 불가능해 보인다. 결혼할 때까지만 해도 남부럽지 않게 행복하게 살 수 있을 것이라 생각했는데, 이제 와서 결혼 생활을 돌이켜보면 행복한 기억이 별로 없다.

부부불화는 예외가 없다

부부 상담을 거쳐 간 부부들의 공통된 바람이 있다.

"우린 행복하게 살기 위해서 결혼했어요."

모든 남녀는 행복을 꿈꾸며 결혼한다. 결혼이 그들을 행복이라는 목적지로 인도해 줄 것이라 믿으며. 그러나 여기에는 한 가지 전제가 필요하다. 행복은 스스로의 노력 없이 저절로 찾아오지 않는다는 사실이다.

결혼하면 행복하게 잘 살 것이라는 믿음은 어린 시절 접하는 동화책을 통해 강화된 바 있다. 동화의 결말은 하나같이 주인공이 결혼해서 행복하게 살았다는 해피엔딩이다. 이러한 이야기들은 신분과 환경에 상관없이 모든 문제를 해결해 주고, 어려움을 극복하는 마법 같은 존재로 결혼을 묘사한다. 화려한 영화와 드라마 속 로맨스 또한 마찬가지다. 결혼을 달콤한 로맨스의 종착지로 그리는 미디어를 접하며, 결혼에 대한 환상은 더욱 커지게 됐다.

하지만 현실은 동화 속 이야기와는 거리가 멀다. 예상과 달리 결혼 생활의 어려움에 부딪혀 고통받는 사람들이 주변에 넘쳐난다. '결혼식은 화려했는데, 결혼생활은 아름답지 못했다', '부모들의 불행한 결혼생활을 어느 날 보니 내가 반복하고 있더라'는 하소연을 듣는 일이 잦아진다.

많은 사람이 결혼을 해도 행복하지 않다고 말한다. 점점 더 많은 사람이 결혼 생활을 일찌감치 포기하고, 매년 높아지는 이혼율은 행복한 결혼 생활에 대한 사람들의 좌절감을 여실히 드러낸다. 그렇다면 성공적인 결혼생활을 하기 위해서는 어떻게 해야 할까? 혹시 우리가 바라보는 결혼에 대한 시각이 잘못된 것은 아닐까? 행복한 생활을 막연히 기대하는 대신 결혼 자체에 대한 시각을 달리 해보는 건 어떨까?

예를 들어, 어떤 치료자들은 결혼을 성숙의 과정으로 본다. 성숙해지기 위해서는 겪는 고통을 '성장통'이라고 하는데, 비 온 뒤에 땅이 굳어지듯 인간은 고통 없이는 성숙할 수 없다. 마찬가지로, 결혼을 행복이 아닌 성숙의 관점으로 보면 이야기는 달라진다. 결혼이 곧 행복이라고 생각하는 사람은 결혼생활에서 갈등을 겪으면 이를 실패로 간주하고, 행복하지 않은 결혼은 잘못된 것이라 여긴다. 하지만 결혼을 성숙해지는 과정이라고 생각하면, 고통을 견디거나 이겨낼 방법을 찾으려 애쓴다. 불화를 자신이 성숙할 수 있는 기회로 삼는다.

갈등은 결혼 후 모든 부부가 겪는 통과 의례이다. 어떤 부부에게나 예외 없이 찾아오며, 어쩌면 평생을 함께할 숙제와도 같다. 이처럼 부부간 불화는 선택의 문제가 아니라, 결혼이라는 공동의 여정 속에서 누구나 마주하게 되는 과제다. 경제적인 수준이나 학력, 성격의 차이, 신체적 조건 등과는 전혀 무관하게 불화는 발생한다.

물질이 결합할 때 발생하는 열을 물리적 용어로 반응열이라고 한다. 결혼생활도 서로 다른 인격체인 남자와 여자가 만나서 하나로 결합하는 과정이라고 볼 때, 이 과정에서 열이 나지 않는 게 오히려 이상한 것이다. 갈등은 행복으로 가는 여정에 부부가 반드시 경험해야 하는 과정이다. 만약 당신이 예상치 못한 불화 속에 있다면, 그것은 당신이 정상적인 결혼생활의 한 과정을 걷고 있다는 증거다. 결혼을 서둘러 포기하기 전에, 이 보편적 과정을 어떻게 극복할지 고민해 보는 것이 중요하다.

서로 다른 문화와 환경에서 자란 두 사람이 결합하여 일상을 공유하기 시작하면, 갈등은 불가피하다. 연애 기간 동안은 서로를 깊이 알 수 있는 시간이 제한적이기에, 대부분의 시간을 긍정적인 감정만을 나누며 보낸다. 하지만 결혼하게 되면 24시간 모든 말, 행동, 감정이 서로 영향을 주게 된다. 연애 시기에는 부정적인 감정이 생겼을 때 서로 거리를 둘 수 있지만, 결혼하고 나면 그런 선택의 여지가 줄어든다. 연애 때는 부정적인 감정을 직접적으로 해결하는 경험을 충분히 하지 못할 수도 있다. 하지만 결혼 생활에서는 서로의 갈등을 해결하는 방법을 배워야만 한다. 부정적인 감정이 지배하게 되면, 아무리 좋은 경험들 속에서도 만족을 느끼기 어렵다. 부정적인 감정이 긍정적인 감정보다 관계에 더 큰 영향을 미치는 것은 그 힘이 일곱 배 이상 강력하기 때문이다.

즉, 갈등은 서로를 성숙하게 만드는 중요한 과정이며, 진정한 성장을 향한 지름길이 된다.

남편과 아내, 둘 중에
누가 문제냐고 묻는다면

사람들의 누구나 비슷한 기본 욕구를 가지고 있다. 그중 가장 큰 관심사는 '나', 즉 자기 자신이다. 다른 사람보다 우선 자신의 욕구가 충족되기를 바란다. 자신에게 다가와서 관심을 보이는 사람을 원한다. 누군가 나를 인정해 주기를 바라는 욕구가 다른 사람의 욕구를 채워주는 것보다 앞선다. 그래서 살면서 상대방에게 서운한 마음이 생기고, 원망의 마음이 커져간다.

형구 씨네 부부 싸움의 발단은 늘 컴퓨터였다. 형구 씨는 퇴근 후 집에 도착하자마자 저녁을 먹고는 서재로 향해 컴퓨터 게임에 몰두한다. 이것은 그의 하루 중 유일한 탈출구이자 즐거움이다. 처음엔 연희 씨도 남편의 이런 행동을 이해하려 노력했다. 하지만 남편이 게임에 점점 더 많은 시간을 할애하면서, 연희 씨의 마음속에는 서운함과 불만이 쌓여갔다. 형구 씨가 집안일에 손을 대지 않고, 아이들과의 시간도 게임에 밀려나는 모습에 점점 더 실망감을 느꼈다. 그런 남편을 바라보며, 힘든 하루를 나누고 싶어도 컴퓨터 모니터에 눈길을 고정한 채 "나 좀 쉬게 내버려 둬!"라고 소리치는 남편에게 화가 났다.

이제 형구 씨의 말을 들어보자. 힘든 하루를 마치고 집에서 조금이라도 휴식을 취하고 싶은 마음에 게임에 몰두하는 것뿐인데, 아내의 불편한 눈치와 태도에 마음이 편치 않다. 제발 좀 들어달라는 듯 요란하게 그릇을 부딪히며 설거지를 하는 아내의 태도도 불만이다. 무슨 말을 해도 가시 돋친 아내의 말이 귀에 거슬린다. 게임을 통해 잠시나마 아내와의 신경전에서 벗어나고자 하지만, 그럼에도 불구하고 둘 사이의 긴장감은 점점 커져만 간다. 아내와 마주하는 시간이 점점 부담스럽고, 그럴수록 점차 게임에 몰두하는 시간이 길어진다. 아내가 깨어 있을 때는 게임을 하는 게 영 불편해서 일부러 아내가 잠들 때까지 기다렸다가 새벽까지 게임 삼매경에 빠진다.

연희 씨의 불만이다.

"남편이 게임하는 걸 처음부터 반대한 건 아니에요. 직장생활이 얼마나 힘들었을까 하는 마음으로 이해하려고 했어요. 그런데 게임을 하는 시간이 길어지면서 몸만 한 집에 살 뿐이지 남편의 존재를 전혀 느낄 수 없었어요. 힘든 일은 쌓여 가는데 남편은 아무런 도움이 되지 못했어요. 연애 시절에는 언제든 달려와서 내 얘기를 들어주던 사람이었는데……. 이제 남편에겐 저나 아이들보다 게임이 훨씬 중요해요. 처음에는 게임을 하는 자체가 미웠는데, 지금은 내가 남편에게 전혀 무의미한 사람이 되어버린 느낌이 들어서 괴로워요. 게임을 하러 들어가는 남편을 보면 버림받았다는 느낌을 지울 수 없어요. 지금 우리 관계는 알고 지내는 이웃보다 더 멀고 서먹해요."

형구 씨의 속마음을 알아보자.

"처음엔 나를 이해하고 위로해 주는 아내가 고마웠어요. 딱히 다른 취미 활동을 하거나 다른 데 돈을 쓰는 것도 아니잖아요. 유일하게 원하는 것이 게임인데, 이제 이것마저 못하게 하니 화가 나요. 내가 좋아하는 것을 싫어하니 아내에게 좋은 마음이 생기지 않아요. 요즘은 일부러 아내가 잠든 시간에 하는데도 아내는 늘 불만이에요. 다음 날 피곤해도 열심히 출근하고 있잖아요. 아내와 신경전을 벌이고 나면, 회사에 가서도 힘들어요."

소통의 부재가 곧 배우자의 부재다

형구 씨 부부의 갈등은 '애착'과 깊은 관련이 있다. 정서적 위로를 받느냐, 거절당하느냐에 따라 부부는 사랑을 느끼거나 갈등이 쌓이게 된다. 결국, 문제 해결보다 더 중요한 것은 부부간의 정서적 유대감이다. 이는 남편과 아내 모두에게 해당된다.

우선 연희 씨의 마음을 들여다보자. 연희 씨의 마음속 깊은 곳에는 이러한 생각이 자리 잡고 있다.

'남편에게 위로받지 못하고 있어. 남편이 나에게 달려와서 내 얘기를 들어주길 원해. 하지만 남편은 나를 전혀 소중하게 생각하지 않아. 남편은 게임에 집중하지만 나를 이해하려 하지 않아. 남편에게 버림받았어. 난 게임보다도 못한 존재야. 이렇게 지내다가 결국 관계가 멀어지고 깨질까 나는 두려워.'

연희 씨가 게임 자체를 싫어하는 것이 아님을 알 수 있다. 처음에는 연희 씨도 남편의 게임을 허락했다. 그때까지만 해도 형구 씨와의 정서적인 유대감이 있었다. 연희 씨가 남편의 게임 때문에 힘들어하는 이유는 점차 친밀감에 대한 욕구가 좌절되었기 때문이다. 게임을 싫어하는 것이 아니라 남편과 유대감이 없는 상태에서 형구 씨가 게임을 지속하기 때문에 고통을 겪고 있는 것이다.

형구 씨의 속마음을 들여다보자.

'아내는 내가 힘든 걸 몰라줘. 게임하는 것이 보기 싫다고 해서 일부러 잠잘 때 하는데도 늘 불만이야. 난 가정을 위해서 힘들게 일하고 있는데, 아내는 매일 불만만 토로하고 있어. 아내와 함께하는 시간이 두려워. 차라리 게임을 하는 것이 마음이 편하고 위로가 돼. 아내가 내 회사생활까지 힘들게 하고 있어. 하지만 이제 내가 게임하는 것조차 싫어하니 나는

더 이상 위로를 받을 곳이 없어.'

형구 씨는 아내가 자신의 마음을 몰라주는 것에 화가 나 있다. 위로를 받지 못하고 야단만 치는 아내가 야속하고, 자신의 취미를 이해해주지 못하는 아내가 원망스럽다. 형구 씨는 지금 자신이 위로를 받을 방법을 찾지 못하고 있다. 아내에게 그런 마음을 앞으로 표현할 수 있어야 한다.

이 부부는 처음에 게임을 문제 삼아 상담을 시작했다. 하지만 부부가 진정으로 원하는 것은 남편의 위로와 함께 보낼 수 있는 시간, 아내의 인정과 휴식이었다. 이러한 욕구가 충족되지 않아서 갈등이 생긴 것이다.

부부 문제를 깊이 살펴보면, 대다수가 친밀감의 결여, 즉 애착욕구가 충족되지 않아서 발생한다는 것을 알 수 있다. 애착관계에서는 상황이나 문제 자체보다도 정서적 유대감의 단절이 문제가 된다.

형구 씨 부부의 사례처럼, 부부관계에서 옳고 그름을 따지는 행위는 갈등을 완화시키기는커녕 오히려 갈등을 더욱 심화시키는 결과를 낳는다. 옳고 그름에 대한 논쟁은 결국 결론이 나지 않는 싸움으로 이어진다. 남편의 입장에서 보면 남편이 옳고, 아내의 입장에서 보면 아내가 옳다. 내가 만났던 모든 부부들의 이야기를 들어보면, 양측 모두 자신들의 관점에서 볼 때는 일리가 있다. 상대방이 자신의 입장을 인정해 주지 않기 때문에 공방전은 결국 소모적인 다툼으로 이어지고, 상대에 대한 서운함만 더 커진다. 자신의 감정을 상대가 인정해 주지 않는 것이 싸움의 근본 원인이다.

남편도 옳고, 아내도 옳다. 부부간의 불화는 한쪽의 잘못에서 시작되는 것이 아니라, 소통의 부재와 정서적 단절에서 비롯된다. ≪동의보감≫에 "통즉불통 불통즉통通卽不痛 不通卽痛"이라는 말이 있다. 소통이 이루어지면 고통이 사라지지만, 교류가 없다면 고통을 겪게 되는 것은 자연스러운 이치다. 이는 부부관계에도 마찬가지로 적용된다.

세상 단 한 사람이
채워줄 수 있는 욕구

"퇴근 후에 녹초가 되어 집에 들어가면 아내는 제 눈치를 보면서 위로해 줍니다. '당신 힘들었을 텐데 먼저 좀 쉬어요'라는 말 한마디가 큰 힘이 됩니다. 그러면 저는 괜찮다고 말하고 아내에게 다가가서 그날 있었던 하루 일과를 나눕니다. 아내는 내 말을 귀담아들으며 내 편이 되어서 이야기를 들어줍니다. 그러면 아무리 피곤해도 아내에게 에너지를 충전받는 느낌입니다. 다음 날이면 또 다른 힘든 일이 나를 기다리고 있을 걸 알아도, 아내의 위로에 힘입어 기꺼이 다시 직장으로 달려가 싸울 힘과 용기가 생깁니다."

부부관계가 원만한 가정의 남편이 승진도 빠르고 월급이 많다는 연구 결과가 있다. 왜 그럴까? 이는 애착관계가 갖고 있는 본질적 특성 때문이다. 친밀감은 '안식처safe haven'이자 '안전기지secure base'의 역할을 한다.

안식처란 힘들 때 위로를 받거나 상대방이 고통을 당할 때 다가가서 위로를 하는 행위를 말한다. 이는 애착관계에서 자연스러운 반응이다. 인간은 상처를 입으면 애착대상을 찾아 위로를 받고자 한다. 애착대상으로부터 필요한 위로를 받지 못하면 상처는 더 깊어진다. 고통을 겪는 것이 문제가 아니라, 그 고통을 혼자 겪어야 한다는 사실이 진짜 문제다.

애착대상으로부터 받는 상처에는 두 가지 경우가 있다.

하나는 당연히 받아야 할 것을 받지 못하는 경우다. 부모에게 혹은 부부 사이에 받는 상처가 이에 해당된다. 예를 들어, 힘들 때 안식처가 되어주지 못하는 대표적인 경우로, 아이가 태어났을 때 곁에서 위로해 주지 않는 남편 때문에 큰 상처를 입은 아내들을 자주 만난다. 즉, 기대했던 위로와 격려가 없어서 상처를 받은 것이다. 이를 '애착 손상attachment injury'이라고 하는데 나중에 자세히 소개하겠다.

두 번째는 받지 말아야 할 것을 받은 경우다. 예를 들어, 사랑하는 사람에게서 무시당하거나 신체적 접촉을 거부당했을 때나 투명인간 취급을 받았을 때 고통이 따른다.

안식처는 서로에게 '쉼'이 되어 준다는 의미다. 가족관계를 통한 쉼이라는 것은 각자 자기 방에 들어가서 누워있는 것을 의미하지 않는다. 소중한 관계인 가족의 진정한 쉼은 서로 연결되는 순간을 의미한다. 예를 들어, 남편이 밖에서 일로 지쳐있을 때 아내가 다가가서 그 이야기를 듣고 그 마음에 연결되어서 함께 하면 진정한 위로와 쉼이 된다. 아내가 육아에 지쳐 있을 땐, 남편이 아내의 마음을 듣고 위로하면 서로가 연결되고, 그 순간이 아내에게 가장 깊은 안식을 제공한다.

"나 건드리지 말고 시끄럽게 하지 말고 조용히 해!"라고 말하고 방에 들어간 남편! 그러고 나면 직후부터 아내의 그릇 부딪히는 소리, 한숨 소리, 아이에게 고함치는 소리가 방안까지 쩌렁쩌렁하게 들릴 것이다. 분리는 안식이 아니다. 연결이 되어 서로 위로를 하게 되면 편안한 쉼을 비로소 허락하게 된다.

안전기지는 전쟁터에서 지치거나 부상당한 군인들이 휴식과 치료를 받는 곳이다. 안전기지에서 에너지를 충전한 군인은 다시 힘을 얻어 전쟁을 수행할 수 있다. 애착관계는 안전기지 역할을 한다. 힘들 때 위로받고 정서적으로 교류가 많아지면 사회적인 관계도 원만해진다. 안전기지는 세상에 나가 싸울 힘을 제공한다. 소중한 관계를 통해 위로를 받게 되면 힘든 세상으로 나아갈 힘을 얻고, 힘든 육아도 마다하지 않는 힘을 갖게 된다.

부부관계가 원만하지 못한 직장인은 티가 나게 되어 있다. 의욕이 떨어지고 우울하기 때문에 일하는 것이 즐겁지 않다. 특히 안전기지는 새로운 일에 대한 호기심을 높이고 탐험할 수 있는 기반이 되기 때문이다. 애착 대상과의 긴밀한 결속은 세상을 탐구할 용기를 부여한다. 애착대상을 통해 위로받고 힘을 얻은 사람은 대외적인 활동에도 더욱 적극적이 되는 경향이 있다. 반면, 부모와의 관계가 원활하지 않은 아이는 학교 생활에 대한 거부감을 보이기도 한다. 이를 '분리 불안separation anxiety'이라고 한다.

부모와의 사이가 좋은 아이들이 학교에서 성적도 좋고 학급 반장 등 리더의 역할을 맡게 될 가능성이 높다. 또 이런 아이들은 어떤 문제가 발생했을 때 이를 스스로 해결할 수 있다고 긍정적으로 생각한다. 따라서 또래들 사이에서 자연스레 문제를 해결해 나가는 리더가 된다.

성인에게도 애착관계는 유사한 영향을 미친다. 부부관계가 원만하면, 가정의 경제적 안정과 성취를 이루는 데 기여할 수 있다. 월급이 적다고 타박하기보다는, 힘든 일을 겪은 배우자를 다독이고 정서적으로 위로해 주는 태도가 상대방의 사기를 높이고, 수입도 늘릴 수 있는 현명한 방법이다. 실제로 부부의 애착이 강할수록 자신이 하는 일에 능력을 더 발휘할 수 있고 자신감을 갖게 된다고 한다. 이를 생각하면 자녀의 성적을 높이는 가장 좋은 방법은 부모로부터 위로를 받고 쉼을 얻는 것이다. 친밀감은 자녀를 성공으로 이끄는 지름길이 된다.

 부부는 '위로'와 '인정'으로 성장한다

어린아이는 부모로부터의 관심과 사랑 속에서 자라난다. 자신이 어려움에 처했을 때나 기쁜 일이 있을 때 함께해 주는 부모와의 관계를 통해 감정을 이해하고 배운다. 이런 안정적인 교감 속에서 아이는 성장한다. 아이가 우울해할 때 부모는 어떻게 대응할까? 우울한 상황에서 아이가 벗어날 수 있도록 곁에서 지지해 준다. 아이가 집을 나설 때나 돌아올 때는 배웅하고, 따뜻하게 껴안아준다. 이러한 정서적 교감은 아이가 건강한 어른으로 성장하는 토대가 된다.

애착대상은 위로를 주고받는 관계다. 애착을 통한 정서적 교류는 건강한 성인으로 자라나는 밑거름이 된다. 자신감을 갖게 하고 다른 사람을 믿게 하는 신뢰의 청사진이 된다. 이것이야말로 애착관계가 갖고 있는 힘의 근원이다.

부부관계 또한 애착관계다. 다시 말해 부부는 서로에게 위로자가 되어주면서 함께 성장하는 관계다.

선물을 사거나, 비용이 많이 드는 여행을 계획하지 않아도 된다. 함께 있어주기만 해도 충분하다. 그날 있었던 일들을 관심 있게 들어주는 것만으로도 부부관계는 깊어진다. 일상의 작은 이야기를 나누는 것이 해외여행보다 부부관계를 더 돈독하게 만드는 경우가 많다. 마치 아이에게 위로하고 따뜻하게 안아주듯, 부부 사이에서도 그렇게 할 수 있다. 아이의 눈을 바라보며 이야기하는 것처럼 부부도 서로를 바라보며 소통할 수 있다. 정서중심 부부·개인·가족치료 모델을 개발한 수전 존슨 교수는 인간의 성장에 대해 이렇게 말한다. "인간이 성장하는 순간은 애착대상과 깊은 연결을 경험할 때다!" 반대로 말하면, 인간은 힘들고 고통스러운 순간 소중한 사람이 등을 돌릴 때 성장이 멈추고 퇴보하게 되는 것이다.

성공학의 대가 브라이언 트레이시는 "식욕, 수면욕처럼 인정의 욕구는 지속적으로 충족되어야 한다"고 주장했다. 기본 욕구는 반복해서 채워지고 지속적이어야 한다. 인간의 기본 욕구 중에는 스스로 채울 수 있는 것이 있다. 수면욕, 식욕은 어느 정도 혼자서도 채울 수 있다. 하지만 친밀감에 대한 욕구는 반드시 다른 사람을 통해서 채워져야 한다. 인간에게 '인정' 받는다는 느낌은 늘 부족하다. 오늘 많이 했다고 다음 날 하지 않아도 되는 것이 아니다. 충분한 '인정'을 받았더라도 다음 날 다시 '인정'해 주어야 한다. 기본적으로 채워져야 할 친밀감의 욕구를 충족시켜 주는 일에는 배우자가 필요하다.

배우자를 인정하고, 배우자의 이야기에 귀 기울이고 감정을 나누는 단순한 행동이야말로 부부의 성장을 돕는 가장 좋은 태도다. 또한 이러한 행동을 통해 배우자의 성장을 돕는 것이 자신을 성숙하게 만드는 일이다.

사마천의 《사기》에 나오는 예양은 다음과 같이 말했다.

"선비는 자기를 알아주는 사람을 위해 목숨을 바치고, 여자는 자기를 기쁘게 해주는 사람을 위해 얼굴을 꾸민다."

사람들이 자신을 인정해 주는 이에게 힘을 얻고, 그 사람을 위해서라면 어떤 희생도 감수한다는 의미다. 비난이나 야단으로는 긍정적인 변화를 유도할 수 없다. 오히려 부정적인 애착관계는 상처만 남긴다.

자녀 양육과 부부관계의 권위자인 스티브 비덜프는 부부 성장의 중요한 부분에 대해 다음과 같이 지적했다. "배우자는 나 자신을 비추는 거울과도 같다. 배우자에게 비치는 나의 모습을 바라보는 것이 두려울 수 있다. 그래서 정면으로 부딪히거나 다가가기보다는 배우자라는 거울을 둔 채 도망쳐 버리기도 한다. 그러나 거울을 바꾼다고 자신의 모습이 바뀌지 않는다. 배우자를 통해 비친 내 모습을 똑바로 보고, 단점을 개선하며 자신을 변화시켜 가는 것이 중요하다."

두려움을 떨치고 배우자에게 다가가야 개인의 성장은 물론이고 부부관계를 행복하게 만들 수 있다. 스티브 비덜프는 "십 대들은 사랑에 '빠져' 버리지만 성숙한 부부는 사랑을 '이루어' 낸다"라고 했다. 부부 사이에는 서로가 적극적으로 노력하여 사랑을 구축해 나가는 것이 필수적이다. 애착 대상이 서로 위로하고 인정하며 만든 사랑에는 세상의 고통을 이길 힘이 있다. 미국 심리학회에서 오래전에 선언한 말이 있다. '앞으로의 시대에는 사랑받은 자가 살아남는다!'

부모님의 부부 싸움을
나 또한 답습하게 되는 이유

가족 갈등은 부부 사이에서만 끝나지 않고 다음 세대로 전해지곤 한다. 이로 인해 많은 이들이 자신이 싫어했던 부모의 삶을 무의식적으로 답습하며 비슷한 방식으로 살아간다. 가족 문제의 대물림 현상이라고 할 수 있다. 일례로, 술 문제로 어려움을 겪는 가정에서 자란 자녀가 결혼 후 비슷한 문제로 고민하거나 폭력이 다시 폭력을 낳는 사례를 쉽게 발견할 수 있다. 건강하지 않은 가정환경에서 성장한 자녀들이 부모의 부정적인 삶의 패턴을 벗어나지 못하는 것이다.

자녀가 독립적이고 건강한 삶을 영위하기 위해서는 부모와의 긍정적인 관계 경험이 필수적이다. 부모의 사랑과 지지는 자녀가 세상에 당당히 서기 위한 중요한 자양분이 된다. 구조주의적 가족치료 모델을 만든 미뉴친은 '부모와 자녀가 강하게 결합될 때, 비로소 자녀는 홀로 설 수 있다'는 점을 강조했다. 안식처와 안전기지가 되어준 부모가 자녀를 행복하게 만든다는 것이다. 이러한 환경에서 자란 자녀는 결혼 후 자신의 가정 또한 행복하게 이끌 가능성이 크다.

하지만 안타깝게도 완벽하게 건강한 가정이란 현실에 존재하기 어렵다. 부모에게 상처받지 않고 자란 사람은 없고, 자신의 모든 욕구를 부모로부터 채울 수도 없다. 이 때문에 부모로부터 받은 부정적 영향력이 결혼생활에 영향을 미치게 된다. 즉, 갈등의 소지를 안고 결혼을 하는 것이다.

사람들이 결혼을 선택하는 이유는 다양하다. 경숙 씨의 경우, 결혼은 어려운 가정환경에서 벗어날 수 있는 유일한 탈출구였다. 경숙 씨의 부모님은 매일 부부 싸움을 했다. 엄격하고 무서운 아버지와 자녀에게 위로를 받고 싶어 하는 어머니와 함께 사는 것이 경숙 씨는 무척 괴로웠다. 부모님은 남동생에게는 관대했지만 상대적으로 경숙 씨에게는 무척 엄했다. 경숙 씨는 어려서부터 칭찬을 받아본 기억이 없다. 조금만 잘못해도 매를 맞기 일쑤였고 부부 싸움을 말리면 아버지는 어머니와 한 편이라며 그녀를 구타하곤 했다. 그녀가 기억하고 있는 어머니의 모습은 아프지 않은 데가 없다면서 종일 방 한구석에 누워 있는 모습이었다.

경숙 씨는 고등학교를 졸업하자마자 독립하고 싶었지만 부모님은 여자 혼자 위험하다며 허락해 주지 않았다. 대학에 진학하고 싶었지만, 경제적인 이유로 결국 작은 회사에 경리로 취직하게 되었다.

그런 상황에서 경숙 씨가 집을 떠날 수 있는 유일한 방법은 결혼이었다. 스물네 살의 어린 나이에, 그녀는 일하던 회사의 거래처 직원이었던 남편과 결혼했다. 부드러운 성격으로 그녀에게 무척 친절하고 자상하게 대해 주는 모습에 반해 결혼을 결심했다.

남편은 경숙 씨의 아픔을 잘 달래주었고 위로가 되어주었다. 하지만 아이가 태어난 이후 문제가 생기기 시작했다. 경숙 씨는 아이가 조금만 울어도 불안해하며 지쳐갔다. 육아는 마음처럼 되지 않았고, 아이에게 화를 내는 횟수도 잦아졌다. 남편은 그런 태도를 못마땅해하며 핀잔을 주곤 했는데, 그럴 때마다 경숙 씨는 분노를 폭발시키며 자신에게 힘이 되어주지 않는다고 남편을 공격했다.

"아무도 내 편은 없어요. 부모님은 언제나 남동생 편이었어요. 이제 남편도 내 편이 아닌 아이 편에서 판단하고 나를 야단쳐요. 죽고 싶어요. 부모님 밑에서 탈출해서 행복하게 살고 싶었는데 여전히 힘들어요. 이러다 화가 나면 아이에게 심한 폭력을 휘두르게 될까 봐 두려워요."

어린 시절 부모에게 상처가 많이 받고 자란 사람은 부모의 그늘에서 벗어나기 어렵다. 평생 그러한 부정적 그림자를 지우기 위해서 애쓰며 힘겨운 삶을 사는 모습은 안쓰러움을 자아낸다. 그러나 결혼을 한다고 해서 과거가 사라지는 것은 아니다. 오히려 불행한 과거는 부모의 모습을 반복하게 만들며, 보이지 않는 부정적인 힘을 행사하고, 결혼생활을 힘들게 한다. 부모와의 부정적인 관계가 성숙한 결혼생활의 발목을 붙잡는 것이다.

✍🏻 결혼은 절대 탈출구가 될 수 없다

부모의 나쁜 모습을 그대로 따라 하는 사람이 있는 반면 똑같은 고통을 반복하지 않기 위해서 노력하는 사람도 있다. 하지만 부모와 다른 삶을 살기 위해 노력하는 자녀도 괴롭기는 마찬가지다. 어떤 남편은 부모의 폭력이 싫어서 나중에 자기 아이들에게는 절대 매를 들지 않겠다고 다짐했다. 그래서 자녀에게 매를 들지 않는 것은 물론이고 정당하게 야단을 쳐야 할 상황에서도 그렇게 하지 못했다. 이런 극단적인 양육 방법은 결국 버릇없고 자기중심적인 성격의 아이를 만들었다. 폭력은 아니지만, 그 영향이 다른 문제를 일으키게 된 것이다. 이처럼 표현 방식은 다르지만 가족 문제는 세대에 걸쳐 전해진다. 부모와 분리되기 위해서 거리와 시간은 관계가 없다. 부모와 멀리 떨어져 살아도 문제가 되고, 훗날 부모님이 돌아가시더라도 상처는 살아서 자녀의 삶에 영향을 준다.

가정은 살아 있는 생물체와 같다. 가족은 서로에게 의지하면서 살아간다. 가족 구성원 각자의 행동은 다른 가족에게 어떤 형태로든 영향을 준다. 흔히들 문제가 많은 가정에서 자라면 독립적인 삶을 살기가 어렵다고 하는 것도 어릴 때 받을 상처가 배우자와 자녀에게 영향을 줘서 대물림되기 때문이다.

대체 왜 가족의 문제는 대물림되는 걸까? 문제가 심한 부모일수록 자녀를 자기중심적으로 휘둘러서 자녀의 성장을 방해하며 부모를 떠나지 못하게 만든다. 정서적으로 부모에게 의존하게 만들어서 부모를 떠나는 것에 죄책감을 느끼게 만들기도 한다. 이러한 문제는 잘 참고 눌러두었다고도 해도 결혼 후에 심각한 갈등을 일으킬 수 있다.

문제 가정의 부모는 자녀의 감정표현을 억압하고, 수치심을 일으키게 만든다. 또한 자녀의 감정을 인정해 주지 않고 비난하기 때문에 문제 가정에서 자라난 아이는 대체로 자존감이 낮다. 따라서 다른 사람의 눈치를 많이 보게 된다. 경숙 씨도 남편과 갈등이 생기면서 남편에게 예민해졌다.

문제 가정에서 자란 사람은 결혼 후에 배우자와의 관계에서도 어려움을 겪는다. 부모의 사랑을 받지 못한 사람이 겪는 문제는 크게 두 가지로 나눌 수 있다. 우선 다른 사람을 신뢰하기 힘들다. 그러나 자신에게 잘해 주는 사람은 지나치게 신뢰해 버린다. 경숙 씨가 그랬다. 자신에게 잘해 주던 남편이 조금만 서운하게 해도 더 이상 남편을 믿지 못하겠고 부모는 물론 아이까지 자신의 편이 아니라는 생각을 한다. 경숙 씨는 부부 갈등이 생기면서 점집을 자주 찾기 시작했다. 걸핏하면 점집을 찾아가 많은 돈을 허비하곤 했다. 남편 대신 점쟁이가 하는 말에 위로를 받으면서 그를 강하게 신뢰하게 된 것이다.

문제 가정은 현실의 고통을 벗어나기 위해서 마술적인 힘에 의지하게 만든다. 결혼에 대한 경숙 씨의 생각도 마술적인 믿음에서 나왔다. 결혼이 자신을 구해줄 것이라 믿었고 남편이 자신을 행복하게 해 줄 것으로 생각했다. 어릴 때 부모로부터 받은 고통을 누군가를 통해서 보상받고 싶어 했다.

결혼을 도피처나 탈출구로 생각하는 사람들은 결혼 후 작은 문제만으로도 만성적인 우울증에 빠질 위험이 높다. 자신이 꿈꿔왔던 결혼생활에 문제가 생기면 공허한 마음이 자리 잡고, 자신이 시도한 방법이 실패할 경우 심각한 우울증을 앓게 되는 것이다. 또한 감정을 조절하는 데 힘들어하고 쉽게 분노한다. 어릴 때 억눌러 왔던 문제가 한꺼번에 표출되기도 한다. 경숙 씨가 현재 가장 두려워하는 것은 무엇보다 아이에게 난폭해지는 자신의 모습이었다.

결혼은 문제 해결의 도구가 될 수 없다. 진정한 탈출구는 결혼이 아니다. 소중한 사람으로부터 사랑을 받는 경험을 통해서 자유로워질 수 있다. 그래야 스스로 자기 자신을 아낄 수 있고, 진정한 독립체로 거듭날 수 있다. 부모로부터 진정한 독립을 할 수 있다. 사랑은 책을 통해서 배울 수 없다. 사랑은 경험하지 않으면 알기 어렵다. 어릴 때 애착 경험을 하지 못한 사람이 책을 보고 강연을 듣는다고 좋아지기 어렵다. 그러한 내용을 직접 경험할 수 있어야 한다. 그런 면에서 경숙 씨 부부는 건강한 선택을 해서 상담을 통해서 서로 사랑을 경험해 갔다. 친밀감을 새롭게 경험하고 느낄 때, 비로소 사랑을 알 수 있게 된다. 그래서 결코 포기해서는 안 된다.

경숙 씨 부부는 치료를 진행하면서 서로 이해하기 시작했다. 다행히도 남편은 경숙 씨의 문제 행동 뒤에 숨어 있는 아픔을 들여다보고 그녀를 이해했다. 어릴 때 부모로부터 받은 문제도 부부가 정서적으로 유대감을 회복하면 극복할 수 있다. 부모와 자녀, 부부의 애착관계는 서로 동일하다. 개인에게 모두 가장 소중한 관계라는 뜻이다. 부모와 경험하지 못했더라도 현재 가장 소중한 관계를 통해서 그 사랑을 얻을 수 있다.

경숙 씨는 남편이 자신의 편이 되어준 것에 힘을 얻고, 과감하게 부모로부터 멀어지는 노력을 했다. 경숙 씨는 용기를 내서 부모에게 더 이상 자신들의 문제에 직접적으로 간섭하지 말라고 했다. 이러한 변화가 가능했던 것은 무엇보다 경숙 씨 자신이 부모의 영향으로 남편과 아이에게 예민하게 반응하고 있다는 사실을 이해했기 때문이다.

"남편이 나에게 잘못했기 때문에 남편에게 화내는 것이 당연하다고 생각해 왔어요. 하지만 이제는 부모님으로부터 받은 상처로 제가 예민하게 행동했다는 것을 이해하게 되었어요. 남편이 함께 부부치료에 참석해서 내 이야기를 들어주고 인정해 줄 때, 진정으로 사랑받는다는 느낌에 감동을 받았어요. 남편을 제 탈출구로 생각했었는데 이제 남편과 함께 탈출구를 찾았어요. 남편이 무척 고마워요."

흔히들 독립은 자기 스스로 서는 거라고 생각한다. 하지만 사실 홀로 설 수 있는 사람은 없다. 인간은 모두 다른 사람의 도움을 통해 독립할 수 있다. 자녀는 부모의 적극적인 관심과 사랑으로 서서히 독립적인 인격체로 자란다. 부부도 서로 결합해서 한 몸이 될 때에야 비로소 독립할 수 있는 힘을 갖는다. 배우자에게 의존하지 않고 자유롭게 살기 위해서 필요한 것이 바로 부부의 '정서적 유대감'이다.

얼마 전 TV에 출연한 연애 코칭 전문가가 하는 말을 듣고 충격을 받았다. 남자친구에 집착하거나 매달리지 말고 혼자 떨어져서 독립하라고 여자 출연자에게 조언하며, 연인이 서로 맞지 않으니 헤어지는 것이 좋다고 말하는 것이 아닌가. 정말 가슴이 아픈 현실이다. 그 커플의 경우, 남자친구가 여자친구와 거리를 두고 상호작용을 하지 않았다. 그래서 여자친구는 그와 멀어지는 것이 불안하고 두려워서 관계를 회복하기 위해 접근하고 있었다. 이처럼 애착의 렌즈가 없으면 전문가가 오히려 사랑하는 사람들을 갈라놓을 수 있다. 진정으로 결합될 때, 독립할 수 있는 힘이 나온는 사실을 놓치고 마는 것이다.

부부관계를 바꿀 키,
마음의 작동 방식에 있다

어린 시절 부모와의 관계는 비록 세월이 흘러 기억이 희미해질지라도, 자녀의 삶에 지속적인 영향을 끼친다. 긍정적인 경험을 바탕으로 행복한 삶을 이끄는 이가 있는 반면, 부정적인 경험을 벗어나려 평생을 발버둥 치며 살아가는 사람들도 있다. 결혼 후에도 이러한 영향에서 자유로워지기 위해 고군분투하는 이들이 있는데, 부모와의 부정적 경험이 때로는 부부 간의 불화를 심화시키기도 하고, 이러한 불화가 과거의 상처를 되살리기도 한다. 어떻게 기억도 가물가물한 어린 시절의 경험이 자신의 삶을 좌우할 만큼 큰 영향력을 갖게 되는 것일까?

일반적으로 사람들은 자기 자신과 타인을 다음과 같이 네 가지 방향으로 평가하는 경향이 있다.

❶ 혼자 있어도 안정감을 느끼며 집중할 수 있고, 타인과의 교류도 즐길 줄 안다

> **예시** "저는 혼자 있어도 편안하게 공부에 집중을 잘해요. 물론 다른 사람들과 어울리는 것도 좋아해서 누군가와 함께 일하는 것도 두렵지 않아요."

❷ 혼자일 때 버려진 듯한 불안함을 느끼고, 타인과 함께할 때만 안정감을 찾는다.

> **예시** "저는 혼자 있으면 몹시 불안하고 버려진 느낌이 들어요. 그래서 다른 사람들과 함께 있어야 마음이 편안해지고 혼자 있는 것이 두려워요."

❸ 혼자 있는 것을 선호하며, 타인과 교류하는 것을 부담스럽게 여긴다.

> **예시** "저는 오히려 혼자 있는 것이 편해요. 다른 사람과 섞이는 것이 부담스럽고 혼자 있을 때 오히려 에너지를 얻는 편이에요."

❹ 혼자 있을 때도, 타인과 가까워질 때도 불안함을 느낀다.

> **예시** "저는 혼자 있어도 불안하고 다른 사람과 너무 가까워져도 힘들어요. 사람들과 가까워지면 내 영역을 너무 많이 침범하게 될 것 같아서 가까이 가기 힘들어요. 그렇다고 혼자 있으면 버림받은 느낌이 들어서 불안해지고요."

어린 시절 부모와의 애착 경험은 위의 네 가지 행동을 형성하는 데 절

대적인 영향을 미친다. 긍정적인 애착을 경험한 아이는 자신과 타인에 대해 긍정적으로 생각하며, 자연스레 자신감이 넘치고 혼자 있어도 불안하지 않다. 또한 신뢰감이 형성되어 사회적 관계를 맺는 데도 큰 어려움이 없다. 따라서 어떤 임무든 성공적으로 수행할 가능성이 높다. 애착대상이 중요한 이유가 바로 여기에 있다.

연구 결과에 따르면 부모와 긍정적인 관계를 맺은 아이는 학교 생활에서도 원만한 관계를 형성하고, 성인이 되어 좋은 배우자를 만날 확률이 높다고 한다. 자연히 행복한 결혼생활을 유지할 가능성도 크다. 부모와의 긍정적인 관계와 양육 태도가 자녀에게 대물림되는 것이다.

이는 애착대상이 '내적 작동 모델'을 형성하는 데 영향을 끼치기 때문이다. 내적 작동 모델이란 '나를 움직이게 하는 보이지 않는 힘'을 일컫는 심리학 용어로, 내 생각과 행동을 조절하는 고유한 장치다. 다시 말해 원만한 인간관계와 자신 있는 삶의 태도를 갖게 해주는 도우미인 것이다. 부모와의 소중한 애착 경험은 자신과 타인을 평가하는 기준을 만든다.

그렇다면 내적 작동 모델에 영향을 주는 관계가 부모와 자녀 관계뿐일까? 아니다. 모든 애착관계는 내적 작동 모델에 영향을 미친다. 부부관계역시 내적 작동 모델을 형성하는 데 기여한다.

🔖 관계는 사람을 변화시킨다

상호 씨는 광고 회사를 경영하고, 지연 씨는 고등학교에서 교편을 잡는 40대 중반 부부다. 부부에게는 고등학교 3학년인 아들과 중학교 3학년 딸이 있다. 두 사람은 모두 유복한 가정에서 자랐다. 항상 자신감이 넘치고 주변 사람들과의 관계도 좋았던 그들은 결혼 전부터 서로에게 끌렸다. 지연 씨는 상호 씨의 훤칠한 외모와 자상함에 반했다. 상호 씨는 지연 씨의 따뜻하고 부드러운 마음과 배려하는 태도가 좋았다고 한다. 둘의 결혼생활은 비교적 순탄했다. 서로 배려하고 작은 갈등이 생기더라도 대화를 나누며 원만하게 해결해 갔다.

부부 사이에 갈등이 커진 건 둘째가 태어난 후부터였다. 세 살이 된 큰아이와 둘째의 육아를 위해서 가까이 사는 친정어머니께 도움을 청했다. 낮에는 어머니가 집에 와서 아이를 봐주고 저녁에는 지연 씨가 아이들을 돌봤다. 남편 상호 씨는 사업을 시작한 지 얼마 안 돼 한창 바쁘다 보니 매일 밤늦은 시간에 귀가했다. 주말에도 회사에 나가는 경우가 부지기수였다. 그러다 보니 점차 둘 사이에 정서적 교류가 사라져 갔다. 어쩌다 주말에 남편에게 아이를 봐달라고 해도 남편은 집에 있는 대부분의 시간을 잠으로 보냈다. 많은 경우 주말에도 회사에 출근했다. 상호 씨는 자신이 힘들게 일하는 걸 이해해 주지 않고 불만만 쌓아가는 아내에게 원망이 커져 갔다.

시댁과 친정 부모님은 서로 사이가 좋은 편이었고, 가정 분위기도 비교적 원만했다. 하지만 속으로 들어가 보면 가정 문화에 차이가 있었다.

상호 씨의 아버지는 오랜 세월 공직 생활을 하며 자기주장이 강한 분인 반면, 어머니는 유순한 성격으로 자녀들에게도 희생적이었다. 한편, 지연 씨의 아버지는 교사 출신으로 가정에 충실하고 가족과 대화가 많은 분이었다. 어머니가 병치레를 많이 해서 힘들었지만 아버지는 그런 아내를 위해서 가사 일을 적극적으로 도왔다.

개별적으로는 가정 분위기가 좋았지만 서로 다른 가정 문화는 늘 부부 갈등의 원인이 되었다. 부부가 서운한 마음이 생기면서 서로에 대한 불만이 커져갔다. 지연 씨는 상호 씨가 힘들 때 자신의 아버지처럼 가사를 도와주고 가정적이지 못한 것에 화가 났고, 상호 씨는 어머니처럼 내조를 해주지 않는 아내가 못마땅했다. 서운함이 쌓이고 불만이 커짐에 따라 부부는 점점 소통이 단절되어 가며, 함께 있는 것조차 부담스러워했다.

두 사람 모두 배우자와의 관계 회복을 원했지만 방법을 알지 못했다. 점차 부정적으로 변해가는 결혼생활이 힘겹게만 느껴졌다.

상호 씨는 말했다.

"처음에는 서로를 이해할 수 있을 거라고, 갈등이 생겨도 쉽게 해결할 수 있을 거라 생각했어요. 그런데 해가 지나고 점차 관계가 서먹해지니 화가 늘고 짜증만 나더군요. 저는 가족을 위해 동분서주하는데 아내는 계속해서 힘들다며 불만만 터뜨렸어요. 그동안 나름대로 성실하게 열심히 살고 있다고 생각하고 있었는데 아내가 저를 비난할 때마다 괴롭더군요. 집에 들어가는 것이 부담스러워서 일부러 늦게까지 일을 하거나 회사에서 잠을 자기도 했어요. 이렇게 나이 사십 중반을 넘기고 보니 사업은 성공했는데 문득 허무해지는 겁니다. 집에 가도 반겨주는 사람 하나 없고, 일이 바쁘다 보니 친구들도 다 떨어져 나가고……. 이런 생활이 반복되다 보니 어느 순간 외롭고 우울하고 허전한 마음이 들더군요. 최근에는 사업이고 뭐고 때려 다 치워버릴까 하는 생각이 들기도 합니다. 내가 원하는 결혼생활은 이런 게 아니었어요. 저희 부모님들보다 잘 살지 못하는 게 화가 나요. 제가 못난 것 같아요. 사람들 만나기도 싫고요."

지연 씨는 훨씬 심각한 고통을 호소하고 있었다.

"전 언제나 교사라는 직업에 자부심을 갖고 있었어요. 집에 들어와서 아이들에게도 잘할 자신이 있었고요. 그런데 남편이 회사일로 바빠지면서 부부간에 대화 자체가 사라졌어요. 내가 힘들 때 유일한 대화 상대였던 남편이 이제 옆에 없는 거예요. 오히려 저를 귀찮아한다는 생각이 들면서 화가 났어요. 남편이 차츰 늦게 들어오면서부터 잠자리도 거의 없었어요. 친정아버지처럼 가정적이지 못한 남편에게 원망이 쌓여 갔어요. 부부 갈등이 오래 지속되면서 모든 일에 흥미를 잃고 무기력해졌어요. 외롭기도 하고 갑자기 울컥 화가 올라와요. 자신감도 줄어들어 학교에서도 이전만큼 의욕 있게 아이들을 가르치지 못하고 있어요. 이렇게 변해가는 제 모습에 힘이 빠져요. 직장생활과 집안일을 모두 잘할 수 있을 거라고 생각했는데, 그와 반대로 가고 있는 현실이 괴로워요. 최근에는 우울한 마음에 밖에 나가기도 싫고, 가끔 죽고 싶은 마음이 들 때도 있어요."

이 부부의 이야기를 통해 우리는 내적 작동 모델의 변화 과정을 이해할 수 있다. 부모와의 관계가 긍정적인 사람도 부부와의 관계에 따라 변하기 마련이다. 자기 인식과 타인에 대한 인식은 그 사람이 현재 가장 중요하게 여기는 관계에 큰 영향을 받는다. 상호 씨와 지연 씨 모두 자신감도 높았고, 대인관계도 좋았다. 자신과 타인에 대한 생각이 긍정적인 사람이었다. 그런데 부부 불화가 지속되면서 자신감도 떨어지고 우울해져서 사람들을 만나기도 싫어졌다.

부부 불화를 겪고 있는 많은 사람이 지금의 자기 모습은 이전의 내 모습이 아니라고 생각하는 경우가 많다. 이는 내적 작동 모델이 변했기 때문이다. 내적 작동 모델이 부정적으로 변하면 자신감이 떨어지고 우울증이 생기며, 배우자를 신뢰하지 못하고 쉽게 화를 내게 된다. 부부 불화가 내적 작동 모델을 부정적으로 만들고, 내적 작동 모델이 부정적으로 변하면서 부부 불화는 심해진다. 악순환이 계속되는 것이다. 궁극적인 해결책은 불화에서 벗어나 애착적 친밀감을 형성하는 것이다. 부정적으로 변한 모델도 부부관계가 개선되면 안정적인 애착 모델로 바뀐다. 내적 작동 모델에 대해서는 PART 3에서 자세하게 다룰 예정이다.

사람은 끊임없이 변한다.

위의 사례에서 보듯이 새로운 관계를 경험하면서 인간은 변모한다. 이러한 변화는 바로 내적 작동 모델의 전환을 의미한다. 스스로를 사랑하지 못하거나 타인을 절대 신뢰할 수 없다는 생각에서 벗어나는 것, 그것은 건강한 경험의 힘으로 가능하다. 자신을 수용받는 새로운 경험을 통해 자신이 사랑받고 가치 있는 존재임을, 또한 타인에게 의지받을 수 있는 존재임을 깨닫게 된다. 엄청난 변화가 새로운 경험을 통해서 유발된다. 혼자서는 변화하기 어려울지라도, 관계는 그 변화를 촉진시킨다. 인간은 절대 고정된 존재가 아니다. 마치 갓 구워진 신선한 빵처럼, 사랑을 경험함으로써 긍정적으로 변할 수 있다.

메사추세츠대학 심리학과 교수인 에드 디너 교수는 다음과 같이 말한다. "인간은 자신의 감정을 혼자서 해결할 수 없다. 반드시 타인과 함께 처리해야 한다."

우울한 배우자, 자녀를 혼자 내버려 두면 그것을 처리할 수 없다. 화가 난 가족을 그냥 내버려 두면 분노를 누그러 뜨리기 어렵다. 우울한 배우자나 자녀를 혼자 내버려 두면 그 상태를 극복하기 어렵다. 화가 난 가족을 그대로 두면 그 분노를 가라앉히기가 힘들다. 우울하고 화가 난 감정에 다가가 공감해 줄 때, 그 감정은 순식간에 변화된다. 소중한 사람이 당신을 이해해 줄 때, 그것이 바로 진정한 치유가 된다. "당신은 우울증 환자야"라고 말하는 것보다 "당신의 우울하고 힘든 마음을 이해해"고 말해

주는 것이 변화를 가속화한다.

에드 디너 교수는 소중한 사람으로부터 공감을 받을 때, 비로소 혼자서 문제를 해결할 수 있다고 말한다. 예를 들어, 남편이 실직했을 때 그를 무능하다고 비난하면 회복이 어렵다. 하지만 실직한 남편의 아픔을 이해하고, 그 마음을 함께하며 '이제 좀 쉬어도 되겠다'는 공감을 표현하면, 그 상황을 극복할 힘이 생긴다. 시어머니의 비난을 받은 아내에게 남편이 공감을 표현하지 못하고 화를 내면, 그 상황에서 벗어나기가 더욱 어렵다. 반면, 아내의 속상함을 이해하고 그 마음에 공감해 줄 때, 아내는 시어머니의 힘든 대우를 혼자서도 이겨낼 힘을 얻게 된다. 내 마음을 이해해 줄 것이라는 남편에 대한 확신이 그 순간을 견딜 힘을 공급해 준다.

정서적 유대감은 고통을 견딜 수 있는 가장 강력한 자원이 된다. '인간은 변하지 않는다'는 말에 속아서는 안 된다. 그런 말은 인간을 좌절하게 만들고, 관계를 포기하게 만든다. 절대로 그렇지 않다. 우리가 소중히 여기는 사람은 지금 이 순간에도 변하고 있다. 그 변화는 더 나쁠 수도, 더 사랑스러울 수도 있다. 변화의 방향을 결정짓는 열쇠는 '관계를 통해 어떤 경험을 지금 하고 있느냐'에 달려있다.

부부관계의 과학

성인의 사랑에 대한 연구는 1980년대에 활발해지며, 그 결과로 '정서'라는 개념이 부부치료 분야에 도입되었다. 이는 친밀감의 중요성을 부각시키고, 단순히 부부를 가르치는 것을 넘어 그들의 친밀감을 증진시키려는 노력으로 발전했다. 불화가 오래 지속되면 부부는 우울증을 겪는다. 하지만 부부관계가 회복되면 우울증은 곧 사라진다. 친밀한 관계는 면역체계의 기능을 강화시키고 스트레스와 정신적 충격을 개선한다는 연구 결과도 있다. 심리학자 마리오 미쿨린서는 "사랑의 관계는 개인을 성장시키고 일관되고 긍정적인 자기상을 가질 수 있도록 돕는다"라고 말했다.

사랑하는 사람으로부터의 애정 어린 위로가 신체적, 정신적 질병의 예방 및 회복에 기여한다는 사실 역시 밝혀졌다. 미시간 대학의 제임스 하우스에 따르면, 흡연과 고혈압보다 정서적 고립이 인간의 생명을 더욱 위협한다. 안정된 부부관계는 장수에 기여하며, 신뢰할 수 있는 사람이 있을 때 심혈관계에 긍정적인 영향을 미쳐 노화를 방지한다는 연구 결과도 있다. 시카고 대학 인지사회신경과학센터의 루이스 호클리 박사는 인간이 고립되면 혈압이 상승하고 심장마비와 뇌출혈의 위험이 두 배 이상 증가한다고 발표했다.

배우자가 애정을 표현하지 않을 경우, 남녀 모두 협심증 발병률이 두 배 높게 나타났다. 긴장된 결혼생활이 지속되면 행복한 부부에 비해서 혈압이 상승하고 스트레스 호르몬의 분비 또한 높아졌다. 부부 갈등이 심장마비에 걸릴 확률을 세 배 높인다는 연구 결과도 있다. 신혼부부를 연구한 결과를 보면 부부 간 갈등은 비단 기간의 문제만은 아님을 알 수 있다. 오하이오 주립대학의 제니스 키에콜트-글레이저 교수팀에 따르면, 심하게 다툰 신혼부부는 스트레스 호르몬이 상승되었고, 면역력이 저하되어 피부 질환에 대한 회복이 훨씬 더 뎠다.

사랑은 정신적, 정서적 건강에도 중요한 역할을 한다. 사랑하는 사람과 갈등을 겪거나 비난을 받으면 자신감이 저하되고 절망감이 증가하여 우울증이 나타난다. 부부 불화는 부부 우울증을 열 배 이상 높인다고 한다.

실제로 부부 상담을 의뢰하는 부부의 대부분은 심각한 수준의 우울증을 겪고 있다. 대부분 여성이 우울증 척도 검사에서 훨씬 높은 점수를 보이지만 남편도 마찬가지로 우울증을 겪는다. 하지만 관계 갈등으로 발생된 우울증은 부부치료를 마치면 자연스럽게 사라진다.

이처럼 사랑은 산소, 물, 음식 등과 같이 삶을 유지하기 위한 인간의 기본 욕구임을 과학적인 근거를 통해서도 알 수 있다. 음식이나 물이 부족하면 이를 얻기 위해 투쟁을 불사하듯, 사랑이 식으면 실망도 하고, 다시 얻기 위해 투쟁을 벌이기도 하는 게 아니겠는가.

PART 02

사랑했기에
겪을 수밖에 없는
고통

애착이론의 창시자인 보울비는 어린 시절 부모와의 친밀감이 삶에 큰 영향을 미치며, 그 결과 애착대상에게 특정한 행동 양식을 보인다고 설명했다. 첫째, 우리는 소중한 이와 함께하는 시간을 가치 있게 여기며, 이별은 아쉬움과 어려움을 동반한다. 일상을 공유하는 것에서 큰 행복을 느끼고, 하루 종일 보아도 지루함을 모르는 이유다. 둘째, 상대는 위로의 안식처가 된다. 어려울 때 서로에게 위안을 주고받는 것은 자연스러운 일이다. 셋째, 상대는 안전기지 역할을 한다. 부부의 유대감이 증가하면 부부관계 이외의 대인관계도 개선된다. 마지막으로, 사랑하는 이가 멀어질 때 우리는 예민하게 반응하고 깊은 아픔을 느낀다. 보울비가 강조한 이러한 애착관계는 부부관계에서도 마찬가지로 나타난다. 부부는 서로의 존재에서 안정감을 찾으며, 배우자가 자신을 외면한다고 느낄 때 깊은 고통과 우울함을 경험한다. 가장 어려운 순간에도 배우자의 위로를 갈망한다. 일이나 친구들과의 만남에서 받은 상처에 대해 배우자가 위안을 줄 것이라 기대한다. 배우자로부터 원하는 반응을 얻지 못할 때의 실망감은 매우 크다.

사랑으로 맺어진 부부라도 갈등은 불가피하게 찾아온다. 대부분은 불화가 닥치리란 예상을 하지 못하다가 막상 갈등이 생기면 당황하며 결혼을 후회한다. 하지만 불화는 결혼하기 전부터 준비해야 할 중요한 혼수품임을 잊지 말아야 한다. 불화에 대비하는 마음가짐이 필요하다.

불화는 결혼 전부터
준비해야 할 혼수

2007년 한국여성정책연구원에서 여성 10,011명을 대상으로 부부 싸움을 하는 가장 큰 이유가 무엇인지를 물었는데, 대부분이 '본인 또는 남편의 생활 습관'을 꼽았다고 한다. 음주, 흡연, 늦은 귀가가 주된 원인이었고 다음으로 경제적 문제와 자녀 교육 문제로 다툰다고 응답했다. 또한 부부 싸움을 한 뒤에는 '배우자 대신 자녀 야단치기', '서로 말하지 않기', '폭언과 욕설을 하거나 듣는 것'과 같은 행동을 자주 한다고 응답했다.

　곁에 없으면 못 살 것 같아 결혼한 부부들이 언제부턴가 함께 있으면 싸운다. 활짝 핀 장미꽃 같았던 화려하고 아름다운 시간은 지나가 버리고, 서로 가시를 드러낸 채 배우자를 상처 내기에 여념이 없다. 왜 하루가 멀다 하고 많은 부부가 싸울 이유를 찾고 있는 것일까? 왜 장미의 전쟁은 그 끝이 보이지 않는 걸까?

결혼 준비에는 많은 시간과 노력이 소요된다. 예비부부는 자신들의 취향에 맞는 좋은 물건들로 집을 꾸미며 새로운 시작을 꿈꾼다. 혼수 준비를 마치고 청첩장을 나눠주면, 그들은 행복한 결혼 생활에 대한 꿈에 젖는다.

하지만 예비부부에게 현실을 직시하게 해주고 싶다. 결혼 후 부부를 기다리고 있는 것은 행복만이 아니다. 안타깝게도 행복보다는 고통과 불화가 먼저 찾아온다. '결혼은 현실'이라는 말을 익히 들어 잘 알고 있던 신세대 부부일지라도, 나하고는 상관없는 일이라고 생각했던 갈등에 직면하면 당황하기 마련이다. 설레는 가슴으로 혼수를 준비하며 새 출발을 다짐한 때가 엊그제 같은데 말이다. 하지만 당신이 빠뜨린 가장 중요한 혼수가 하나 있으니, 그것은 바로 '불화'다.

"불화가 혼수다!"

가끔 이 말을 하면 놀라는 사람들이 많다. 행복하게 살기 위해 결혼했는데, 불화를 혼수로 챙겨가는 것이라 하니 받아들이고 싶지 않은 것이 당연하다. 하지만 생각해 보라. 항상 좋은 생각만 하고, 항상 옳은 결정을 내리고, 바른 행동만 하는 사람은 없다. 이렇듯 완벽하지 않은 남녀가 만나 서로의 부족한 부분을 채워주고 이해하며 사는 것이 결혼인데, 어찌 갈등이 없을 수 있겠는가. 이미 나와 배우자는 결혼 전부터 갈등 요소들을 가지고 있었는데 말이다. 그러므로 (비록 당장 눈앞에 보이지는 않지만) 결혼 전부터 안고 있던 문제들로 인해 부부 사이의 불화는 언제든지 시작될 수 있음을 인정해야 한다.

모든 부부는 통과 의례처럼 불화를 겪는다. 부부 불화는 행복한 결혼 생활로 가는 과정이다. 그리고 그 불화 속에서 부부는 성장의 기회를 잡을 수 있다.

부정적인 감정이 부정적인 관계를 만든다

부부 사이가 극도로 좋지 않을 때 나타나는 증상은 다양하다. 한 중견 가수 부부가 TV 프로그램에서 공개적으로 자신들의 불화를 이야기했다. 부인이 말하기를 남편이 밥을 먹는데 '어휴 저것도 입이라고 집어넣네'라는 생각했단다. 그리고 차마 직접 죽일 수는 없으니 벽에 걸려 있는 액자가 뚝 떨어져서 남편의 머리를 내리 쳤으면 좋겠다는 생각을 한 적도 있다고 고백했다. 남편의 모든 행동이 싫고, 화가 났었단다. 말끝마다 "그럼 이혼해!"라는 말을 달고 살았다고 한다.

부부 불화 시 나타나는 증상은 이것 말고도 많다. 함께 있는 것이 싫다. 말도 하기 싫고, 꼴도 보기 싫다. 자꾸 화가 치밀어 오른다. 우울해진다. 집에 들어가기 싫다. 아이에게 화가 난다. 시댁이나 처가에 잘하기 싫다. 친구 만나기도 싫다. 모든 일에 부정적으로 변한다. 직장 생활이 힘들다. 집안일도 하기 싫다. 자꾸 눕고 싶다. 시시때때로 눈물이 난다. 죽고 싶다.

배우자를 죽이고 싶거나 죽었으면 좋겠다는 생각도 든다. 결혼 전에는 자신감이 넘쳤는데 점점 작아지는 느낌이 든다. 아내가 무섭다. 남편이 싫다……. 이처럼 부부 불화로 인한 증상은 셀 수 없이 다양하다.

정서중심 부부치료를 개발한 수전 존슨 교수는 부부 불화의 증상을 크게 두 가지로 분류했다. 첫 번째는 강한 부정적 감정이다. 배우자의 모든 행동이나 성격이 예전과 달리 부정적으로만 보이게 되는 현상이다. 밥 먹는 모습조차 부정적으로 보인다. 결혼 전에는 매력적으로 느껴졌던 남편의 여유로운 성격이 이제는 무책임하게 보이거나, 아내의 상냥함이 오히려 귀찮게 느껴질 수 있다. 무슨 말을 하든 나에게 따지는 소리로 들린다. 어떤 남편은 퇴근해서 집에 왔을 때 현관에 신발이 포개져 있는 것을 보고 화가 치밀었다고 한다. 아내가 아무것도 하지 않고 집에서 놀고 있다는 생각이 스친 것이다. 부부가 서로에게 느끼는 부정적인 감정은 이처럼 사소한 일로도 상대방을 괴롭히고, 상대방의 부정적인 감정을 자극한다.

불화의 두 번째 증상은 경직된 상호 작용으로, 이는 다양한 반응이 사라진다는 의미다. 희로애락을 편안하게 표현하는 부부는 행복하다. 배우자가 자신의 모든 감정을 받아주리란 믿음이 있으면 쉽게 감정을 표현할 수 있다. 하지만 불화에 빠진 부부는 감정을 표현하는 데 서투르며, 배우자에게 자신의 감정을 표현해도 받아줄 거라는 확신이 부족하다. 오히려 자신의 생각과 감정을 거부당할 것 같은 두려움이 앞서 표현하지 못한다.

부부가 불화를 겪을 때, 다양한 감정을 표현하지 못하면 주로 화를 내거나 침묵하는 두 가지 방식으로만 반응하게 된다. 부부 모두 화를 내거나, 한 사람이 화내고 상대는 침묵하거나, 모두 침묵하는 식이다. 어떤 이야기를 하더라도 화를 내고, 입을 닫는 식으로 끝이 난다. 이러한 반응은 결국 세 가지 부정적 대화 방식으로 이어진다. 필자가 부부 세미나를 하면서 부부에게 질문할 때가 있다. "부부 갈등이 있을 때 어떤 현상이 일어나나요?" 어느 아내가 나의 질문에 반응했다. "밥 해주기 싫어요!". 그러자 다른 테이블에 있던 다른 남편이 즉각적으로 대응한다. "줘도 안 먹어요!" 부부 갈등이 있으면 서로에 대한 부정적인 감정이 강하게 자리 잡고 경직된 반응을 하게 된다. 이들이 반응하는 속도는 엄청나게 빠르다.

감정은 관계를 형성하고, 관계는 개인의 감정을 유발한다. 긍정적인 감정은 긍정적인 부부관계를 만든다. 위에서 설명한 부부 불화의 두 가지 증상은 감정과 밀접한 관계가 있다. 개인의 감정과 부부관계는 서로 영향을 주고받는다. 감정이 부정적이면 관계도 부정적으로 변한다. 남편이 침묵하면, 아내의 감정은 부정적으로 변한다. 그러면 아내 역시 분노하는 등 남편에게 부정적인 반응을 보이고, 그에 따라 아내에 대한 남편의 부정적인 감정은 커져서 더욱 침묵하게 된다. 대부분의 부부가 이러한 부정적인 감정과 관계 방식 때문에 점점 불화의 늪에 빠져든다. 의식적인 노력 없이는 이런 악순환에서 벗어나기 힘들다.

서로 성격이 맞지 않는다고?
그렇게 된 데는 이유가 있다

유명 연예인들의 결혼 소식은 언제나 대중의 관심을 끌며, 많은 사람의 부러움을 사기도 한다. 그러나 그들의 결혼 생활이 화려한 시작만큼이나 항상 아름다운 것만은 아니다. 어느 부부에게나 불화는 예외 없이 찾아오며, 연예인 부부 역시 이러한 갈등을 겪는다. 일부는 갈등을 지혜롭게 극복하고 잘 살아가지만, 갈등을 극복하지 못하고 이혼으로 이어지는 경우도 적지 않다. 이혼 사유로 가장 흔히 언급되는 것은 '성격 차이'다. 연애 시절에는 발견하지 못했던 서로의 단점과 다른 성격이 결혼을 통해 뚜렷하게 드러나는 것이다.

개인의 성격은 가까이 있는 배우자에게 많은 영향을 준다. '성격이 다르다'고 할 때 그 이면에는 한 가지 주제나 상황에 대한 '의견 차이'가 깔려 있다. 성격이 다른 사람과 평생을 살아야 한다는 건 누군가에겐 곤욕일 수 있지만, 흔히 말하는 것처럼 성격이 다르기에 오히려 삶이 더욱 풍요로워질 수도 있다. 예를 들어, 외향적인 사람과 내향적인 사람은 서로의 부족한 부분을 채워주며 상호보완적인 관계를 형성할 수 있다. 그러나 대개의 경우 서로 다른 성격이 부부 싸움의 주된 원인이 되곤 한다. 과연 성격 차이를 극복하는 것이 (화성에서 온) 남성과 (금성에서 온) 여성이라는 엄청난 차이를 극복하고 결혼하는 것보다 더 어려운 일일까?

반대로, 성격이 비슷한 부부가 항상 행복한 것은 아니다. 성격이 비슷해도 서로 답답함을 느끼고 불만을 가지는 경우가 종종 있다. 예를 들어, 외향적인 부부는 서로 조용히 하라며 상대방에게 불만이다. 조용한 성격을 가진 남편과 아내는 서로 답답해하면서 우울증을 호소하기도 한다. 자신이 조용하면 배우자라도 가정을 리드하고 분위기를 띄웠으면 좋겠다고 생각한다. 성격이 같아도 문제가 되는 것이다. 결국, 부부간 갈등의 근본 원인은 단순히 성격 차이에 있지 않다는 점을 알 수 있다.

부부 불화가 성격 차이를 드러나게 한다 만든다

기연 씨와 소현 씨는 결혼 7년 차, 대학 시절 봉사 서클에서 만나 사회복지학과를 같이 전공하며 봉사활동을 통해 서로를 깊이 이해하리라 기대했던 부부다. 병원 실습을 함께 하며 호흡이 잘 맞는다는 주변의 칭찬을 받았고, 비슷한 가정환경과 양가 부모님의 따뜻함 덕분에 웃음이 끊이지 않는 밝고 활발한 성격의 소유자들이었다. 이들의 결혼은 마치 잉꼬처럼 완벽할 것이라는 기대를 안고 시작되었다.

그런 두 사람이 결혼 7년 만에 부부 상담을 하러 왔다. 둘은 상대방을 답답해했다. 또 서로 단단히 화가 나 있었다. 남편이 먼저 입을 열었다.

"우린 아주 잘 맞았어요. 전공이 같아서 꿈꾸는 미래도 같았어요. 그런데 지금 생각하면 아내가 봉사 서클에서 보였던 모습이 전부 가식처럼 느껴져요. 매일 화만 내는 걸 보면 과거에 천사라고 생각했던 모습은 온데간데없어요."

듣고 있던 아내가 어이없다는 듯이 곧바로 받아쳤다.

"남편은 늘 바빠요. 아이가 태어난 뒤로 저는 육체적으로 힘든데 남편은 퇴근 후에도 다른 사람을 위해서 봉사하는 모임에 자주 나가요. 주말에는 다른 힘든 가족을 돌봐야 한다며 또 봉사하러 나가고요. 남편처럼 퍼주다가는 집안 살림을 다 말아먹게 생겼어요. 남편의 무책임한 모습에 정말 화가 나요."

공동의 목표를 가지고 시작한 부부가 서로를 비난하며 성격이 맞지 않는다며 불만을 토로했다. 부부가 서로 이해하지 못하여 갈등이 생기면 성격 차이가 더욱 크게 느껴진다. 성격 차이는 본래 두 사람 안에 내재되어 있었다. 연애 시절에는 그 차이가 두드러지지 않다가, 결혼을 하고 갈등이 생기자 배우자의 단점만 눈에 현미경을 댄 듯 쏙쏙 들어오게 된 것이다.

즉, 성격 차이가 갈등을 만드는 것이 아니라 갈등이 생기자 성격 차이가 더욱 크게 느껴지는 것이다. 서로 다른 성격은 자연스러운 일이며, 건강한 관계의 일부다.

성격 차이 말고도 부부 불화의 원인은 차고 넘친다. 자녀 양육 방식의 차이, 경제관념의 차이, 습관의 차이 등으로 싸우기도 한다. 술, 담배를 좋아하는 배우자 때문에, 혹은 스킨십이나 성관계의 부족으로 인한 갈등도 있다.

그렇다면 위에 열거한 내용이 과연 부부 불화의 핵심 원인일까? 아니다. 부부 불화가 생기면 의사소통이 어렵고, 쉽게 분노하며, 인내심이 사라진다. 자녀 양육관이 같은 부부가 어디 있겠는가? 서로 다른 가정에서 자라왔기 때문에 양육관은 같을 수 없다. 경제관념도 사람마다 다르다. 저축을 원하는 아내와 현재를 즐기고자 하는 남편 사이의 충돌은 흔한 일이다. 문제는 서로의 생각을 비난하기 때문에 발생한다.

니코틴, 알코올에 지나치게 집착해 치료가 필요한 사람들도 있다. 이 경우 부부관계가 중독을 더욱 심화하기도, 반대로 중독에서 벗어나게 도와주기도 한다. 부부의 성생활은 부부 갈등으로 인한 하나의 증상이다. 성관계는 부부의 정서적, 정신적 상태에 예민하게 반응한다. 그래서 친밀한 관계에서는 자연스럽게 성관계가 늘어나지만 불화가 생기면 성관계 자체에 흥미를 잃기도 하고 심할 경우 혐오스럽게 느끼는 사람도 있다.

다시 말해, 우리가 흔히 생각하는 부부 갈등의 원인이라고 일컫는 위의 내용은 불화의 결과에 더 가깝다.

긴 불화는 서로의 장점을 볼 수 없게 만든다

부부관계의 핵심은 두 사람의 정서적 유대감이다. 앞에서도 언급했듯 정서적 유대감, 즉 친밀감이 유무가 부부관계의 질을 결정한다. 정서적 교류가 사라지면 부부는 불화에 빠지고, 정서적으로 교류가 유지되면 부부는 행복을 느낀다. 외부의 부정적인 상황을 긍정적으로 수용할 수 있는 힘도 친밀감의 유무에 달려 있다. 친밀감에 따라 문제가 커질 수도 있고 문제가 축소될 수도 있다. 친밀감이 있으면 서로의 차이를 극복하기 쉽다. 의견이 달라도 인내심을 발휘하여 서로를 인정하고, 나아질 때까지 기다려줄 수 있다. 경제적 어려움을 함께 이겨내고, 남편의 늦은 귀가도 참을 수 있다.

부부는 끊임없이 배우자에게 질문을 한다. "당신은 나를 사랑하나요? 내가 부족해도 나와 함께 있어줄 건가요? 내가 힘들 때 언제든지 달려와 줄 수 있나요? 내가 실수해도 이해해 줄 수 있나요?" 이러한 질문에 '네'라고 대답할 수 있는 부부는 서로의 차이를 쉽게 극복할 수 있다. 배우자와의 성격 차이는 더 이상 문제가 되지 않으며, 오히려 서로에게 긍정적인 자극을 주어 생활에 활력을 얻는다. 자녀 양육도 즐겁고, 때론 남편의 의견에 따르거나 아내의 생각에 동조하며 서로를 비난하지 않고, 자녀 양육을 기꺼이 함께 감당하며, 경제관이 달라도 적절히 조율하며 살아간다.

반대로 불화가 심각한 부부일수록 자신의 이성과 감정이 옳다는 생각에 빠져든다. 서로를 인정하지 않고 배우자의 잘못만을 비난한다. 내 주장만 옳고 상대의 생각은 틀렸다고 여기며, 상대가 인정하지 않을수록 더욱 자신의 주장을 강하게 펼친다. '양보는 곧 지는 것'이라고 생각하게 된다. 부부는 모든 영역에서 차이를 더욱 크게 느끼고 결국 서로 맞춰갈 수 없다는 생각에 이른다. 마치 다른 별에서 온 사람처럼 느껴져 영영 화합이 불가능할 것 같다는 생각이 강해진다. 급기야는 서로에게 최후통첩을 한다. 당신이 변하지 않으면 이혼도 불사할 거라고, 불화의 원인이 배우자에게 있다고 밀어붙인다.

벼랑 끝까지 몰리다 부부치료를 시작한 부부들 중에는 상담을 통해서 좋아지지 않으면 갈라설 거라고 단정적으로 말하는 사람들이 많다. 그러면서 배우자에게 계속 압박을 가한다. 하지만 치료자인 내 눈에는 겉으로 드러난 분노보다는 부부관계의 회복을 갈망하는 절박한 마음과 답답함이 먼저 보인다. 무엇보다 다시 행복해지길 갈망하는 마음이 느껴진다.

"우린 절대로 좋아질 수 없어요. 지푸라기라도 잡는 심정으로 부부 상담을 해보기로 하고 찾아왔어요. 우린 서로 맞는 것이 하나도 없어요. 같이 살수록 서로 실망과 좌절만 늘어갈 게 분명해요." 서로 너무 잘 어울리고 잘 맞아서 결혼까지 결심했다는 대부분의 부부가 상담실만 찾으면 이런 말을 한다.

콩깍지가 씌었을 때는 상대방의 단점을 보지 못하고, 부부 불화가 지속될 때는 상대방의 장점을 인식하지 못하게 된다. 두 상황 모두 객관성을 잃게 만든다. 이성이 마비된 상태에서의 배우자 선택과 비슷하게, 이혼 결정도 비슷한 상태에서 이루어진다. 그러나 부부관계가 회복되면 자신의 문제와 배우자의 장단점을 객관적으로 볼 수 있는 여유가 생긴다.

결국, 부부관계를 회복하는 과정 자체가 성숙으로 가는 길이다. 결혼은 단순한 행복을 넘어 성숙의 과정이며, 부부가 함께 성숙해짐으로써 비로소 진정한 행복을 맞이할 수 있다.

그렇다면 이런 불화는 어떻게 찾아오는 것일까? 몇 년 사이에 부부에게 무슨 일이 벌어진 것일까?

날선 말들의 이면을 보면
진짜 하고 싶은 이야기가 보인다

인간의 욕구는 다양하다. 심리학자인 매슬로우는 인간의 욕구에 단계가 있다고 하는 '욕구 단계설'을 주장했다. 인간의 욕구는 그 중요도에 따라 일련의 단계를 밟으며, 피라미드 형태처럼 하나의 욕구를 충족하면 다음 단계의 상위 욕구가 나타난다는 것이다.

첫 번째 단계는 가장 기본이라 할 수 있는 '생리적 욕구'이다. 여기에는 따뜻함, 거주지, 음식 등이 포함된다. 극도로 굶주린 사람에게는 빵 한 조각이 인생의 모든 것을 의미할 수 있을 정도로, 생리적 욕구가 충족되지 않는 한 다른 욕구는 중요하지 않게 된다.

두 번째 단계는 '안전의 욕구'이다. 이는 신체적, 감정적 위협으로부터 자신을 보호하고자 하는 욕구로, 불안을 피하고자 하는 욕구를 포함한다. 기본적인 생리적 욕구가 충족된 후에 나타난다.

세 번째 단계는 '소속감과 애정 욕구'로, 생리적 욕구와 안전 욕구가 어느 정도 충족되고 나면 나타난다. 한 마디로 관계를 형성하고 동료들과 소속감을 느끼고 싶어 하는 욕구를 말한다. 인간은 사회적인 존재이므로 어딘가에 소속되어 자신이 다른 사람과 집단에 의해 받아들여지기를 원한다. 동료와 친교를 나누고 싶어 하고, 이성 간의 교제나 결혼을 갈구하게 된다.

네 번째 단계는 '존경의 욕구'다. 인간은 어디에 속하려는 욕구가 어느 정도 채워지면 그 집단에서 단순한 구성원 이상의 것이 되기를 원한다. 이는 내적으로는 자존·자율을 성취하려는 욕구내적 존경욕구를, 외적으로는 타인의 인정을 받으며 집단 내에서 어떤 지위를 확보하려는 욕구외적 존경욕구를 의미한다.

마지막 다섯 번째 단계는 '자아실현 욕구'다. 일단 존경의 욕구가 어느 정도 충족되면 다음에는 "나의 능력을 발휘하고 싶다", "자기계발을 계속하고 싶다"는 자아실현 욕구가 강하게 나타난다. 이는 자신이 이룰 수 있는 것 혹은 될 수 있는 것을 성취하려는 욕구이다. 즉, 계속적인 자기발전을 통하여 성장하고, 자신의 잠재력을 극대화하여 자아를 완성시키려는 욕구이다.

매슬로우는 앞의 네 가지 욕구는 결핍 때문에 발생하는 결핍욕구이며, 자아실현의 욕구는 성장을 위해서 필요한 성장욕구라고 했다. 부부의 친밀감에 대한 욕구는 세 번째 단계에 해당된다. "돈 벌어주면 되지 무슨 욕심이 그렇게 많아?"라고 하는 것은 1단계의 욕구를 충족시켜 준 것이다. 원숭이도 먹을 것이 해결되면 포근한 대상을 찾는다. 부부는 먹고 마시는 것만으로는 사랑받고 있다는 느낌을 가질 수 없다. 결국 소속감과 애정의 욕구가 충족되어야 다음 단계인 존중의 욕구와 자아실현의 욕구를 채워갈 수 있다. 반대로 친밀감에 대한 욕구가 좌절되면 그 이후의 욕구를 충족하기 힘들다.

중요한 인물과의 친밀감에 대한 욕구가 충족되지 못하면 사람들은 이를 충족하기 위해 노력한다. 친밀감에 대한 욕구가 충족되지 못하면 공격적으로 변한다. 의지하고 사랑하는 사람에게 투명인간 취급을 받으면 공격적으로 변하는 것은 모든 영장류의 고유한 속성이라고 한다. 유아나 원숭이도 벽을 쌓는 어미에게 화를 내고 공격을 가한다. 이런 행동은 모두 인정받고 친밀감을 회복하기 위한 행동이다. 부부간에도 친밀감이 사라지면 공격적인 행동을 하고, 싸움이 격해진다.

ⓙ 소중한 사람을 공격하게 되는 단계적 반응

애착대상이 욕구를 충족시켜주지 않을 때 보이는 단계적인 반응이 있다. 즉, 중요한 사람에게 '내가 원하는 것이 있다'는 신호를 보냈는데 상대방이 반응하지 않거나 거부하는 행동을 보일 때 나타나는 반응이다. 보울비가 애착관계라고 보았던 부모와 자녀 및 부부관계에서 이러한 반응이 나타난다.

예를 들어, 아이가 원하는 장난감을 사달라고 요청했을 때 거부당하면 그 자리에 드러눕고 고함을 치며 울부짖는다. 이는 자신의 욕구가 충족되지 않았을 때의 일종의 반응이다. 엄마는 가격이 비싸고 집에 비슷한 장난감이 이미 있다고 생각하여 거절한다. 하지만 아이는 계속해서 자신의 요구가 외면당하고 있다고 느끼며 화를 낸다.

부부 사이에서도 비슷한 상황이 발생한다. 선미 씨는 마음이 답답하다. 집에서 하루 종일 아이와 씨름하고 저녁이면 퇴근할 남편을 기다리는 자신의 모습이 점점 초라하게 느껴진다. 남편하고 얘기를 하려 해도 대화가 되지 않는다. 퇴근하는 남편을 기다렸다가 하루 동안 아이와 있었던 이야기를 시작하면 남편은 귀찮은 듯한 표정을 짓는다.

"나 오늘 회사에서 엄청 스트레스받고 왔거든! 좀 쉬자!"

남편의 표정에서 자신을 거부하는 느낌이 전해져 온다. 순간 선미 씨는 피가 거꾸로 솟구치는 듯하다. 남편과 대화를 원했으나 이를 거부당하자 화가 치민다. 어린아이의 반응과 마찬가지로, 성인 역시 자신의 욕구나 감정이 외면당하면 분노를 느낀다.

1단계 반응 분노

애착대상에게 거부당하거나 무시당할 때, 가장 흔한 초기 반응은 '분노'

다. 화가 나서 갑작스레 고함을 지르고 공격적인 태도를 취한다. 나와 상관없는 사람에게 이런 취급을 받으면 화가 나더라도 그 사람과 거리를 두면 마음이 금방 가라앉지만, 자신에게 중요한 사람에게 상처를 받게 되면 상황이 달라진다. 아무렇지 않게 외면하기 어렵고, 거리를 둘 수도 없다. 부모나 배우자로부터 상처를 받을 때는 즉각적이고 강한 반응을 보이며, 고통의 강도가 더 크기 때문에 반응도 격렬해진다.

이때 상대 부모와 배우자의 반응에 따라서 관계가 다르게 전개된다. 정서적 유대감이 있는 부부는 배우자의 화가 자신에게 위협이 아니라는 것을 알고, 화내는 사람이 무엇인가 필요로 한다는 것을 인식하며 적절히 대응한다. 부모는 아이에게 다가가서 위로해 주고, 기저귀를 갈아주거나 우유를 먹인다. 아이는 자신을 위로해 주는 부모의 품 안에서 편안함을 느끼고 더 이상 격한 행동을 보이지 않는다. 화를 냄으로써 본인이 원하는 유대감에 대한 배려가 충족되면 화는 사라진다.

반대로 아이가 뭔가 필요해서 화를 내는데도 반응을 하지 않거나 오히려 더욱 심하게 화를 내는 부모가 있다. 그러면 아이는 중요한 대상과의 단절로 인한 '근원적 공포'를 경험하며 극도의 두려움에 휩싸인다. 이때 아이는 더욱 화내면서 울고 땅바닥에 뒹굴기도 한다. 아이의 격한 반응을 줄일 수 있는 방법은 부모의 반응에 달려 있다. 부모가 함께 분노하면 아이는 불안해지기 때문에 더욱 심하게 화를 낸다. 두려움과 불안이 클수록 아이는 부모가 자신의 편이 되어주길 원하며, 이로 인해 더 크게 화내고 칭얼대게 된다.

부부 사이에서도 이와 동일한 반응이 일어난다. 배우자가 자신의 요구를 거부하거나 친밀감이 느껴지지 않으면 분노한다. 서로 화를 내면 불안과 두려움은 더 커진다. 그래서 배우자가 자신을 이해하고 다가와주기를 바란다. 하지만 서로가 화내는 상황에서는 자신을 거부하고 싫어한다는 느낌만 커져가고, 따라서 분노는 점차 심해질 수밖에 없다.

배우자가 자신과 친밀해지고 싶어서 화를 낸다는 것은 언뜻 이해하기 어렵다. 오히려 나를 귀찮아한다는 느낌만 강렬해진다. 이로 인해 부부는 실망하게 되며, 자신의 필요를 표현했음에도 불구하고 이를 거부당한 것처럼 느껴 서로에게 화를 낸다.

남편은 아내가 화를 내면 더 이상의 대화가 불가능하다고 판단하고, 해결되지 않을 것 같은 절망감에 휩싸인다. 자신을 공격한다고 느낀 남편은 부드럽게 대응하기보다는 화를 내며 꽁무니를 뺀다.

"제발 일 절만 해라!"

"어떻게 매사가 부정적이냐? 긍정적으로 살자."

"됐어! 그만해! 난 더 이상 할 말 없어."

"도대체 내가 어떻게 해주면 되는데……."

앞에서 말한 것처럼 남자들은 아내가 화를 내면 두려워진다. 관계가 나

빠질 것 같고 자신을 비난한다는 느낌을 강하게 받는다. 더 이상 갈등이 지속되는 것이 불편하다. 그래서 그만두라고 화를 내고는 갈등 상황에서 벗어나려 한다. 실제로 갈등 상황에 직면했을 때 아내보다 남편들이 훨씬 두려워하고 고통스럽게 느끼는 경우가 많다.

아내들은 어떤가? 자신이 원하는 것을 남편이 거부하면 남편에게 화를 낸다. 이때 아내는 적극적으로 갈등을 해결하기 위해 노력한다. 남자와 달리 아내는 관계가 회복되기를 원한다. 남편은 갈등 없이 살기를 원하고, 아내는 갈등 상황에서 회복되기를 원한다. 자신의 감정이 남편에게 전달되기를 원하고 남편이 이에 반응해 주기를 원한다. 그래야 배려받는 느낌과 친밀감이 생겨서 분노가 사라진다. 남편은 싸우지 않기를 원해서 화를 내고, 아내는 관계가 회복되기를 원해서 화를 내는 것이다.

이때 아내들이 하는 비난은 다음과 같다.

"도대체 왜 도망을 가! 얘기 좀 해!"

"사람 말이 말 같지 않아? 그렇게 부탁했는데 그것 하나 못 들어줘?"

"당신은 내 맘을 전혀 몰라!"

"당신이 얼마나 무책임한 사람인지 알아? 왜 나를 피하는 거야."

"나보다 TV하고 친구가 더 중요해? 나를 보고 얘기하란 말이야!"

상대에게 거부당할 때 느끼는 감정은 남편과 아내가 다르지만 반응은 같다. 애착대상, 즉 소중한 사람이 나를 거부하면 남녀노소를 불문하고 화를 낸다. 그 속에는 '나와 함께 있어줘!' '내 얘기에 귀 기울여줘!' '당신에게 인정받고 싶어!' '나를 소중하게 여겨줘!'라는 의미가 숨어 있지만 부부가 이를 알아차리기는 쉽지 않고, 다만 상대방의 분노가 고통스럽게 다가올 뿐이다. 그래서 부정적인 감정에 압도되고 만다. 부모와 자녀 사이에서 아이가 화를 낼 때는 부모가 좀 더 여유를 가질 수 있지만, 부부 사이에서는 그런 여유를 갖기가 더 어렵다.

그러나 배우자의 이러한 욕구를 알아차리고 화를 낼 때 적절하게 반응할 수 있다면, 분노는 가라앉고 부부관계는 더욱 강해질 수 있다. 이러한 긍정적 반응이 반복될수록 화를 내는 횟수와 강도는 줄어들게 된다.

2단계 반응 ▌ 찾고 매달리기

애착대상, 즉 소중한 사람에게 화를 내는 것은 위로를 받기 위한 행동이다. 그런데 기대했던 위로를 받지 못하면 애착대상에게 달려가는 2단계로 넘어간다. 애착대상을 '찾고 매달리기' 단계다. 애착대상과 붙어 있으려 하고, 상대방의 거절에 예민한 반응을 보인다.

자녀는 부모와 떨어지는 것이 불안해 유치원이나 학교에 가는 것도 어려워한다. 이것을 분리 불안이라고 한다. 유대감에 대한 확신이 없어서 떨어지면 단절되거나 더 멀어질 것 같은 일종의 공포를 느끼는 것이다. 따라서 애착대상과 떨어지지 못하고 붙어 있으려고 한다. 어쩌다 잠깐 떨어지더라도 언제든지 자신이 원할 때 달려올 수 있는 가까운 거리를 유지하려고 한다. 이때 부모가 다가가서 위로해 주고 토닥여주면 아이는 점차 안정을 찾게 된다. 안전한 관계가 되어야 안정을 찾는 것이다.

부부관계도 마찬가지로, 배우자가 친밀감에 대한 욕구를 계속 좌절시키고 반응을 하지 않거나 자신을 무시하면 처음에는 화를 내지만 시간이 지나면서 배우자를 찾고 매달리는 반응을 보인다. 이 과정에서 아내는 종종 사랑을 확인받고자 한다.

"당신 나를 사랑하긴 하는 거야!"

"당신이 나를 사랑한다는 느낌을 받을 수 없어."

사랑을 확인받지 못하고, 배우자의 관심이나 반응이 없을 때 예민해지고, 화를 더 많이 낸다. 헤어스타일을 바꾸거나 새 옷을 사 입는 등의 변화를 통해 배우자의 관심을 끌려고 하며, 그 변화에 대한 반응을 예의 주시한다. 남편이 이러한 변화를 인식하지 못하거나 반응하지 않을 때 실망과 화를 느낀다.

'사랑이 식은 것이 분명해! 내게 매력을 느끼지 못하고 있어!'

이러한 감정을 극복하기 위해 남편의 행동과 말에 예민한 반응을 보이고, 자신이 거부당하는 느낌을 받으면 힘들어한다.

이 단계에서 남편들도 많이 하는 생각이 있다.

'내가 이 집에서 가장으로서 인정을 받고 있는가?'

'내가 이렇게 열심히 일하는데 아내는 인정해 주지 않아서 힘들어!'

남편도 인정을 받기 위해서 예민하게 반응한다. 집에서 더 쉬고 싶어진다. 밖에서 일한 것을 보상받고 싶어서 집에서 편히 쉴 수 있게 해달라고 화를 낸다. 아내의 태도에 더 예민하게 반응하고 짜증을 부린다. 직장에서도 아내와의 불편한 관계가 자꾸 떠올라서 일에 집중하지 못한다. 서로 멀리 떨어져 있을 때도 머릿속에서 서로를 괴롭힌다. 일을 해도 즐겁지 않다. 부부관계가 좋으면 서로 떨어져서도 편안한 마음으로 일에 몰두할 수 있다. 하지만 부부간에 갈등이 심할 땐 서로 떨어져 있어도 마음이 편치 않고 자꾸 생각이 난다.

"선생님! 아내 생각을 하지 않으려 해도 계속 떠올라요. 하지만 막상 집에 가면 함께 있는 것이 괴로워요. 그래서 각자 방으로 들어가 버리기 바빠요. 떨어져 있을 때조차 아내 생각이 떠나지 않으니 종일 마음이 불편합니다. 그래서 화도 나고, 어떨 때는 아내한테 미안한 마음이 들기도 해요. 하지만 무엇보다 나를 이해해주지 못한다는 생각에 원망스러워요."

찾고 매달리는 이 단계에서 아내는 남편의 관심을, 남편은 아내의 인정을 필요로 한다. 그렇게 되면 부부는 안정을 찾고, 서로와 자신을 괴롭히던 생각에서 점차 벗어날 수 있게 된다.

3단계 반응 절망과 우울

2단계에서도 서로의 필요를 채워주지 못하고 관계가 악화되면, 3단계로 넘어간다. 절망과 우울의 단계다. 사랑하는 대상이 2단계에서도 반응하지 않으면 모든 사람은 우울증에 빠진다. 남편은 차를 몰고 가다가 확 꺾어

버리고 싶은 마음, 아내는 그냥 뛰어내릴까 하는 마음, 즉 절망과 우울이 예외 없이 찾아온다. 생각해 보라. 부모로부터 적절한 반응을 받지 못하는 아이가 우울해지는 것은 자연스러운 반응이다. 가장 소중한 사람으로부터 위로의 반응을 받지 않으면 절망에 빠지고 우울해지는 것이 정상이며, 그럴 때 아무 일 없는 듯이 웃고 다니는 것이 비정상이다.

부부도 마찬가지다. 부부관계에서도 서로에게 위로와 존중, 사랑을 받지 못하면 절망과 우울을 느낄 수 있으며, 이는 건강한 반응으로 볼 수 있다. 나와 상관이 없는 사람이 나에게 반응하지 않는다고 절망에 빠질 이유가 없지만 애착대상인 부부, 연인, 배우자는 그렇지 않다. 소중한 사람은 때로 희망을 주기도 하지만, 심각한 절망을 경험하게 하기도 한다.

지금 자녀와 배우자가 우울해하고 있다면 정상적인 반응을 하고 있는 것이다. 그러므로 우울해하는 자녀나 배우자에게 다가가서 위로하면 상황을 긍정적으로 변화시킬 수 있다. "당신 나 때문에 많이 힘들고 우울했지?"라는 말 한마디는 상대방에게 엄청난 힘이 되어, 절망과 우울에서 벗어나게 할 수 있다. 배우자나 자녀가 당신의 사랑을 받지 못해 우울해한다면, 이는 당신이 그들에게 얼마나 중요한지를 보여주는 것이다. 정신력이 약해서도 아니고 정신병이 있어서도 아니다.

4단계 반응 **분리**

화를 내고 매달리고 우울한데도 애착대상이 반응하지 않고 방치한다면 마지막 4단계가 찾아온다. 즉 정서적으로 '분리'되는 단계이다. 한 집에 있어도 교류가 없고 기대를 갖지 않는다. 계속 자신의 욕구가 충족되지 못해서 고통스러웠던 경험을 더 이상 반복하고 싶어 하지 않는다, 그래서 기대를 접어버리고 물러난다. 많은 부부가 한 집에 살면서도 마치 이혼한 것과 같은 생활을 하고 있다. 서로 간절하게 원하던 것을 충족하지 못하고 상처를 입었기 때문에 고통을 줄이기 위해서 애착욕구 자체를 부인한다. 아예 상처받을 여지를 없애는 것이다.

지금 가족의 관계에서 4단계까지 왔더라도 다가가서 그 마음을 이해해주면 벗어날 수 있다. 이 모든 반응은 애착대상이 반응하지 않기 때문에 나타나는 현상이다, 이러한 현상이 모든 가족에게 나타나며 건강한 반응을 배우면, 어느 단계에 있든 간에 회복은 일어난다. 상담 과정을 그것을 알아가고 연습하는 과정이다. 새로운 경험은 인간과 관계를 변화시킨다. 그래서 가족은 희망이 있다.

확인하고 싶고
위로받고 싶은데 방법을 모르겠어요

모든 인간은 친밀감에 대한 욕구를 충족받길 원한다. 자녀는 부모로부터 애착욕구를 충족받아야 하고 부부는 배우자와 친밀감을 유지해야 한다. 부부 싸움은 이러한 친밀감을 회복하기 위한 투쟁이다. 즉, 관계 회복을 위한 노력의 결과로 부부 갈등이 나타나는 것이다. 안전하게 유대감을 형성하여 부부관계가 친밀해지면 싸움은 점차 줄어든다. 부부 싸움을 자세히 살펴보면, 배우자가 나를 긍정적으로 바라보고 인정하며 배려해 주는지에 대한 확신을 얻고 싶어 하는 마음이 깔려 있다.

　명절만 되면 고통을 호소하는 아내들이 있다. 오죽하면 명절 증후군이란 말이 있을까. 명절 며칠 전부터 머리가 아프다는 아내도 있다. 남자들은 놀고 있는데 여자들은 하루 종일 일하고 저녁 늦게까지 손님 치르고 설거지를 마치면 몸은 지칠 대로 지친다. 그런데 아내들이 육체적 노동보다 더 힘들어하는 것은 바로 남편의 태도다. 남편이 아내에게 진심으로 미안하고 고마운 마음을 표현하고, 시댁 식구들 앞에서 아내의 기를 살려줄 때, 명절은 오히려 부부 사이의 친밀함을 강화시킨다. 남편의 태도와 말 한마디가 아내에게 큰 위로가 된다.

무엇보다 아내의 힘들다는 말, 시댁에 서운한 말을 했을 때 남편의 반응이 중요하다. 남편이 아내의 말을 거부하는 태도로 듣거나, 아내보다 다른 사람을 더 챙기는 말을 할 때, 친밀감은 사라진다. 아내가 가장 듣고 싶어 하는 말은 바로 남편의 위로와 "나는 언제나 당신 편"이라는 격려다. 상대방의 말에 귀 기울이고 원하는 반응을 해주며 위로해 줄 때, 친밀감은 더욱 강화된다. 결국, 시댁에서의 고생보다 남편의 태도가 더 중요한 것이다.

아내가 답답한 심정을 토로한다. "명절 때마다 돌아오는 차 안에서 지겹게 싸웠어요. 남편은 나를 위로하기보다는 동서들의 마음을 더 알아주려 하고, 시부모님 마음만 중요하게 생각해요. 남편의 위로를 기대하고 말을 꺼냈다가 오히려 화가 치미는 상황이 반복되니, 다시는 시댁에 가고 싶지 않아요. 시댁에서 일할 때도 그렇지만, 돌아오는 길은 더 고통스러워요."

남편도 나름대로 할 말이 있다. "아내는 좋게 넘어가는 법이 없어요. 그래서 전 항상 아내의 눈치를 봐요. 그래서 아내 입에서 힘들다는 말이 나오면 피하고 싶어요. 게다가 본가 식구들 험담을 시작하면, 가만히 듣고 있기가 힘들어요. 한 번도 기분 좋게 넘어가는 법이 없어요. 아내가 시댁에 대해서 늘 불만이 많다는 생각이 들었어요. 고생했다며 아내에게 위로를 해줘야 하는데 그 순간에는 아내의 불만이 너무 커 보였어요. 이러다 본가 식구들하고 사이가 나빠지는 게 아닐까, 겁이 났어요."

고통스러운 시기에 우리는 가장 친밀한 이에게서 위안을 구하려 한다. 학교에서 억울한 일을 겪거나 마음이 상할 때면 엄마의 품을 찾았듯이 우리는 배우자에게서 위로를 찾는다. 하지만 이러한 요청이 반복적으로 거절당하면, 포기하고 마음속으로부터 분리되기 시작한다. 그전까지는 배우자의 위로를 간절히 기대했다. 특히 시댁에서 힘든 일을 겪는 순간에 아내는 남편의 위로가 필요했었다. 하지만 남편은 시댁 식구들과의 관계가 나빠질까 봐 걱정하며 아내가 원하는 위로를 주지 못했다. 그저 충고만 하고 어머니의 입장만 대변하다 보니, 결국 아내는 상처만 받았다.

🫧 두려움에 대처하는 부부의 자세

애착 이론은 사랑하는 사람이 피난처가 되어줌을 가르쳐준다. 고통으로부터 피할 수 있는 피난처가 되어주고 다시 에너지를 충전시켜 주는 사람이 애착대상이다. 이러한 정서적 안정감이 사라지면 부부 사이에 무력감과 고립감이 찾아오고, 화가 나고 우울해지며 사소한 일에도 상처받게 된다. 뉴욕대학교 신경과학자인 조지프 르두는 이러한 두려움이 뇌의 편도체에서 생겨난다고 밝혔다. 아몬드 모양의 편도체는 생각하기 전에 이미 감정을 느끼고 반응하게 하는 두려움의 중추이다.

부부 사이에 갈등이 논쟁으로 이어지면 두려움이 생긴다. 애착대상과의 갈등은 두려움을 유발하며, 이때 서로 위로하며 다시 유대감을 회복하면 두려움은 즉시 사라진다. 하지만 평소 유대감이 약한 부부는 부정적 사건 하나로도 두려움에 짓눌린다. 위싱턴 주립대학의 자크 팬크셉 교수는 이러한 상황을 '근원적 공포primal panic'라고 설명한다. 인간의 기본 욕구인 소중한 사람과의 친밀감 상실에 대한 깊은 두려움이다.

인간은 공포를 느끼면 두 가지 방법으로 해결을 시도한다. 먼저 상황을 극복하기 위해 적극적으로 대처하는 방식이다. 배우자에게 위로와 위안을 요구하면서 매달리는 행동을 하는 것이다. 이러한 방식을 사용하는 배우자는 '내가 여기 있잖아! 나에게 달려와 줘! 지금 당신의 도움이 필요하고 당신이 내 곁에 있어 주었으면 좋겠어!'라는 메시지를 계속 전달하려 한다. 이 방법으로 문제가 해결되지 않을 경우, 유대를 강화하기 위해 화를 내거나 공격과 비난도 마다하지 않는다.

공포에 대처하는 두 번째 방식은 배우자에게 요구하기보다는 스스로 안정을 찾고 자신을 보호하기 위해서 물러나 버리는 태도다. 이는 '당신에게 더 이상 상처받고 싶지 않아. 나 혼자 문제를 해결하고 싶어. 당신에게 기대하다가는 우리 사이가 더 멀어질 것 같아'라는 의미를 담고 있다.

공포에 대처하는 심각한 것은 그 자리에 얼어버리는 것이다. 부부가 싸우거나 부모로부터 심한 비난을 들을 때 당사자는 얼어버리게 된다. 아무런 반응을 할 수 없다. 생각이 정지되고 식은땀을 흘리면서 굳어버린다.

공격과 회피 전략은 무의식적으로 작동된다. 부부가 친밀감을 갖지 못해 지속적으로 이러한 전략을 사용하게 되면 부정적인 고리에 갇히게 된다. 사소한 일이 벌어지더라도 쉽게 빠져나오지 못하고 공격과 회피적인 전략을 사용한다. 점차 배우자를 부정적으로 평가하게 된다.

수전 존슨 교수는 부부는 사랑하면서도 관심과 친밀감을 원하는 배우자의 욕구를 충족시켜 주지 못하는 이유를 밝혀냈다. 첫째, 현대인은 자신의 일에 몰두하다 보니 배우자에게 관심을 가질 시간이 부족하다. 둘째, 애착 언어를 사용하는 방법을 모르는 것도 문제다. "당신이 필요해요!"라는 요청 대신 "왜 당신은 그렇게 행동해! 당신을 보면 화가 나!"라고 비난하는 이유는, 내가 원하는 것을 정확히 요청하지 못하기 때문이다. 내가 원하는 것보다는 상대방이 부족한 것이 눈에 보여 오히려 배우자를 비난하는 것이다. 말로 표현하지 못하고 행동으로 대신하는 경우도 많다. 친밀감의 욕구를 충족시키기 위해 평소에는 위로와 관심을 보이지 않고 잠자리에만 집중하거나 선물 공세를 하는 남편도 있다. 다가가서 말하는 것이 두려워 조용히 청소를 하거나 설거지를 하기도 한다. 하지만 이러한 행동들은 욕구를 왜곡시켜서 전달하기 때문에 배우자의 부정적인 반응을 유발시킬 수 있다.

비난하거나 항의하거나
회피하는 대화 패턴에 갇힌 부부들

유대감 없는 부부관계가 오래 지속되면 두려움이 커지고 관계는 점점 악화되어 거의 모든 대화 방식이 부정적으로 변한다. 어떠한 이야기도 순조롭게 대화로 이어지지 못하며, 대부분이 상대방의 의견을 반박하는 부정적인 대화의 늪에 빠지게 된다. 또한, 근원적 공포에 사로잡힐 때 나타나는 공격적이거나 회피적인 태도가 부부관계를 지배하게 되며, 결국 세 가지 대화 유형에 갇히게 된다.

첫 번째 유형 : 나쁜 사람 찾기

부정적인 대화 방식은 크게 세 가지로 나눌 수 있다. 먼저 '비난-비난형'

이다. 부부가 서로를 비난하며 공격하고, 마치 전쟁터와 같은 분위기가 된다. 이러한 부부는 다른 사람을 만나면 자신의 배우자가 얼마나 나쁜 사람인지 증명하기 위해서 애쓴다. 수전 존슨 교수는 이들의 대화 방식을 '나쁜 사람 찾기'라고 이름 붙였다. 이런 유형의 부부는 부부치료 중에도 끊임없이 배우자의 단점과 문제를 거침없이 폭로한다. 이런 증상은 결혼 초기에 많이 나타난다. 자신은 옳고 배우자는 잘못됐다는 생각이 강해서 자신의 정당성을 주장하고 증명하기 위해서 배우자의 허점과 문제를 크게 부각시키기도 하고, 논리적으로 설득해보려고도 한다. 심지어 상담을 받는 와중에도 한 명이 얘기하면 상대방은 가만히 듣고 있지 못하고 얼굴색이 변한다. 끼어들 기회만 노린다.

성준 씨는 집에만 들어오면 화를 낸다. 아내가 아이들에게 화를 내면 아내를 공격한다. "집에 들어오면 조용히 쉬고 싶은데 들어서자마자 짜증스러운 목소리부터 들어야 하니 지겹다 지겨워! 제대로 하는 것도 없으면서 애들에게 만날 화만 내니 애들이 뭘 보고 배우겠어? 이러니 내가 집에 들어오고 싶겠어?"

그러면 아내의 반격도 시작된다.

"나도 지겨워. 애들도 말을 안 듣는데 남편이라는 사람도 집에 들어와서 날 못 잡아먹어서 난리야! 자기는 또 잘하는 게 뭐야? 가족을 생각하는 마음이 눈곱만큼도 없어."

성준 씨는 그대로 집을 나가 술을 마시고 늦게까지 당구를 친다. 새벽에 귀가한 다음날, 아이들과 놀아주기로 했던 약속은 물 건너간다. 아침에 소파에 자고 있는 성준 씨에게 아내가 다가간다. 목소리는 날카롭다.

"내가 이럴 줄 알았어. 한 번이라도 아이들과 약속을 지킨 적이 있어? 애들이 아빠를 뭐로 알겠어. 애들이 걱정이다, 걱정! 애들이 뭘 배우겠어."

"그만해라! 피곤해 죽겠는데 또 잔소리야. 남편을 우습게 알아! 자고 있는데 이불은 왜 걷어 젖혀! 지금 당신이 날 얼마나 화나게 하는지 알아?"

"아니, 내가 처음부터 이불을 젖혀? 몇 번 얘기해도 꿈쩍도 안 하니까 그러잖아! 내 말이 말 같지 않아? 남들하고는 밤새 술 마시고 놀면서 가족하고 시간을 보내는 게 그렇게 귀찮아? 가족이 당신한테 그렇게 중요하지 않아?"

"내가 괜히 친구들 만나는 줄 알아? 당신하고 있으면 폭발할 것 같아서 식히러 가는 거야. 친구라도 만나지 않으면 내가 무슨 짓을 할지도 몰라. 그리고 친구들이랑 있는 거 뻔히 알면서 왜 자꾸 전화하고 난리야."

"전화는 왜 안 받는데. 뭔가 잘못하는 일이 있으니까 안 받는 거 아냐? 사실 당신 친구들 중에 변변한 사람들 있어? 술 마시고 노름하고 당구 치고, 그런 것밖에 더해? 그런 사람 만나느니 집에서 잠이나 자는 게 낫지!"

그렇게 고성이 오가면서 서로에게 피곤하기만 한 휴일을 보낸다.

이들 부부의 대화에는 자신의 마음을 몰라주는 배우자에 대한 원망이 들어 있다. 자신의 행동이 정당하다고 여기며 상대방을 공격한다. 이러한 갈등은 아이들에게까지 그대로 표출되어, 아이들은 부부 싸움을 지켜보면서 불안해진다. 가정 내 갈등은 가장 약한 사람에게 쏟아지기 마련이다. 부부는 서로에 대한 불만을 아이들을 통해 표출하거나 아이들을 자신의 편으로 끌어들이려 하며, 때로는 자신의 편이 되어줄 사람을 만나서 배우자에 대한 불만을 표현한다. 이런 상황에서 자라난 자녀들은 마치 진짜 전쟁을 겪는 듯한 심각한 정서적 고통을 경험하게 된다. 실제로 어느 20대 청년이 상담 중에 털어놓았다. "저는 27년 동안 지붕 없는 집에서 보호받지 못하고 살았어요." 부모가 싸우는 것을 보고 자란 자녀는 그야말로 실제로 전쟁을 겪은 정도의 심각한 정서 장애를 경험하게 된다.

두 번째 유형 : 항의하기

부정적 대화 방식의 두 번째 유형은 '비난-위축형'이다. 한쪽이 공격적인 태도를 취하면 상대는 회피하면서 그 자리를 피하려 한다. 한 명이 문제를 폭로하면 상대방은 그 문제를 축소하려 한다. 비난하고 공격하면 회피하고 도망을 간다. 수전 존슨 교수는 이러한 부정적 대화방식을 '항의하기'라고 표현했다. 친밀감에 대한 욕구가 좌절되거나 거부당했을 때, 이를 회복하고자 공격하거나 회피하는 태도를 보이는 것이다.

화를 내는 배우자는 친밀감을 회복하기 위해 적극적인 태도를 취하는 것이고, 회피하는 배우자는 더 이상 관계가 나빠지는 것을 두려워해서 싸움을 피한다. 전쟁보다는 평화를 원한다. 비난하는 배우자에게는 회피하는 배우자가 관계 개선 의지가 없고 무책임한 사람으로 보인다. 회피하는 배우자는 공격적인 배우자가 부정적이고 비난만 한다고 생각한다. 서로 상대방이 변해야 관계가 개선될 것이라 생각하면서, 자신의 태도는 오히려 고수한다. '나쁜 사람 찾기'와 같이, '항의하기' 역시 자신은 올바르고 배우자는 잘못됐다고 여긴다. 따라서 상대가 변하기 전까지 자신이 변화할 필요를 느끼지 않는다. 이런 대화 패턴에 갇히면 관계가 오래 지속되더라도 부부관계는 결코 변하지 않을 것이라 생각한다.

한 남성은 이렇게 토로했다. "선생님 같으면 저렇게 끊임없이 비난하고 부정적인 여자와 어떻게 살 수 있겠어요? 집에 들어가는 게 두렵습니다. 어떤 잔소리를 듣고 어떤 공격을 받을지 생각만 해도 끔찍합니다. 화가 난 아내의 얼굴을 보느니 차라리 늦게 들어가는 게 나아요."

아내가 말했다. "제가 처음부터 그랬겠어요? 얘기를 하고 싶어도 얼굴을 볼 수 있어야지요. 늘 도망만 다니고 있으니 속에서 화가 끓어올라요. 몇 년간 하고 싶은 말을 참으며 살다 보니, 마치 찜통에서 쪄 죽어가는 것 같아요. 우린 너무 달라요. 나쁜 점을 고쳐 좋은 관계를 만들어야 하는데, 남편은 전혀 그럴 마음이 없어요. 도망치는 사람에게 무슨 말을 할 수 있겠어요?"

"누군 행복하게 살고 싶지 않은가요? 선생님! 아내가 너무 공격적으로 나와서 싸움이 벌어지면 일이 커져버려서 감당할 수 없어요. 우리 둘 싸움으로 끝나면 좋겠는데 사방에 알리고 아이들에게도 고함치고 화를 내고 있으니 도저히 혼자서 감당이 안 돼요. 아내가 화를 내서 신혼 초에는 빨리 들어오려고 했어요. 늦으면 화를 내니까요. 그런데 빨리 들어와도 화내고 있는 아내를 보면서 점점 피하게 되었어요. 처음에는 회식도 빠지곤 했어요. 회식 장소에 전화가 오니까요. 솔직히 그게 싫어서 회식을 피한 겁니다. 이제는 아내와 마주치기 싫어서 일부러 늦게 들어와요. 그러면 적어도 싸우지는 않으니까요."

부부 사이에서 서로를 비난하고 회피하는 태도 뒤에는 강렬한 '항의'의 메시지가 숨겨져 있다. 이는 배우자가 자신의 진심을 이해하지 못함으로 인해 생겨나는 반응이다. 남편은 싸움 없는 평화로운 부부 생활을 바라고, 아내는 두 사람이 서로 의사소통하며 깊은 유대감을 형성하기를 원한다. 일반적으로 남편들은 관계가 안정적이라 느낄 때 아내와 소통하는 데 문제가 없지만, 아내들은 남편과의 의사소통을 통해 관계의 안전함을 확인한다. 그러나 관계가 멀어지면, 이러한 '항의' 방식에서 성별 간의 차이가 분명해진다. 대부분 아내들은 관계를 복원하고자 화를 내며 비난하는 반면, 남편들은 더 이상의 갈등을 피하려고 한다. 두 사람 모두 선한 의도를 가지고 있지만, 상대방을 힘들게 하는 '항의' 방식 때문에 결국 관계는 점점 더 악화된다. '나쁜 사람 찾기'와 같이, '항의하기' 대화 방식이 장기화되면 배우자에 대한 부정적인 인식이 강해진다. 그 결과, 배우자의 변화를 강요하기 위해 비난하거나 피하는 방식을 선택하게 된다. 실제로 두 사람 모두 배우자에 대한 불만 때문에 서로를 비난하고 있는 것이다. 각자가 바라는 대로 상대방이 따라오지 않을 때 분노를 느끼는 것이다.

세 번째 유형 : 회피하기

부정적 대화 방식의 세 번째 유형은 '회피하기'다. 두 사람 모두 공격하거나 비난하지 않고 피하는 것이다. 배우자에 대한 기대를 접고 혼자 해결하려는 유형이다. 포기하는 것이다. 대부분 비난-회피형의 두 번째 유형에서 공격하고 비난하던 배우자가 관계 회복을 포기하고 물러나 버리는 경우가 여기에 해당된다. 결혼생활을 오래 지속한 경우에 흔히 나타나지만, 최근에는 결혼한 지 얼마 안 된 부부 사이에서도 나타나는 경우가 많다.

"우린 유령 부부예요. 한 집에 살아도 서로 없는 사람 취급하며 살아요. 아이하고만 얘기하며 산답니다. 친구도 만나고 친정 식구들과도 연락은 해요. 가끔 남편과 말할 때도 있지만 우리 얘기보다는 생활하기 위한 최소한의 말만 하며 지내요. 이를테면 아이 학원비 얘기 정도? 친정에서 자고 갈 때는 문자로 오늘 안 들어간다고 얘기해요."

"처음에는 편했어요. 내가 하고 싶은 대로 할 수 있었어요. 아내가 아이하고 놀아도 저는 TV만 봤으니까요. 내가 다가가도 아내가 나를 외면하니까 나도 이제 외면하면서 지내요. 점차 이 생활이 편해졌어요. 그런데한 공간에 있으니까 전혀 영향을 안 받을 순 없잖아요. 가끔 서로 화가날 때도 있지만 속으로 삭여요. 집에 있는 게 불편해서 아이를 데리고 운동장에 가서 늦게까지 운동하다 들어갈 때도 있어요. 아이하고 있으면 편하니까요. 둘이 교회를 다니는데 교회에서는 우리 부부가 이렇게 사는지몰라요. 오히려 교회 사람들 앞에서는 서로 싸우지 않으니 금실이 좋을줄 알고 있어요."

"처음부터 이런 건 아니에요. 제가 늘 먼저 얘기하자고 했고 나를 사랑하는지 물어봤었어요. 그런데 남편은 도망만 다녔어요. 회사일이 우선이었고, 친구와 술이 나보다 더 좋았나 봐요. 늘 뒷전으로 밀려 있다는 느낌에 힘들었어요. 그래서 남편 앞에서 울어도 보고 화도 내봤지만 남편은반응이 없었어요. 그래서 저도 지친 거지요, 뭐. 더 이상 매달리는 것도싫고 고함을 치다 보니 내 성격만 나빠지는 것 같아서 포기했어요. 물론함께 지내면서 힘들지 않은 것은 아니랍니다. 서로 없는 사람인 것처럼 지내고 있지만 남편의 움직임, 말, 행동이 늘 내 눈에 들어와서 힘들어요. 외면하는 데도 에너지가 많이 필요해요."

"회복하고 싶지만 늦어버렸다는 생각이 들어요. 시간이 지날수록 더 힘들어집니다. 집에 와서 잠들 때면 내가 뭐 하고 있나? 이러려고 결혼했나 하는 후회가 밀려와요. 화도 납니다. 남자로서 자신감도 점점 없어지는 느낌이 드니까요. 이전에는 아내가 간섭하지 않으면 편할 줄 알았는데 함께 살면서 서로 말을 섞지 않는 것은 지옥과도 같아요."

40대 중반의 이들 부부는 현재의 부부관계에 대한 후회와 함께 이를 개선하고자 하는 욕구를 가지고 있었지만, 어떻게 해야 할지 모르는 상태로 포기하고 살아가고 있었다. 서로 비난하고 공격해 본 경험도 있지만, 그 과정에서 지쳐만 갔다. 회피하는 행동 뒤에 숨겨진 그들의 진짜 목소리는 더 이상 상처받고 싶지 않다는 것이었다. 변화를 기대하기 어려운 배우자에게 화를 내봤자 긍정적인 반응을 얻지 못함을 깨닫고, 결국 애착 욕구마저 철회해 버린 상태였다. 같은 집에서 살고 있지만, 사실상 정서적으로 이혼한 상태로 지내고 있었다. 더 이상의 상처를 방지하기 위해 감정적으로 서로를 분리시켰고, 상대방이 변할 가능성에 대한 절망 속에 빠져 있었다. 그럼에도 불구하고 서로를 존중하고 사랑받고 싶은 마음은 여전히 깊게 숨어 있었다. 상담 과정을 통해 이러한 감정을 드러내고 서로에게 표현함으로써 변화를 시도할 수 있으리라는 희망이 보였다.

이처럼 겉으로는 조용하고 무관심한 듯 보이지만, 회피형 부부 사이는 항상 신경이 곤두서 있는 상태다. 서로 대화를 나누지 않고 있지만, 사실은 배우자의 모든 행동에 민감하게 반응하고 있다. 직접적인 싸움은 없지만 내면에서는 치열한 심리적 전쟁을 벌이고 있으며, 이 과정에서 많은 에너지가 소모된다. 겉보기에는 평화로워 보일지 몰라도, 이러한 방식으로 무미건조하게 살아가는 것은 즐거움이 없다.

서로에게 예민한 반응을 보이는 것은 끊임없이 서로에게 영향을 주고받는 관계의 특성 때문이다. 예를 들어, 안방에 있는 아내는 거실에 있는 남편의 동선을 파악해서 남편이 화장실에 들어갔을 때 기회를 놓치지 않고 냉장고에서 물을 가져오는 등 사소한 일에서도 서로의 존재를 의식한다. 이처럼 한 공간에서 함께 생활하는 한, 부부는 서로에게 계속해서 영향을 미칠 수밖에 없다. 이러한 상황에서는 용기를 내어 관계 회복을 시도하는 것이 가장 바람직한 방법이다.

빠져나오기 힘든 함정, 부정적 대화법

세 가지 부정적 대화방식 중 '회피하기'는 부부에게 가장 나쁜 대화 방식이다. 하지만 서로 관계를 회복하기로 마음먹고 부부치료를 시작하면, 세 가지 대화 방식 모두 개선되기까지는 그다지 오랜 시간이 걸리지 않는다. 오히려 적극적으로 관계를 회복해야겠다고 마음을 먹기까지 걸리는 시간이 긴 경우가 많다.

위에 소개된 세 가지 부정적인 대화 방식은 부부의 의지와 노력 없이는 좋아지지 않는다. 일부 부부는 시간이 지나면 자연스럽게 관계가 나아질 것이라 기대하지만, 대부분은 이러한 방식에 갇혀 포기하게 되고, 그러한 포기를 편안함으로 착각하게 된다. 당장은 자신의 심기를 건드리지 않아 편할 수 있으나, 근본적인 해결책이 될 수 없다는 것이 문제다. 결국 유대감의 부재로 인해 사소한 문제에도 쉽게 지치고, 부부가 함께 해결해야 할 여러 문제들이 해결되지 않다 보니 점점 가정은 제기능을 하지 못하고 부부는 자신이 불행하다고 더 많이, 더 자주 느끼게 된다. 결국 결혼에 대한 실패감이 커지고 개인적으로 무력감과 고립감이 강해진다.

부정적 대화 패턴에서 벗어나는 첫걸음은 자신이 배우자의 행동을 어떻게 강화시키고 있는지 인지하는 것이다. 자신이 부부관계에 어떤 영향을 끼치고 있는지 깨닫는 순간, 고쳐야 할 것이 무엇인지 알고 이를 받아들일 준비가 된다. 공격적인 행동은 상대방에게 공격할 기회를 제공하고, 공격에 대한 회피는 다시 상대방의 공격을 유발한다. 회피하는 태도는 양쪽 모두 아무런 반응을 하지 않게 만든다. 이러한 부정적인 순환에 빠져 있다는 것을 인식하는 것이 중요하다. 우리가 바꿔야 할 진짜 '공적'은 배우자가 아니라 이러한 부정적인 순환 패턴이다. 따라서 대화 방식을 바꿔야 한다.

싸우면 끝까지 가는 이유, 서로가 나빠서가 아니다

상담 중에 만난 석진 씨와 유진 씨는 애착대상에 대한 1, 2, 3단계 반응을 겪고 이제 4단계 '분리'에 접어든 부부다. 둘 다 교사로, 남편은 고등학교에서 수학을, 아내는 중학교에서 국어를 가르친다. 결혼 초기엔 방학 때 많은 시간을 함께 보낼 수 있다는 점에 대해 기대가 컸고, 계획도 많았다. 그러나 아이가 태어나면서 유진 씨는 학교 일과 가사에 치여 바쁜 날들을 보내고, 석진 씨도 저녁 늦게까지 이어지는 보충수업과 회식으로 바쁘게 지내면서 두 사람 사이는 점점 멀어져 갔다.

감정 표현이 섬세한 유진 씨는 평소 남편의 정서적인 위로와 교류를 원했다. 석진 씨는 교사로서 자신의 일에 최선을 다하고 자신이 가르친 학생이 좋은 대학에 가는 것만으로도 가장의 역할에 충실히 하고 있다고 생각했다. 그는 직업적 성공을 통한 가족에 대한 헌신을 충실한 가장의 본

분으로 여겼다. 그래서 유진 씨가 자신에게 불만을 가질 것이라곤 상상도 못 했다. (대한민국의 많은 남편들이 이와 같은 생각을 한다. 그래서 직장에서 지친 몸과 마음을 집에서 보상받으려고 한다.)

어느 날, 유진 씨가 예상치 못한 불만을 토로했을 때, 석진 씨는 "나는 가족을 위해 학교 일에 최선을 다하고 있으니, 그것만으로도 나를 인정해 주었으면 좋겠다"고 답했다. 하지만 유진 씨 역시 직장과 육아로 지칠 때 남편의 위로가 그리웠다. 두 사람 사이에는 서로가 바라는 인정과 위로를 받지 못함으로써 원망이 커져만 갔다. 유진 씨는 남편의 늦은 귀가를 못마땅해했고, 이로 인해 석진 씨가 집에 돌아올 때마다 화를 내곤 했다. 그런 아내의 태도에 석진 씨도 화가 나고 말았다.

"아니, 내가 술을 마시고 싶어서 마셔? 같이 학교생활하면 뻔히 알 텐데 아내는 절 전혀 이해해주지 않아요. 진학 지도하고 다른 선생님들과 가볍게 한잔 하는 걸 누구보다 잘 아는 사람이 매일 바가지만 긁어요. 솔직히 집에 들어갈 때 화가 나 있는 아내 얼굴 보기 싫어서 더 늦게 들어가요."

유진 씨도 처음에는 회식하고 술을 마시고 늦게 들어오는 남편이 불쌍했다. 안쓰럽기도 했다. 가정을 위해 열심히 일하는 남편이 고마웠다. 하지만 반복적으로 자신의 힘든 부분을 위로받지 못하면서 화가 났고, 늦게 들어오는 데다 자신을 피하는 눈치까지 보이자, 석진 씨를 이해할 여유가 없어졌다.

"저도 괴로워요. 전에는 남편이 고생한다는 생각뿐이었는데, 갈수록 가정에 무관심해지고 저를 멀리하고 있다는 생각만 커져가요. 그래서 더욱 화가 나요. 어떨 때는 아이에게도 짜증을 부리고, 전과 달리 감정을 쉽게 다스리지 못하고 쉽게 폭발해요. 아이들을 가르치는 교사이면서 이렇게 변해가는 내 모습이 싫어요."

⟳ 누구나 자신의 욕구를 먼저 채우고 싶어 한다

부부관계가 악화되면 참을성이 떨어져 부정적인 상황에서 쉽게 화를 내게 된다. 차이를 더 크게 느끼며, 부부간의 불화가 그 차이를 확대시키는 주요 원인이 된다. 이미 언급했듯이, 부부 사이의 성격 차이가 불화를 유발하는 것이 아니라, 불화 자체가 차이를 더욱 부각시킨다.

서로에 대한 원망과 불만이 커져가면서 부부는 점점 지쳐만 갔다. 혼자 있을 때조차 상대방 생각만으로 화가 치밀고, 고통스러웠다. 남편은 아내가 자신에게 화를 내는 이유를 결혼 생활에 대한 불만족으로 해석하며 점점 무기력해졌다. 아내는 남편의 무관심한 태도에 반복적으로 상처받으며 자신감을 잃어갔고, 남편의 사랑에 대한 확신마저 사라졌다. 남편에게 확인해 보면, 그의 대답은 항상 같았다. "나는 변한 게 없어. 네가 달라졌지. 늘 화만 내고, 이제는 집에 들어가는 게 부담스러워."

부부가 상담을 요청했을 때는 서로에 대한 기대가 없었다. 부부의 잠자리도 사라진 지 오래였다. 그야말로 몸만 한 집에서 살뿐, 마음은 이미 헤어진 채로 지내고 있었다. 집에서는 가능한 서로 마주치지 않으려 했고, 필요한 소통조차 문자로 해결했다. 아이 문제를 제외하고는 둘만의 대화는 전혀 없었다. 이러한 상태에서 부부는 심각한 우울감에 시달렸다.

배우자의 필요와 욕구를 제대로 파악하고 위로해 줄 수 있다면, 부부관계는 예상보다 쉽게 개선될 수 있다. 하지만 함께 생활하다 보면 배우자의 욕구에 점차 무뎌진다. 연애할 때는 온통 상대방의 기분과 생각에 초점을 맞췄지만, 결혼 후에는 현실 문제에 직면하며 상대의 욕구를 소홀히 하기 시작한다. 자신의 욕구 충족을 더 우선시하면서 서운함이 쌓이고, 화를 내거나 마음을 닫게 된다.

욕구가 지속적으로 거부되어 충족되지 못하면 부부 불화가 깊어진다. 일상에 치여 부부관계에 신경을 덜 쓰게 되고, 다른 관계, 즉 부모 혹은 자녀에 의해 우선순위에서 밀려나면 부부는 자연스럽게 갈등을 겪는다.

감정은 생각하기 전에 행동하게 한다

부부 싸움은 일단 벌어지면 멈추기 어렵다. 정서는 관계를 어려움에 빠뜨리기도 하지만 회복하는 데도 필요하다. (회복 과정에서 필요한 정서에 대해서는 후반부에 자세히 풀어볼 것이다.)

어떤 이유에서건, 싸움은 시작되면 어느 한쪽이 포기하거나, 결국 한 사람이 상대를 꺾어야만 마무리된다. 부부 싸움도 마찬가지다. 싸우지 않는 부부는 없다. 결혼 초기에 지는 것이 이기는 것이라고 생각하고 져주거나 아니면 한 사람이 워낙 강해서 상대방이 물러나 버릴 수 있다. 하지만 성인 애착에서 설명했듯이 지속적으로 한 사람이 물러나는 식으로는 부부관계를 오랫동안 유지할 수 없다. 양보만 하는 쪽에서 결국 폭발하는 날이 올 것이고, 그렇게 되면 또 다시 치열한 싸움이 시작된다.

싸움이 치열해질수록, 부부는 승리를 위해 가능한 모든 수단을 동원한다. 처음에는 가벼운 무기로 툭툭 친다. 반찬 투정을 하고 치약을 짜는 습관도 보기 싫어 물고 늘어진다. 남편이 양말을 빨래 통에 제대로 넣지 않는다고 짜증을 내고 어디라도 나갈라치면 세월아 네월아 굼뜨기만 한 아내의 모습에 화를 낸다. 정당한 자신의 반응에 상대방이 물러서기를 내심 기대하면서.

하지만 배우자는 물러나기는커녕 오히려 더 큰 무기를 들고 나와, 상대방이 꼼짝 못 할 만한 약점을 들추기 시작한다. 예전에 남들 앞에서 모욕을 주었던 이야기, 친정 혹은 시댁 식구들에게 함부로 했던 배우자의 행동을 들먹인다. 특히 아이들에게 교육적이지 못했던 행동을 언급하면 상대방이 꼼짝 못 할 거라고 생각한다. 자신한테 잘못한 이야기는 이리저리

변명하기 쉬워도 아이에 대한 이야기에는 굴복하리라 생각하는 것이다.

그런데 상대방도 점차 공격의 강도를 높인다. 인신공격을 시작한다. 본래 배운 게 없는 무식한 사람이라고 비난한다. 결혼을 후회한다며 협박하고, 이혼하자고 으르렁거린다. 한 사람이 참고 산다고 하면 상대방은 자신이 더 참고 있다며 윽박지른다. 결국 소총으로 시작된 싸움이 핵무기까지 들먹이게 된다. 도중에 멈추지 않는 이상, 모든 부부 싸움의 결말은 상대방의 가슴에 비수를 꽂는 것으로 끝이 난다. 배우자의 부모를 언급하면서 상대를 비난하고 속을 긁어놓는다. 착한 일을 하는 봉사자도, 부부관계를 도와주던 상담가도, 악을 벌하는 법률가도 부부싸움에 휘말리면 전쟁 같은 싸움을 펼친다. 남편과 아내가 나빠서 그런 것이 아니라 싸움의 속성이 그런 것이다. 멈추지 않으면 모두 비슷한 결말을 맞이하게 된다.

영화 〈장미의 전쟁〉은 이러한 상황을 잘 보여준다. 사소하게 시작된 싸움이 두 사람 모두를 죽음으로 내몰아간다. 누군가 멈추어야 하지만 그럴 수 없다. 행복을 꿈꾸며 생활했던 거실의 아름다운 샹들리에에 매달려서도 싸움을 멈추지 않던 부부는 결국 샹들리에와 함께 떨어져 죽음을 맞는다. 이렇듯 한번 시작된 부부 싸움은 멈추기 어려울 뿐 아니라 매우 빠른 속도로 악화된다.

부부 사이에 배우자가 비난하고 싫어하는 태도를 취하면 그것을 지켜본 상대 배우자의 몸은 순식간에 얼어붙는다. 과학자들은 상처를 입은 배우자가 신체적인 반응을 하는 데 걸리는 시간이 0.02초에 불과하다는 것을 발견하였다. 싸움을 하면서 부부가 서로 상처를 주고받으면 즉시 얼굴이 붉어지거나 성난 표정을 짓게 된다. 남편의 공격적인 태도와 행동을 보면, 아내는 즉각적으로 부정적인 반응을 보인다. 그래서 부부 싸움을 쉽게 멈추기 힘들다. 얼굴은 순식간에 굳어버리고 그것을 본 배우자는 즉시 화를 내거나 입을 닫아버린다. 감정은 생각하기 전에 행동하게 만듦으로써 부부관계를 빠른 속도로 악화시킨다.

정서중심 부부치료에서 치료사의 주 역할 중 하나는 이 순간적인 감정의 폭발을 붙잡아 부부가 그것을 이해하도록 돕는 것이다. 치료사는 부부가 각자의 감정을 깊게 표현하도록 돕고, 그 순간 겪은 감정이 표현될 수밖에 없었음을 인정해 준다. 남편이 도망치는 것이나 아내가 화내는 것을 잘못이 아닌 이해할 수 있는 반응으로 바라보는 것이 중요하다.

부부는 자신의 입장이 옳다고 여기며 상대방을 고치려 드는데, 사실 남편도, 아내도 각자의 입장에서는 옳다. 문제는 서로의 입장을 인정하지 않아 싸움이 계속된다는 것이다. 격앙된 감정을 약화시키기 위해서는 치료사가 각 부부가 느낀 격한 감정을 이해하고 인정하는 태도로 받아주어야 한다. 남편과 아내의 격한 감정이 약화되어야 비로소 부정적인 관계를 긍정적으로 변화시킬 수 있기 때문이다.

자녀를 돌보듯
서로의 감정과 생각을 돌봐야 할 때

앞서 이야기했듯이 부모·자녀 관계와 부부관계는 애착적인 면에서 유사한 점이 많다. 보울비는 정서적 친밀감은 인간이 살아가기 위해서 반드시 필요한 욕구로, 평생토록 필요한 감정이라고 주장했다.

유아는 대부분의 애착욕구를 부모, 특히 엄마에게 의존하여 충족한다. 엄마가 공급해 주면 아이는 공급을 받는다. 내리사랑이 여기에 적용될 수 있다. 이는 부모가 자녀의 필요를 채워주는 일방적인 애착관계다. 또한 필요한 것에 대한 즉각적이고 실제적인 도움을 받는 것이 매우 중요하다. 배고프면 우유를, 기저귀가 젖어 있으면 기저귀를 갈아줘야 한다. 자신의 욕구가 그때그때 충족돼야 아이는 편안함을 느낀다.

성인 애착의 경우 이와는 약간 차이가 있다. 성인에게는 실제적인 도움도 필요하지만 상징적인 행동이 중요하게 작용한다. 애정을 듬뿍 담아서 준비한 선물과 다른 목적이 있어서 사다 주는 선물은 애착적인 의미가 다르다. 예를 들어 남편이 아내가 고생하는 것을 생각하면서 꽃을 사다 주면 아내는 그 꽃을 볼 때마다 기분이 좋아지고 마음의 안정을 찾는다. 하지만 남편이 부인 몰래 사용한 카드 대금을 모면하기 위해서 꽃을 사들고 들어갔다면, 같은 꽃일지라도 그 선물은 쓰레기통에 내동댕이쳐질 수 있다. 물건에 담긴 상징이 관계에 중요한 요소가 되는 것이다.

아내가 남편에게 보낸 '여보! 우리 가족을 위해서 고생이 많아요, 힘내요!'라는 문자 메시지에는 단순한 문자 이상의 가치가 있다. 문자 속의 상징성이 남편을 힘내게 한다. '이 시간에 아내가 나를 생각하고 있다나…….' 남편은 그 순간 가족을 위해 일하는 게 힘들게 느껴지지 않을 것이다. 또한 자연히 '아내도 아이들 돌보느라 힘들 텐데'라는 생각을 하게 되며 상대방에 대한 배려가 생겨난다. 부부관계가 원활하려면 이러한 긍정적인 상징성을 늘려나가야 한다.

또한 무엇보다 부정적인 메시지를 줄여야 한다. 눈으로는 뚫어져라 TV만 보면서 입으로 사랑한다고 말하는 것은, 상징적으로는 이미 상대를 귀찮게 여긴다는 의미로 전달된다. 장난스럽게 미안하고 고맙다고 말하는 것보다는 진지하게 상대방의 눈을 보며 같은 말을 전달할 때 파급효과가 비교할 수 없이 크다는 점을 잊지 말자.

성인 애착의 두 번째 특징은 성적이라는 점이다. 부부가 평소 친밀감이 있으면 성관계는 자연스럽게 일어난다. 애착대상은 신체적인 접촉을 원하는 대상이다. 부부가 친밀해지면 신체적인 접촉은 필수적인 행위가 되고, 이를 통해서 애착은 강화된다. 특히 여성의 경우 정서적 유대감이 있어야 성관계를 허락하는 성향이 강하고 남성은 성관계를 맺어야 유대감이 생긴다고 생각한다. 애착적인 관점에서 보면 평소 일상생활을 잘 나누는 것이 부부의 성관계를 만족시킬 수 있는 강력한 도구가 되어준다. 일상생활이 부부의 성관계를 돕는 전희 활동이 되는 것이다. 즉, 서로 배려하고 대화를 나누고 설거지를 돕고 따뜻한 선물을 하는 등의 배려가 성관계를 강화시킨다. 애착적으로 친밀할 때 깊은 신체적 만족감을 경험하고, 정서적 유대감이 강할 때 속궁합이 맞다고 느끼게 된다.

성인 애착의 세 번째 특징은 상호성이다. 부모가 주로 공급자이고 아이는 주로 받는 게 유아 애착의 특징이다. 하지만 성인 간에는 이런 일방적인 공급과 수용만으로는 건강한 관계를 유지하기 어렵다. 한 아내가 했던 말이 기억난다. "아들에게는 내가 가진 것을 다 주어도 전혀 아깝지 않은데 남편에게는 뭔가를 주어도 보상이 없으면 아까워지더라고요."

같은 애착대상이라도 상대에 따라 속성이 약간 다르다. 내리사랑이라는 말은 애착으로 이해하면 설득력이 있다. 과거 식모살이를 해서 남편을 검사로 만든 아내는 결국 불행한 삶을 살게 된다는 신파가 전혀 근거가 없는 말은 아닌 것이다. 부부관계는 부모·자녀 관계와 달리 상호적이어야 한다. 남편과 아내는 배우자의 욕구와 필요를 채워주려고 노력할 때 행복해진다. 부부는 호혜적이어야 한다. 사랑한다는 말도 고맙다는 말도 서로 건네야 한다. 일한다고 수고했다는 말과 육아한다고 수고했다는 말을 같이 할 때 건강한 애착이 형성될 수 있다.

자신 위주의 반응에서 상대 위주의 반응으로

배우자의 이상을 지지해 주고 채워주는 부부가 행복하게 살 확률이 높다고 한다. 이를 미국의 노스웨스턴대, 영국의 런던대, 네덜란드의 암스테르담대 연구진은 '미켈란젤로 효과'라고 불렀다. 미켈란젤로는 버려질 수도 있었던 돌멩이 속 보석을 알아보고 다듬고 또 다듬었다. 대리석 속에 숨어 있는 조각상을 발견하고 완성하는 미켈란젤로처럼, 배우자의 잠재된 능력과 꿈을 알아보고 지지해 주는 것을 말한다. 배우자의 부족한 부분을 회초리로 때리지 말고, 좋은 작품을 만들 때까지 그의 장점을 자주 얘기하고 꿈을 조각해 주는 부부, 서로 꿈과 비전을 격려하는 부부가 되어야 한다. 그제야 곰과 여우가 한 집에서 행복하게 지낼 수 있다.

배우자의 행복에 초점을 맞추고 반응하는 부부는 사랑하는 감정이 커지고, 친밀감도 높아진다. 이러한 반응을 '공동 반응성'이라고 한다. 공동 반응성이 큰 부부는 자신의 약점을 드러내고, 친밀감에 대한 욕구를 쉽게 표현한다. 그리고 배우자의 상처를 달래고 즐거운 활동을 함께 한다. 또한 배우자가 가진 목표를 지원하고 자기 위주로 반응하기보다는 배우자를 안심시키고 위로하는 행동을 많이 한다. 아내가 약속 시간에 늦어도 자신의 감정보다는 늦은 배우자를 먼저 생각하며, "시간에 늦어서 급히 오느라 힘들었지?"라는 식의 반응을 보일 수 있다. 아니면 "혹시 급한 일이 있었던 것은 아니야?"라고 말할 수 있다. 그러면 늦은 아내는 자신을 변명하기보다는 남편의 마음에 다가간다. "자기도 기다리느라 힘들었지?"

공동 반응성은 다섯 가지 방식으로 표현된다. 먼저 배우자에게 도움을 주는 것이다. 아플 때 약국으로 달려가서 약을 사 오거나 임신 중인 아내를 위해서 원하는 음식을 사다 주는 것이 첫 번째 방식에 해당된다. 두 번째는 배우자의 장래 목표를 지원해 주는 것이다. 열심히 경청하고 관심을 갖고 조언을 해준다. 세 번째는 서로 협동하여 더 나은 가치를 만든다. 함께 춤을 배우거나 의미 있는 강의를 함께 듣는다. 네 번째는 배우자의 실수를 너그럽게 용서하는 것이다. 다섯 번째는 특별한 요구가 없더라도 상대방을 배려하는 상징적인 행동을 한다. 배우자가 좋아하는 음식을 만들거나 꽃을 산다. 배우자에게 감사의 카드를 쓰고 애정 어린 투정을 하는 것이 이에 해당된다. 부모·자녀 간에는 부모가 주로 자녀에게 반응을 보이지만 부부는 서로 공동 반응을 늘려가야 한다.

스킨십과 섹스의 과학

해리 할로우 박사는 애착에 대한 유명한 연구를 진행했다. 새끼 원숭이를 두 종류의 모형 어미 원숭이가 있는 곳에 풀어놓고 애착 반응을 지켜본 것이다. 한쪽은 부드러운 천으로 되었지만 다른 기능이 없는 원숭이 모형, 다른 하나는 젖을 빨면 우유가 나오는 철사로 만든 원숭이 모형이었다. 새끼 원숭이는 먼저 철사로 된 원숭이에게 달려가서 배를 채웠다. 그런 다음, 하루에 무려 18시간을 부드러운 천으로 된 어미 원숭이를 껴안는 등 접촉하며 지냈다. 이 실험은 신체적 접촉이 단지 생존을 위한 것을 넘어 정서적 안정과 애착 형성에 얼마나 결정적인지를 보여준다. 애착 행동이 관계를 강화시키는 것이다. 부부 간에도 마찬가지다. 친밀함은 신체적인 접촉과 같은 애착 행동을 하면서 점점 강화된다. 신체적인 접촉이 늘어나면 포옹 호르몬인 옥시토신이 분비되어 상대방에 대한 긍정적인 감정이 강해진다.

신체적인 접촉은 배우자 선택에도 영향을 끼친다. 어린아이는 태어나면서부터 어머니를 껴안고, 코를 비비고, 빠는 등 신체적인 접촉을 좋아한다. 이러한 행동은 어머니와의 애착관계를 강화시킨다. 이와 같은 애착적인 접촉은 성장함에 따라 점차 줄어든다. 그런데 사랑하는 연인이 생기면 이와 같은 행동이 다시 나타나게 되는데, 이러한 신체적 접촉 행위를 통해서 배우자를 선택할 기회가 커진다. 이를 반영하듯 관계호르몬인 옥시토신은 수유할 때와 부부가 성관계를 할 때 가장 많이 분비되는 것으로 알려졌다. 접촉을 통한 위로는 애착 형성에 절대적으로 중요하다.

부부 불화가 심해지면 신체적인 접촉이 현저히 줄어든다. 불화 상태에서도 일상적인 대화는 가능하다. 다른 사람들이 있을 때는 마치 아무 일 없었다는 듯이 대화를 하기도 한다. 심지어 부부 불화 상태에서 성관계가 가능한 부부도 있다. 그러나 이러한 상황에서의 신체적인 접촉은 오히려 관계를 더욱 악화시킬 수 있다. 원활하게 스킨십이 안 되는 부부의 불화는 더 심각할 수밖에 없다. 접촉을 통한 위로가 사라진 부부들은 다음과 같은 말을 한다.

"남편이 전혀 제게 다가오지 않아요. 원래 스킨십을 좋아했는데 아이들이 태어나고 각방을 쓰기 시작하면서 우리 사이는 점차 멀어졌어요. 이제 다시 다가가려고 해도 어색해요. 남편도 저와의 스킨십을 원치 않는 것 같아요. 가끔은 '내가 여자로서 매력이 없어졌나' 하는 생각이 들기도 하고 스킨십이 없는 것 자체가 공허하게 느껴져요. 한 이불을 덮고 살을 맞대는 것만으로도 마음이 편했는데 그런 스킨십이 없으니까 허전해요. 내가 못난 것 같아요. 무엇보다 남편이 나를 전혀 사랑하지 않는다는 생각이 들어서 무척 괴로워요."

"성관계를 요구할 때 아내가 귀찮아해서 화가 났어요. 아내에게 난 쓸모없는 사람이고, 아내를 힘들게만 하는 사람이란 생각이 들었어요. 그래서 그때 생각했어요. 다시는 아내에게 성관계를 요구하지 않겠다고. 그리고 아내가 성관계를 요구해도 들어주지 않을 거라고 말입니다. 하지만 그 일을 겪고 난 후 자꾸만 내가 초라해지는 느낌이 드는 건 어쩔 수 없더군요."

무엇보다 성관계는 부부관계를 강화시키는 데 중요한 역할을 한다. 성적 만족이란 단지 육체적 쾌락을 넘어선 의미를 지닌다. 단순히 오르가슴을 느끼고 성적 욕구를 충족하는 것만이 성행위의 목적이 아니다. 유대감이 강한 부부는 성적 자극을 즐기면서 성욕을 표현하고 충족한다. 그러면서 부부간의 유대감을 더욱 공고하게 만든다. 행복한 부부 사이에서는 성관계에 관한 모든 것이 자유롭고 열린 대화의 주제가 된다. 부부는 성관계를 통해서 진정한 사랑을 엮어간다고 수전 존슨 교수는 말한다.

부부 사이의 불화는 성적 불만을 키우고, 서로에 대한 신체적 접촉을 기피하게 만든다. 자존심이 상처받는 일이 잦아진다. 불화가 깊은 부부일수록 성관계에 대한 불만을 자주 토로한다. 성행위는 감정 그리고 생각과 연결되어 있다. 원활한 성관계는 안정감, 안도감, 즐거움을 주어 생활에 활력을 준다. 반대로, 불화가 심할수록 소통은 경직되어 대화가 어려워지고, 신체적 접촉이 줄어들며, 성관계도 멀어진다.

흥미로운 연구를 통해 결혼생활의 만족도와 성생활의 영향력 사이의 차이를 밝혔다. 만족하는 부부는 성생활이 결혼에 15~20% 정도의 영향을 준다고 여겼으나, 불행한 부부는 그 비중을 50~70%로 높게 봤다. 이는 불화가 심각한 부부일수록 성 문제에 과도하게 집착한다는 사실을 시사한다. 행복한 부부는 성관계 외에도 긍정적인 관계를 유지할 수 있는 다양한 방법을 찾지만, 불화를 겪는 부부는 성관계의 문제를 갈등의 핵심 원인으로 바라본다.

부부 갈등이 시작되면 가장 먼저 영향을 받는 것이 바로 성관계다. 성적 갈등은 부부관계가 위기에 처했다는 경고다. 부부관계가 단절되고 유대감이 상실되었다는 의미가 더 크다. 관계가 악화되면 성관계가 줄고 성관계가 사라지면 이것이 관계를 더욱 악화시킨다. 그러나 성관계의 결핍이 불화의 근본 원인은 아니며, 다른 문제로 인한 불화가 성생활에 심각한 영향을 미치는 것이다.

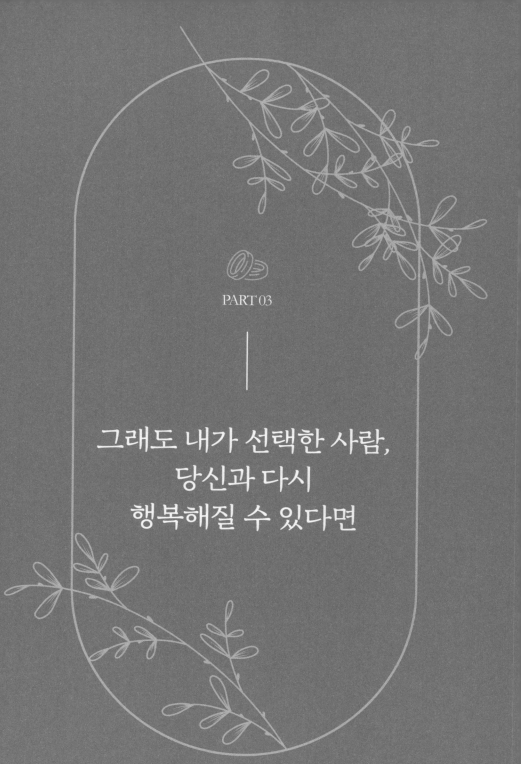

PART 03

그래도 내가 선택한 사람,
당신과 다시
행복해질 수 있다면

미국의 여류 소설가 아나이스 닌은 "꽃망울을 터트릴 때 오는 고통이 두려워 꽃망울 속에 머물러 있으면 훗날 훨씬 심한 아픔을 겪게 될 것이다"라고 했다. 심각한 부부 불화를 용기 있게 극복하는 부부를 보면 이 말에 진적으로 동의하게 된다. 하지만 안타깝게도 우리 주변에는 부부관계가 심각한 위기에 처해 있어도 그냥 내버려 두거나 덮어두면서 속절없이 '시간이 약이겠거니' 생각하는 부부들이 많다. 배우자가 먼저 변해주기를 바라고, 어떤 이들은 배우자가 변하지 않는다고 비난하거나 회피하기도 한다. 이러한 행동은 꽃망울 속에서 그대로 멈춰서 버리는 것과 같다. 꽃을 피우지 않고 꽃망울 속에 머물러 있기만 하면 꽃잎은 결국 썩고 만다. 내가 먼저 용기를 내지 않으면 배우자뿐만 아니라 나 또한 고통스러워진다.

누가 뭐래도 남편이 가장 행복할 때는 아내가 행복할 때다. 그리고 아내가 행복할 때는 남편이 행복할 때다. 옛말에도 '부부는 일심동체'라고 하지 않았던가. 그렇다면 배우자가 행복해질 수 있는 선택 앞에서 머뭇거릴 이유가 없다. 배우자의 행복을 만들어주는 것이 자기 자신을 행복하게 하는 지름길이다. 관계 회복을 위해 노력하는 것은 상대방을 위한 '훌륭한 선택'을 넘어서서 나와 배우자 모두를 위한 '위대한 선택'이다.

갈 데까지 간 우리,
다시 좋아질 수 있을까

불화가 깊은 부부일수록 치료를 시작할 때 묻는 말이 있다. "상대 배우자
가 좋아질 수 있을까요?" 그러면서 이렇게 덧붙인다. "여태껏 얼마나 많은
노력을 해봤는데, 모두 헛수고였어요. 그런데 선생님인들 이 사람을 변화
시킬 수 있는 뾰족한 수가 있겠어요?" 당신이 이런 강적을 감히 바꿀 수
있겠느냐는 뜻이다. 부부치료를 시작할 때 흔히 듣게 되는 말 중 하나는,
누가 옳은지 판단해 달라는 요청이다. 치료 과정에서 남편과 아내를 각각
만나 속 깊은 대화를 통해 문제를 파악하려 할 때, 많은 이들이 치료사
앞에서 배우자의 단점을 강하게 지적하며 그것을 바로잡아 달라고 부탁
한다.

　치료자가 배우자의 말에 깊이 공감하며 듣고 있으면 공격적으로 반응
하는 사람도 있다. 자신이 생각할 땐 배우자가 매우 잘못되었는데도 치료

자가 그것을 수용해 주는 느낌을 받기 때문이다. 치료자가 문제를 해결하기는커녕 부추기는 것처럼 느끼며, 때로는 문제를 키우고 있다고까지 생각한다. 자신이 옳다고 믿어온 방법으로도 문제를 해결하지 못했음에도 여전히 자신의 생각을 고수하려 든다. 그래서 치료를 받으러 온 뒤에도 생각을 굽히지 못한다. 갈등이 오래 지속되고 불안이 커지면 사람들은 더욱 **자신의 방식이** 옳다고 느낀다. 자신의 생각과 감정이 정당하다고 생각하기 **때문에** 불화에 늪에 깊이 빠진 부부일수록 더욱 강하게 상대방을 고치려고 한다.

하지만 백이면 백, 부부가 원하는 방식으로는 관계가 나아지지 않는다. 관계가 악화일로를 걷는 상황에서도 부부가 서로를 더 강하게 밀어붙이는 이유는, 그렇게 하면 상대방이 변할 거라는 믿음이 있기 때문이다. 안타깝게도 이러한 대처는 상황을 더 악화시킬 뿐이다.

몰라서 상처를 준다

부부관계의 근본적인 변화를 원한다면 꼭 알아둬야 할 사항이 있다. 먼저 부부간에는 서로 '몰라서 주는 상처'가 많다는 것이다. 사람들은 말하는 방법, 상대방에게 다가가는 방법, 화내는 방법 등 관계에 영향을 미치는 모든 방식들을 어릴 때부터 봐왔던 부모에게서 배운 방식, 그리고 나에게 좀 더 편하고 익숙한 방식을 사용한다. 그러면서 상대에게 맞는 방법은 잘 모른다. 배우자가 죽고 싶을 만큼 힘들다고 해도 왜 그런지 모르기 때문에 위로를 해주기는커녕 잔소리를 하고 화를 내기 일쑤다. 힘들어 죽겠다는데 대체 뭐가 그렇게 힘드냐며 더 큰 상처를 입힌다. 그렇게 밀어붙이면 언젠가는 상대방이 변할 것이라고 생각한다. 모르기 때문에 부부 갈등을 키우고 있는 것이다.

몰라서 주는 상처에서 회복하려면 배워야 한다. 알아야 한다. 최근에 방송, 세미나, 강좌 등 부부관계 회복을 주제로 한 많은 프로그램이 만들어지고 있다. 일부 방송에서 부부관계를 지나치게 흥미 위주로만 다루려는 것은 우려가 되기도 하지만, 좋은 프로그램을 선별해서 적극 활용하고 더 나아가 참여를 통해 배우려는 모습은 관계 회복에 매우 긍정적이다. 부부관계 개선을 위한 프로그램 참여를 주저하는 이들 중 일부는 이를 통해 '문제 있는 부부'로 낙인찍힐까 두려워한다. 그러나 방송에 출연하지 않더라도 세미나나 워크숍 참여는 용기 있는 지혜로운 결정이다. 결코 부끄러운 일이 아니다. 오히려 문제가 있는데도 이를 무시하거나 꾹꾹 담아두는 것이 더 미련한 사람 아닐까? 문제를 해결할 수 있는 기회를 외면하는 것은, 오히려 더 큰 갈등을 불러일으킬 수 있는 행동이다.

앞 장에서 언급했듯이 부부 갈등은 위로와 친밀감을 회복하기 위한 과정에서 발생된다. 미워서 화를 내고 입을 닫는 것이 아니라 배우자가 절실하게 필요하기 때문에 화를 내는 것임을 알아야 한다.

이 책에 소개된 내용 역시 배우자를 고치려는 의도로 접근하면 좋은 결과를 얻기 어렵다. 먼저 나에게 적용해야 한다. 내가 먼저 변하면 배우자는 자연스럽게 내가 원하는 방향으로 따라온다는 사실을 기억해야 한다. 아내는 남편의 회피적인 성향을 이해하고, 회피적인 성향을 줄이기 위해 자신이 먼저 고쳐야 할 부분이 무엇인지를 스스로 깨달아야 한다. 남편은 아내가 관계에 몰입하는 성향이 있음을 깨닫고, 아내의 분노를 줄이기 위해서 남편 스스로 아내와의 대화를 유도하는 것이 필요함을 깨달아야 한다.

 관계는 한 번에 달라지지 않는다

관계 개선을 위해 두 번째로 생각해야 할 것은 부부관계는 쉽게 변하지 않는다는 것이다. 그렇기 때문에 한두 번 시도해보고 나서 관계가 달라지지 않는다고 성급하게 포기해선 안 된다. 관계는 한 사람이 먼저 노력하기 시작하면 서서히 변한다. 이 과정은 서둘러 이루어지지 않지만, 지속적인 노력과 인내가 결국 변화를 가져온다. 부부가 함께 노력할 때 변화는 더욱 가속화된다. 협력으로 인한 변화의 속도와 범위는 혼자 할 때보다 몇 배나 빠르고 크다.

때로는 관계 개선을 위한 노력을 시작한 부부가 시간이 지나며 다시 예전의 상태로 돌아가는 경우가 있다. 대개 이때 크게 실망을 한다. 한 부부의 사례를 살펴보자. 극심한 불화 속에서 이혼을 고려했던 부부가 상담 과정을 거치며 관계가 상당히 회복되었다. 상담실을 처음 찾아왔을 때, 이들은 서로를 비난하며 자신의 억울함을 호소하고 상대의 잘못을 지적하는 데 급급했다. 말 한마디에도 예민하게 반응하며 서로를 향한 공격적인 태도가 끊이지 않았다. 성우 씨는 현지 씨가 시댁 식구에 무관심하다고 비난했고, 현지 씨는 오히려 남편이 친정에 아무런 성의도 보이지 않았다면서 맞받아쳤다. 어떤 얘기가 나와도 한 치의 양보도 없었다.

두 사람은 치료 과정을 통해 시댁과 친정을 둘러싼 갈등이 결국 서로를 이해하지 못하고 자신의 마음을 알아주지 않는 배우자에게 화가 난 것임을 깨달았다. 서로 비난하며 격앙되었던 감정은 치료자의 인정과 지지로 차츰 완화되기 시작했다. 서로 자신의 부모에게 잘하라고 다그치던 말투가 사라지고, 자신의 마음을 이해해 달라고 요청할 수 있게 되었다. 앞에서도 언급했지만 부부관계가 회복되면 시댁과 친정과의 관계는 자연히 회복된다. 부부는 6회에 걸친 상담 후 서로 팔짱도 끼는 등 스킨십도 좋아지고, 상대를 배려하는 마음도 커졌다. 두 사람 모두 다시 연애하는 기분이라며 만족해했다.

그런데 7회 차 상담을 하기 위해 상담실로 들어오는 부부를 보자마자 관계가 다시 냉각되었음을 알 수 있었다. 부부는 처음의 부정적 고리로 되돌아가 있었다. 말도 꺼내기 어려워했다. 처음 왔을 때처럼 서로에 대한 불만이 다시 쌓여있었다. 부부는 상담의 효과에 대해 의심하는 듯했다.

"이런 상담으로 우리 부부는 쉽게 회복되지 않을 거라고 했잖아요. 남편은 다른 사람들 앞에서만 노력하고 우리만의 시간에는 작은 일에도 심하게 화를 내며 예전과 변함없는 태도를 보여요. 이 사람 좀 다시 고쳐주세요."

"아내가 변했다고 생각했는데 정말 사소한 일로 따지기 시작하는 것을 보면서 '아, 어렵겠구나' 하는 생각이 들었어요. 나를 믿어주지 않는 태도도 여전하고요. 요 며칠 동안 말 한마디 안 섞고 지냈어요. 제발 이 여자 좀 바꿔주세요."

부부는 그동안 많은 변화를 겪고 그 변화에 기뻐했다. 하지만 장인의 생신 잔치에 참여한 처갓집에서 문제가 생겼다. 처음에는 부부의 변화를 다른 가족들도 모두 환영해 주었다. 한창 분위기가 좋아지고 있을 때, 현지 씨가 어떤 말끝에 시어머니 이야기를 꺼냈다. 물론 그 자리에는 처형 부부와 처남 부부도 있었다.

최근까지 부부는 서로 무슨 이야기를 나누더라도 잘 풀어나갔고, 조금 힘든 이야기라도 상담을 통해 해결해 왔다. 부부는 서로의 관계가 많이 좋아졌다고 생각했다. 그런데 그 주에 시어머니가 집에 와서 장남인 남편이 주방에서 치마를 두르고 설거지를 하는 아들을 보고 화를 냈다.

"아니, 넌 어떻게 된 애가 남자를 저런 모습을 하고 설거지를 하게 하니!

너는 하루 종일 집에 있으면서 밖에서 일하다 온 남편을 쉬게는 못할 망정 저렇게 힘들게 해야겠어? 애들이 남자가 저런 식으로 힘없이 사는 걸 보면서 뭘 배우겠어? 한심하다, 한심해. 남자 알기를 우습게 알면 가정의 질서가 무너지는 거야!"

장남인 성우 씨를 끔찍하게 여기던 시어머니는 그날 심하게 화를 냈다. 부부 사이가 좋지 않을 때는 몇 년간 집안일 한번 도와주지 않다가 최근에야 남편이 조금씩 부엌일을 도와주고 있던 터였다. 시어머니가 돌아간 뒤 성우 씨는 아내를 위로했고, 그렇게 그날 있었던 일은 속상했지만 별 탈 없이 넘어갔다.

현지 씨는 남편이 많이 변했다는 것을 은근히 자랑하려는 의도로 어머니와 언니, 올케가 있는 자리에서 말했다. "시어머니가 남편을 끔찍하게 생각해서 부엌에 들어간 것을 보고 화를 많이 냈어. 하여간 어머님은 고지식하셔. 어머니의 생각이 유교적이라 맞추기 어려워서 집에 오시면 신경이 많이 쓰여." 그때 언니가 거들었다. "우리 시어머니는 연세가 많아도 배운 게 있어서 그런지 오히려 니 형부더러 설거지 좀 하라고 야단이셔. 시어머니가 오면 난 오히려 편안하다니까?"

거실에서 남자들끼리 술 한잔하면서 그 말을 듣던 성우 씨는 마음이 불편해졌다. 표정이 굳어지고 말이 사라졌다. 남편의 그런 모습에 현지 씨도 슬슬 남편 눈치를 보게 되었다. 잠시 후 아버지가 이제 일어나 집에 가서 쉬라며 재촉해서 서둘러 집을 나왔다. 현지 씨는 남편이 괜히 불편한 분위기를 만들어서 아버지가 그날 행사를 빨리 끝내려고 한 것 같아 마음이 편치 않았다.

돌아오는 차 안에서 분위기는 역시 냉랭했다. 현지 씨가 슬쩍 말을 붙여보았지만 성우 씨는 침묵으로 일관했다. 그녀는 화가 났다. "도대체 또 뭐 때문에 화가 난 거야? 기껏 아버지 생신잔치에 가서 분위기를 이렇게 망쳐놓아야겠어?" 성우 씨가 받아쳤다. "지금 몰라서 물어? 네 아버지는 소중하고 너희 가족들 앞에서 우리 어머니가 무시당하는 건 상관없다는 거야? 아주 여럿이서 신이 나서 흥을 보고 있더라나……."

"나 참 기가 막혀서……. 내가 흥을 보려고 얘기를 꺼낸 줄 알아? 그것 때문에 남자가 쪼잔하게 삐쳐서 다른 사람들 기분을 망쳐? 난 당신이 많이 좋아진 줄 알았어. 믿었던 내가 잘못이지. 역시 당신은 그런 사람이야. 그러는 당신은 언제 시댁 식구들 앞에서 내 기분 따위 신경이나 써 봤어?"

그날 두 사람은 서로 큰소리를 내며 싸웠고, 성우 씨는 도중에 벽을 내리치기도 했다. 그러자 그녀는 이런 그의 행동에 이전의 모습으로 되돌아간 느낌이 들어 실망했고, 남편은 남편대로 그녀가 자신과 어머니를 무시하는 태도에 실망했다.

진짜 마음의 소리에 귀 기울여라

부부치료를 하면 점진적으로 나아지는 부부들이 많다. 하지만 대부분의 경우 좋아지다가도 어떤 사건을 계기로 이전의 부정적 고리로 되돌아간다. 이때는 다음 상담 때 그 사건에 대해서 충분한 대화를 나누며 자신과 배우자가 무엇 때문에 힘들었는지를 솔직하게 드러내고 풀어나가면 금방 회복된다.

다행히 이들 부부는 그동안의 치료 과정에서 긍정적인 경험을 많이 했기 때문에 7회 차 상담과정에서 다시 긍정적으로 회복되었다. 성우 씨는 상담을 통해 현지 씨가 남편의 변화를 자랑하고 싶은 마음에 그 이야기를 꺼냈다는 사실을 이해하게 되었다. 현지 씨도 다른 사람이 있을 때 시어머니에 대한 부정적인 이야기를 하면 남편이 예민하게 반응할 수 있다는 사실을 깨닫고 수긍했다. 성우 씨도 그 당시에 자신이 지나치게 예민했던 부분에 대해서 인정하고 앞으로 더 노력하겠다고 다짐했다. 그리고 자신으로 인해 모임 분위기가 어색해진 것에 대해 미안함을 표현했고, 현지 씨 역시 남편에게 사과하면서 이전의 편안한 분위기로 돌아갔다.

부부 갈등을 유발했던 문제에 대해서 부부가 서로 생각과 감정을 충분히 나누면 갈등은 자연스럽게 해결된다. 즉, 상대방의 말을 잘 들어주어야 한다. 처음에는 부부가 자신의 정당함만을 주장하기 때문에 상대방의 의견에 귀 기울이기 어렵다. 배우자의 말을 인정하면 마치 자신의 잘못을 인정하는 것처럼 여겨지고, 내가 약자가 된 듯한 기분을 느낀다. 그런 것이 아니다. 배우자의 말을 경청할 수 있도록 편안한 분위기에서 대화를 나누어야 한다. 오히려 배우자의 말을 들어주면 자기 마음을 들어준 배우자를 무시하거나 낮춰 보기보다는 훨씬 존경스럽게 본다.

또한 앞에서 강조한 것처럼 변화의 과정은 계속 긍정적인 방향으로만 진행되지 않는다는 점을 잊지 말아야 한다. 중간에 부정적 고리에 다시 빠지더라도 그것이 실패가 아님을 인식하자. 이런 과정은 모두 지극히 정상적이다. 부부관계를 회복하려고 노력을 하다가도 어느 순간 슬럼프가 찾아오면 일시적으로 이전의 부부관계로 돌아갈 수 있다. 이는 회복을 위해 필수적인 과정이다. 그때부터 다시 노력하면 된다. 부부관계를 회복하기 위해서는 시간과 노력이 필요하다.

다시 한번 강조한다. 부부라는 이름으로 행복하기를 꿈꾸고 있다면, 배우자한테 바라기보다 내가 먼저 어떻게 하는 것이 좋을지 알아가려는 마음이 중요하다. 아무리 극단적인 부부 사이도 상대방에 대한 이해와 배려만 있다면 관계는 충분히 회복될 수 있다. 물론 노력이 없이 얻어지는 변화는 없다는 사실은 잊지 말자.

'성격 차이'가 아니라
관계를 맺는 '유형 차이' 때문이다

사람마다 갈등을 해결하는 방식에는 차이가 있다. 특히 중요한 사람과 멀어질 위기에 처하면, 상처를 덜 받고 하루빨리 불안에서 벗어나기 위해 애쓴다. 이와 같은 원초적 불안감을 해결하기 위해 어떤 이들은 문제에 더욱 깊이 다가가려 하고, 또 어떤 이들은 도망치려 한다.

성인의 사랑을 이해하는 데 지대한 영향을 준 애착이론을 보면, 부부의 갈등 해결 방식에 차이가 있음을 알 수 있다. 애착대상과의 관계는 개인의 내적 작동 모델, 즉 사람을 움직이는 심리적 장치에 영향을 미친다. 애착대상과의 경험은 자신과 타인에 대한 생각을 결정한다.

자신과 타인 모두를 긍정적으로 평가하는 사람이 있는 한편, 자신은 긍정적으로 보면서 타인은 부정적으로 판단하는 사람도 있다. 반대로 타인은 긍정적으로 평가하면서 자신은 부정적으로 보는 사람도 있다. 또한 자신과 타인 모두를 부정적으로 바라보는 사람도 존재한다. 이는 어린 시절, 애착대상과의 친밀감에 대한 경험에서 나온다.

애착유형은 성인이 되어서 애착대상과 관계를 맺거나 갈등을 해결하는 방식에 큰 영향을 준다. 어릴 때 자신과 타인에 대한 긍정적인 신뢰를 경험한 사람은 대인관계가 원만하고, 자신에게 주어진 과제를 타인에게 의존하지 않고 스스로 해낼 수 있는 자신감이 넘친다.

특히 부부관계의 친밀감은 자녀의 삶에 큰 영향을 미친다.

아이오와대학의 심리학 교수 랜드 콘거는 사춘기 자녀를 둔 부모가 배우자에게 보내는 관심과 지지가 5년 후 그 자녀의 연인과의 관계에 큰 영향을 준다고 밝혔다. 서로를 긍정적이고 따뜻하게 대하는 부모를 보고 자란 자녀는 결혼 후 자신의 배우자에게도 그렇게 대하며, 행복한 부부관계를 유지해 나갔다. 이처럼 따뜻한 가족 분위기는 자녀의 대인관계, 특히 자신이 만들어나갈 미래의 가족 관계에 영향을 주어 긍정적인 대물림을 이어갈 수 있게 한다.

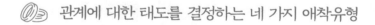 관계에 대한 태도를 결정하는 네 가지 애착유형

애착유형은 위에서 언급한 내용에 따라 네 가지로 나눌 수 있다.

첫 번째는 '안정형'이다. 안정형은 안정적인 관계 경험이 많아 자신과 타인을 긍정적으로 바라보는 사람들이다. 이들은 대개 어릴 때부터 부모의 무조건적이며 본능적인 사랑 속에서 긍정적인 관계를 경험한다. 안정형의 아이는 엄마가 잠시 자리를 비웠다가 돌아오면 잠깐의 불안을 느낀 후 금방 안정을 되찾으며, 어려운 상황에서도 부모의 위로를 받으면 마음을 다잡고 자신이 하던 놀이에 다시 집중할 수 있다.

그러나 안타깝게도 모든 사람이 이런 '안정형' 애착유형을 갖고 있는 것은 아니다. 자신에 대해서는 부정적으로 생각하면서 타인에 대한 평가는 긍정적인 사람들이 있다. 이러한 유형을 '몰두형'이라 부른다. 이 유형의 사람들은 혼자 있을 때 불안함을 많이 느끼며, 긍정적인 타인에게 의존하려는 경향이 강하다. 몰두형의 아이들은 엄마가 사라지면 몹시 불안해하며 엄마가 돌아올 때까지 화를 내거나 운다. 물론 엄마가 다시 돌아와도 기분이 금방 나아지지 않는다. 위로를 받지 못한다고 느끼기 때문이다. 그리고 다시는 엄마와 떨어지지 않으려 한다. 몰두형은 애착대상과의 관계가 멀어질 것 같으면 관계 회복을 위해 적극적으로 노력하는데, 이러한 태도는 화를 내거나 공격적인 행동으로 나타나기도 한다. 성인이 되어서도 관계 지향적인 성향을 보이며, 관계에 문제가 생겼다고 인식하면 적극적으로 관계를 회복하기 위해서 그것에만 몰두하게 된다.

어린 시절의 경험으로 인해, 내겐 문제가 없는데 다른 사람들이 자꾸만 나를 힘들게 만든다는 생각을 가질 수도 있다. 이러한 사람들을 '회피형'이라고 부른다. 이들은 애착관계에서 갈등이 생길 경우 쉽게 자리를 피하고, 혼자 있는 것을 선호한다. 다른 사람들이 자신의 안정감을 무너뜨린다고 생각해 그들과 벽을 쌓으려고 한다. 만약 공격을 받거나 불편한 관계가 이어질 경우, 스스로를 보호하기 위해 친숙하고 편안한 곳으로 도망치려 한다.

회피형은 위험한 상황에 처하면 다리와 목을 숨겨버리는 자라에 비유할 수 있다. 위험을 느낄 때는 몸을 움츠리고, 안전하다고 판단될 때에야 조심스럽게 다리와 목을 밀어내지만, 다시 위협을 받으면 즉시 몸을 숨긴다. 이 유형의 아이들은 엄마와 잠시 떨어졌을 때 잠깐 불안해하다가 곧 자신의 일에 몰두한다. 엄마가 돌아와도 크게 반응하지 않으며, 관계에 큰 관심을 보이지 않는다.

마지막으로 가장 상처가 많은 '두려움형'이 있다. 이들은 자신은 물론 타인에 대해서도 긍정적인 생각이 부족한 성격이다. 혼자 있을 때도 고통스럽고, 다른 사람과 함께 있을 때도 불편함을 느낀다. 누군가와 관계를 맺고 유지하는 데 많은 어려움을 느끼는 유형이다. 이들은 어릴 때 심각한 상처를 받은 경우가 많다. 신체 및 정서적 학대를 경험했거나 본인의 고통을 아무에게도 말할 대상이 없었기에, 자신과 타인을 가치 있거나 신뢰할 수 있는 대상으로 인식하지 못한다.

중요한 것은 애착유형은 변할 수 있다는 점이다. 새로운 애착대상과의 긍정적인 경험을 통해 모든 사람은 점차 안정형으로 바뀔 수 있다. 어린 시절 부모와의 애착 경험이 부정적이었더라도 다른 이와의 긍정적인 상호 작용을 통해 회복이 가능하다. 특히 부부가 서로 정서적인 친밀감을 유지하면서 긍정적인 관계를 경험하면 자신과 타인에 대해서 긍정적인 생각을 갖게 된다. 반대로 어릴 때 부모와의 관계가 좋았던 사람들도 현재 애착관계에서 고통을 받고 갈등이 지속되면 몰두형이나 회피형, 두려움형으로 바뀔 수 있다.

부부가 불화를 겪으면 자연스레 배우자의 단점이 부각되며, '당신은 원래 그랬던 사람'이라는 점을 강조하게 된다. 자신과의 관계 경험에 의해서 배우자가 부정적으로 변했다는 사실을 인정하려 하지 않는다. 하지만 애

관계를 맺는 네 가지 애착유형

		자신에 대한 생각	
		긍정적	부정적
타인에 대한 생각	긍정적	안정형	몰두형
	부정적	회피형	두려움형

착적인 관점에서 부부관계를 바라보면, 관계가 악화되어 부부 불화가 지속되는 과정에서 배우자 역시 점차 자신과 타인에 대해 부정적인 생각을 갖게 된다는 것을 알 수 있다. 내가 의도하지 않았음에도 불구하고, 나의 행동이 배우자에게 부정적인 영향을 끼친 것이다.

유독 서로에게 부정적인 두 사람의 관계, 그 이유는...

부부는 갈등이 생기면 불화의 원인을 배우자로부터 찾으려고 한다. 그래서 아내가 남편과 살면서 힘들다고 얘기하면, 결혼 때문에 힘든 게 아니라 결혼 전부터 이미 아내에게 문제가 있었다고 생각한다. 아내도 마찬가지다. 남편이 본래 문제가 많은 사람이라고 생각한다. 배우자가 불화의 주범이라고 생각하는 것이다.

하지만 정작 대부분의 불화는 각자의 개인적 문제보다는 부부가 서로를 대하는 방식에서 비롯된다. 즉, 남편과 아내 모두 자신의 의도와는 무관하게 상대방에게 부정적인 영향을 미친다. 그러나 불화가 심한 부부는 배우자의 부정적인 변화가 자기 때문이라는 사실을 받아들이기 힘들어한다. 무엇보다도, 과거 부정적 애착 경험이 있더라도 지금 소중한 관계에서 긍정적인 경험을 해야 그것이 변화된다는 사실을 모른다. 과거의 경험도 중요하지만 지금 연인, 배우자와의 관계 경험이 훨씬 더 중요한 데도 말이다. 이를 인식하지 못하고 과거의 상처에만 초점을 맞추다 보니, 상대방이 변할 수 없으리라 단정 짓고 절망에 빠지는 부부가 많다. 부부가 서로의 지난 고통을 이해하고 공감한다면 긍정적인 변화는 얼마든지 가능하다. 애착관계는 우리가 생각하는 것보다 훨씬 큰 회복력을 지니고 있으며, 이 관계에서 이해받지 못하면 받는 상처도 깊다는 점을 명심해야 한다. 변화는 현재의 경험에 의해 유발된다.

"당신은 본래 화를 잘 내는 사람이야. 결혼 전에도 화가 나면 곧잘 공격적으로 변했어. 그게 왜 나 때문이야. 당신, 자꾸 자신감이 없어진다고 했는데, 내가 뭘 어쨌길래 그래? 열심히 일하고 돈 벌어줬잖아. 내가 다른 사람들처럼 바람을 피우기를 했어, 때리기를 했어! 그런데 왜 이제 와서 이 모든 걸 내 탓이라고 하는 거야! 난 뭐 결혼하고 행복한 줄 알아. 다른 친구들은 내가 결혼하고 나서 속 좁은 사람으로 변했다고 말해. 나도 힘들다고."

남편은 아내가 자신감이 떨어지고 우울해진다는 말을 하자 고통스러웠다. 그래서 아내의 말에 반박하고 나선다. 그러면서 두 사람의 감정의 골은 더욱 깊어진다.

"내가 언제 돈을 안 벌어온다고 타박했어? 당신 마음속에 내가 있기나 해? 나를 사랑하는 마음이 조금이라도 있어? 말해봐. 내가 힘들다고 하면 당신은 언제나 피했고 내 옆에 없었어. 나도 이전에 자신감 넘치고 꿈도 많았어. 이제 그런 것도 사라지고 우울해서 죽고 싶을 때가 한두 번이 아니야! 나랑 결혼해서 행복하지 않다고 했지? 그럼 나만 조용히 사라지면 되겠네……."

아내는 남편과 불화를 겪으면서 내적 작동 모델이 변했다. 부인은 남편과 정서적인 유대감을 회복하기를 원하고 있는데 남편은 그 목소리를 듣지 못한다.

"맨날 죽겠다고 하니 나도 이제 못 살겠다. 나도 죽고 싶다고. 사람들 만나는 것도 싫어. 우리 부모님 뵌 지도 오래되었어. 당신이 싫어하니까 그것도 양보했지. 회식하는 것도 싫어해서 저녁에 회식 빠지고 집에 꼬박꼬박 들어와. 남들이 뭐라고 하는지 알아? 남자가 쪼잔하게 집 생각만 한다고 놀려댄다. 그런데 뭐 너만 힘들다고? 나도 죽을 맛이야. 그것도 모르고 집에 들어오면 '만날 죽겠다', '우울하다'고 신세한탄만 해대니 누군들 살맛이 나겠어."

남편의 내적 작동 모델 역시 변했다. 이때 부부가 서로의 아픔에 다가가 위로를 주고받으면 관계가 회복된다. 하지만 배우자가 자기 때문에 힘들고 불행하다며 자신을 비난하는 것 같아서 이 상황을 인정하기 힘들다. 결국 마음속 깊은 목소리를 듣지 못한 채, 회복할 기회를 놓치게 된다.

"내가 큰 걸 바라는 것도 아니잖아. 진심으로 나하고 대화하자는 건데. 당신은 집에 일찍 들어와도 TV 아니면 컴퓨터를 끼고 있잖아. 내가 얘기하자고 하면 피하기만 하고. 도대체 우리가 부부 맞아? 당신 왜 나랑 결혼했는데? 내가 죽고 싶을 만큼 힘들다고 말할 때 옆에서 위로 좀 해주면 안 돼? 죽고 싶다고 할 때 왜 그런지 물어본 적 있어? 내가 뭐가 힘든지 궁금하지도 않아?"

위의 사례를 보면 남편은 아내가 자신으로 인해서 고통스러워한다는 사실을 받아들이지 못한다. 남자들은 아내가 자신과 결혼해서 행복하기를 원한다. 그런 아내가 불행하다고 말하면 고통스럽다. 인정받기를 좋아하는 남자들은 그럴 때 그 순간 모든 것이 무너지는 느낌을 받으며, 패배감마저 느낀다고 표현하는 경우가 많다. 남편과 아내의 잘못이 아니다. 관계하는 방식의 문제다. 특히 부부는 애착욕구가 들려주는 목소리를 모르고 있다.

이들 부부는 서로의 마음에 다가가지 못해서 내적 작동 모델이 점차 부정적으로 변해가는 대표적인 케이스다. 두 사람은 모두 자신감 넘치는 성격에 명문 대학을 졸업한 수재로, 주위에서 부러워하는 결혼을 했다. 하지만 지금은 서로 자신이 더 힘들다며 부부 불화의 책임을 상대방에게 떠넘기고 있다. 자신이 부부관계에 영향을 주고 있다는 것을 모르는 채, 본래 배우자가 문제가 있었던 사람이라며 아물지도 않은 상처 위에 또 다른 상처를 더한다.

불화가 길어지면서 부부 모두 자신감이 줄어들고 우울증을 앓게 되었다. 부부관계는 자신과 타인에 대한 생각에 영향을 주기 때문에 불화가 지속되면 인간관계도 힘들어지고, 자신의 이미지를 부정적으로 여기게 된다. 어느 부부나 예외가 없다. 하지만 해결책은 그리 멀리 있지 않다. 서로에게 정서적으로 다가가서 위로하면 고통은 곧 사라지고, 자신과 타인에 대한 생각도 긍정적으로 변하게 된다.

진심은 이런 것이 아닌데 왜 자꾸 어긋날까

세계적인 가족 심리 전문가인 케빈 리먼 박사는 저서 ≪부부 심리학에 길을 묻다≫에서 남성이 아내에게 기대하는 세 가지 요소를 지적했다. 아내를 통해 남성들은 존경받고 싶어 하고, 자신이 필요한 존재라는 것을 느끼고, 충족감을 경험하고자 한다는 것이다. 하지만 아내가 우울함을 호소하거나, 남편을 무가치하게 여기거나, 결혼 생활이 고통스럽다고 말할 때, 남성들은 이 세 가지 기대가 무너지는 것 같은 상실감을 느낀다. 대개의 평범한 남편들은 아내를 기쁘게 해주고 싶어 하며, 아내가 기뻐할 때 자신도 기쁨을 느낀다. 그러나 아내가 그렇지 못하다고 말하면 이는 남편에게 큰 상처가 된다.

아내를 행복하게 해주고 싶은데 생각처럼 되지 않아 얼마나 좌절했을지, 한 번쯤은 아내가 남편의 노력을 이해하고 있다고 표현해 주는 것이 중요하다. 또한 아내가 힘들어하면, 남편 역시 자신의 힘든 마음을 아내에게 표현할 필요가 있다. 솔직한 표현은 단절된 유대감을 다시 이어주는 연결고리가 될 수 있으며, 남편이 다시 용기를 낼 수 있게 해 준다. 또한 아내와 주변 사람들로부터 자꾸만 도망가고 싶었던 마음을 붙잡는 계기가 될 수 있다.

부부관계를 회복하는 과정에서 여자와 마찬가지로 남자에게도 위로가 필요하다. 상대방에게 위로를 받을 때 남자도 비로소 용기를 얻고 아내에게 다가갈 수 있다. 남편이 회피적인 유형일 때는 더더욱 그렇다. 회피적인 사람은 비난받고 갈등이 심한 상황에서 도망치는 데 선수이기 때문이다.

이번에는 아내의 속마음을 들여다보자. 남편이 집에 일찍 들어오고 돈을 많이 벌어오는 것도 물론 중요하지만, 아내가 남편에게 진정 바라는 것은 따로 있다. 남편의 마음속에 자신의 존재가 얼마나 중요한지를 확인하는 것이다.

케빈 리먼 박사는 아내가 남편에게 원하는 것 세 가지에 대해 이야기했다. 남편의 애정, 솔직한 대화, 헌신이 그것이다. 남편이 일찍 집에 돌아오고 돈을 많이 벌어옴으로써 '헌신'은 보여주지만, 애정 표현이나 솔직한 대화는 부족할 수 있다. 이 부분이 충족되지 않을 때 부부관계의 갈등이 발생한다. 아내는 남편과 애정적으로 연결되길 원하며, 이 욕구가 충족될 때 관계에 만족을 느낀다.

위 사례에서 아내가 남편에게 공격적인 이유도 여기에 있었다. 남편이 가족을 위해서 열심히 사는 것을 모르는 게 아니다. 하지만 집에 와서 자신의 존재는 나 몰라라 하고 게임과 TV에 빠져 있는 남편을 보면 자신의 존재감을 느끼지 못하기 때문이다. 남편으로부터 사랑받고 있다는 느낌을 들지 않고, 무엇보다 대화가 안 된다. 아내의 불만은 바로 이것이다.

아내의 공격적인 태도를 잠재울 방법은 남편이 아내에게 다가가는 것이다. 회피할수록 아내의 공격성은 더욱 커진다. 특히 아내가 '몰두형' 애착 유형이라면 더더욱 신경을 써야 한다. 몰두형은 애착관계에 갈등이 생기면 이를 회복하기 위해 과감하게 공격을 시도하기 때문이다. 적극적으로 회복하기 위해서라면 비난조차 멈추지 않는다. 몰두형은 혼자 있을 때 불안함을 느껴 안정을 찾기 위해 타인에게 의존한다. 이런 시도가 성공하지 못하면 몰두형은 자신의 노력이 실패했다고 느끼고는, 자신과 타인에 대한 부정적인 생각을 키운다. 자신이 못났고 부족하다는 생각에 우울해지고 죽고 싶다는 생각에 이르기도 한다. 타인을 믿지 못해 남편이 어쩌다 회식이라도 하면 불안함에 전화를 수없이 건다. 언제 들어올지 알고 싶고 어디에 있는지 궁금하다. 남편과 연락이 되지 않으면 불안해서 계속 남편을 괴롭힌다. 결국 아내의 이런 행동을 멈추게 하려면 남편이 애정을 표현하고 솔직한 대화를 통해 친밀감을 회복하는 것 외에 다른 방법은 없다. 단지 집에 일찍 들어가고 돈을 잘 벌어오는 것이 아니라 말이다.

따지는 아내와
도망치는 남편의 동상이몽

부부는 서로에 대해 잘 모른다. 아니, 정확히 말하자면 부부간의 관계가 어떻게 발전하는지 객관적으로 볼 기회가 없다. 전쟁터에서 살아남기 위해 고군분투하는 군인처럼, 부부도 관계의 전장에서 끊임없이 전투를 벌인다. 군인은 삶과 죽음의 현장에서 오로지 살아남기 위해 적을 공격하며, 앞에 있는 적을 물리치는 데 급급하여 그저 전진한다. 오로지 상대방의 공격에만 촉각을 곤두세우고, 적의 움직임에 반응해서 총을 쏜다.

　부부 역시 오직 상대방의 행동에만 초점을 맞추며 그에 반사적으로 반응한다. 싸움이 끝나고 나면, 기억에 남는 것은 오직 상대방의 공격적인 행동뿐이다. 내 행동은 내가 보지 못하기 때문이다. 아내는 남편이 자신을 어떻게 괴롭혔는지만 선명하게 떠오르며, 남편은 아내의 공격만이 생각난다. 그래서 남편과 아내는 한 목소리로 외친다.

"선생님! 제발 저 사람 좀 고쳐주세요. 저 사람 때문에 못살겠어요. 마치 나를 괴롭히려고 태어난 사람 같아요."

애착의 관점에서 보면 남편과 아내는 갈등 대처 방식이 서로 다르다. 남편은 간섭이 적은 평화적인 관계를 원한다. 반대로 아내는 서로 교류할 수 있는 활발한 관계를 원한다. 남편은 문제를 덮어가면서 긍정적인 부분만 부각시키려 하지만, 아내는 관계의 회복을 위해 고통스럽고 힘든 점까지도 나누길 바란다. 남편은 조용히 지내면 잘 산다고 생각한다. 하지만 아내는 유대감을 느껴야 잘 산다고 여긴다. 물론 남녀의 이러한 반응이 반대로 보이는 부부와 연인도 있다. 이 경우에는 필요에 따라 이 책에서 말하는 남녀의 역할을 서로 바꿔 이해하면 된다.

남자들은 진지하게 말한다. "선생님! 부부 싸움을 하더라도 다음 날 아침은 챙겨줘야 하는 거 아닌가요?" 물론 남편의 말도 일리는 있다. 그는 어제 싸운 것과 아침식사를 별개의 사건으로 생각하고 있으니까 말이다.

한편 아내들은 반문한다. "선생님 같으면 전쟁터에서 적군한테 아침밥을 지어주겠어요?" 아내는 남편이 한심하다. 아내에게 어제의 싸움은 별개의 사건이 아니다. 그러므로 싸움은 아침까지 이어진다.

남편은 그만하라고 얘기하고 밖으로 나가려 한다. 싸움이 확대될까 두려워서 자신이라도 물러서야 한다고 생각한다. 그러나 한편으로는 원망의 마음이 자리 잡는다. 싸움을 거는 아내가 정신병이 있는 게 아닌가 하는 생각이 든다. "왜 이렇게 부정적일까?" "내가 노력하며 사는 것에 대충 만족하며 살 수는 없나?" 남편은 가족을 위해서 열심히 일하는 자신의 모습을 보고 있는 아내가 왜 이렇게 불만을 갖는지 이해가 안 된다. 자신이 이렇게 고생하는 것이 다 가족들 때문인데 아내는 도대체 만족을 모르는 사람 같다. 평생 이렇게 살아야 할 것을 생각하니 머리가 아프다.

아내는 싸우다가 사라져 버리는 남편이 야속하다. 그렇게 나가고 나면 홀로 남게 된 자신이 얼마나 처량하고 힘든지 남편은 모른다. 남편이 가정을 지키려는 생각이 있는 사람인지 자신이 없다. 무책임해 보인다. 문제가 있으면 이야기를 하면서 풀어야지 도망쳐 버리면 어떻게 하겠다는 것인가? 이게 한두 번인가? 지금까지 살면서 남편은 책임 있는 태도를 보인 적이 한 번도 없다. 돈만 벌어주면 끝이라고 생각하는 남편을 이해할 수 없다. 평생 이렇게 살 것을 생각하니 가슴이 답답해진다.

머리 아픈 남편과 가슴 답답한 아내. 이성적인 남편은 머리로 생각하고, 감성적인 아내는 가슴으로 괴로워한다. 남편은 문제를 해결할 방법이 도무지 떠오르지 않는다. 아내에게 충고를 열심히 했건만 도리어 화를 내고 있으니 답답할 노릇이다. 아내는 남편의 해결 방식이 자신의 고민을 전혀 해결해주지 못한다는 사실에 답답한 마음만 커져간다.

관계 몰두형 아내, 회피형 남편 증후군

부부는 나름대로 가정의 평화와 관계 회복을 위해 노력하고 있다. 문제는 각자 자신만의 방식을 고집한다는 것이다. 서로 받아들일 수 없는 방식의 차이로 인해 갈등은 점점 심각해진다.

왜 이런 일이 생기는 걸까? 그 답은 애착유형의 차이를 통해 이해할 수 있다. 안정형도 현재 애착관계에서 갈등을 겪으면 그 갈등을 해결하기 위해서 두 가지 반응 중 하나를 보인다.

첫 번째는 관계에 집착하며 적극적으로 회복을 시도하는 '몰두형'으로 전환하는 것이다. 이 경우 상대방의 적극적인 반응을 갈구하며, 배우자가 회피적인 태도를 보이거나 자신을 멀리하면 공격해서라도 자신이 원하는 반응을 얻으려고 애쓴다. 몰두형은 주로 여성에게서 보여지는 반응이다.

앞서 설명한 바와 같이, 부부 갈등이 계속될 경우 몰두형은 점점 자신에 대한 부정적인 생각을 키워나가기 시작한다. 자신감이 사라지고 스스로 부족하다고 느끼게 된다. 이러한 생각은 관계가 회복되지 않을수록 커진다. 몰두형은 관계 회복을 통해 안정을 찾기 때문에 애착욕구가 증가한다. 그리고 욕구를 채우기 위해 친밀감을 회복하려 한다. 만약 배우자가 이를 회피할 경우, 무시당한다고 느껴 더욱 강하게 반응한다. 자신을 밀어내거나 거부하는 모든 행동에 민감하게 반응하며, 이로 인해 자주 폭발하게 된다.

부부 불화가 장기화되면, 몰두형들은 일상생활에서 관계에 부정적인 영향을 미치는 단서들을 찾는 데 열중한다. '어떤 일을 결정할 때 나와 상의를 했는가? 이야기를 나누는데 귀찮아하는 표정을 짓고 있지 않은가? 아이와 나보다 다른 사람에게 더 관심을 보이지 않는가? 회식이라며 늦게까지 술을 마시는 사람이 휴일에 가족하고 지내는 것은 귀찮아하고 잠만 자고 있지 않은가? 다른 사람보다 나에게 인색한 것은 아닌가? 밤에 TV를 보면서 잠이 들거나 나와 한 침대에 있는 것을 싫어하지 않은가? 치약을 끝에서부터 짜 달라고 부탁했는데 중간에 눌러서 짜지 않았나? 설거지를 하는 둥 마는 둥 하고 컴퓨터 게임에 몰두하고 있진 않은가? 이야기 좀 하자고 해도 건성으로 듣고 있지 않은가? 말을 시작하면 화를 내고 도망치지 않은가?'

몰두형의 이러한 생각과 염려는 관계가 회복되면 점차 사라진다. 이때는 남편과의 정서적 친밀감이 예민한 생각을 줄여주는 해독제가 된다. 이 과정에서 중요한 것은 지속적인 정서적 지원과 이해가 필요하다는 점이다. 관계가 회복되기까지의 기간 동안, 몰두형은 끊임없이 배우자에게 집중하며 부정적인 생각을 멈추지 못한다.

부부 갈등이 있을 때 보이는 다른 유형은 회피형이다. 회피형의 반응은 상당히 대조적이다. 몰두형이 다가가서 적극적으로 회복하려 하는 타입이라면 회피형은 조용히 안정을 찾고 싶어 한다. 회피형은 문제가 있다면 그 원인이 상대방에게 있다고 생각하며, 그래서 문제로부터 멀리 떨어지려고 하고, 혼자 있는 것에 안정감을 느낀다. 동양과 서양을 막론하고 이런 회피형은 남자들에게 많다. 관계에 갈등이 생기면 회피적으로 반응하여 도망간다. 상대방과 어떠한 관계를 맺는 것이 두렵다. 특히 배우자가 공격적인 태도를 취할수록 회피적인 성향은 강해진다.

회피형들은 일상생활 속에서 도피할 기회를 찾아내는 데 능숙하다. 이들의 생각은 자주 이렇게 맴돈다. '왜 이렇게 부정적일까? 긍정적이고 좋은 이야기만 하면서 살 수 없을까? 나를 내버려 두면 좋아지는 걸 왜 모를까? 회식하는데 왜 이렇게 전화를 하는 거야? 오늘 집에 들어가면 아내는 잔소리를 해대겠지? 주말엔 나를 좀 쉬게 해 주면 안 되나? 내가 말을 들어줘도 잔소리는 멈추지 않을 게 뻔해! 나라도 피해야 부부 싸움을 멈출 수 있어! 또 목소리가 날카로워졌어! 얼른 피해야 해! 집안이 하루라도 조용하면 좋겠어! 아내는 내가 친구 만나는 것도 못마땅하게 생각해!'

🪙 문제를 키우거나, 문제를 무시하거나

몰두형 아내와 회피형 남편이 한 집에 같이 살고 있다면 어떨까? 갈등이 생기면 몰두형 아내는 관계 회복을 위해서 공격도 불사한다. 회피형 남편은 전쟁이 시작되었다는 생각에 어디로든 도망칠 궁리만 한다. 아내는 관계 회복을 위해서 다가가고, 남편은 평화를 찾기 위해 도망간다.

여기서 부부가 알아야 할 중요한 사실이 있다. 대개 몰두형 아내의 해결 방식이 남편의 회피 성향을 강화시킨다는 것이다. 마찬가지로 남편의 회피는 아내의 공격성을 더욱 부추긴다.

자라와 새가 마주친 장면을 상상해 보자. 자라가 몸을 움츠리면 새는 부리로 쪼아댄다. 그러면 자라는 더욱 견고하게 자신의 팔다리와 머리를 감추려 한다. 그 상태로 밖이 잠잠해지기를 기다리다가, 마침내 조용해지면 평화가 찾아온 것으로 착각한다. 그래서 고개를 내밀고 조심스럽게 새에게 다가가지만 새의 입장에서는 하나도 해결된 것이 없다. 그래서 다가오는 자라에게 부리를 들이밀고는 전보다 더 세게 쪼아댄다. 조심스럽게 다가오던 자라는 깜짝 놀라 다시 숨을 죽이고 몸을 감춘다.

자라는 생각한다. "저 새는 나와 평화롭게 지내는 것을 싫어해. 더 이상 가까이 다가가면 안 되겠어. 나만 상처 입게 될 거야. 다음에는 더 꼭 숨는 것이 좋겠어."

새는 어떤가? "자라는 나와 말하는 것을 귀찮아해! 혼자 숨어버리니 나는 늘 외로워. 무책임한 행동이야. 내가 가만히 내버려 두면 우리 관계는 이렇게 끝나고 말 거야. 나라도 말을 해야 우리 관계가 냉랭해지지 않을 거야! 내가 계속 쪼아대면 언젠가는 반응할 거야."

새가 자라를 공격하는 것처럼, 아내의 접근은 남편을 더욱 굳게 자신을 감추게 만든다. 남편은 잠잠해지기를 기다렸다 아내에게 조심스럽게 다가서지만, 이는 아내에게는 해결된 것이 전혀 없다는 신호다. 관계 회복을 위한 진정한 정서적 교류가 없었으므로, 아내는 더욱 격렬하게 반응한다. 결국 남편은 놀란 자라처럼 다시 숨을 죽이고 몸을 감춘다. 남편은 다음부터는 더 꼭꼭 숨어야겠다고 생각하고, 아내는 더 공격해야지만 남편의 반응을 얻을 수 있으리라 여긴다.

그렇다. 대부분의 부부 불화는 관계에 몰두하는 아내와 회피하는 남편의 갈등 양상으로 나타난다. 수전 존슨 교수는 이를 '몰두형 아내-회피형 남편 증후군'이라고 불렀다. 부부가 겪는 불화의 대부분은 여기에서 시작된다. 어떤 문제가 드러나더라도 아내는 따지고 남편은 도망가는 식으로 싸운다. 도망가면 더 공격하고, 그러면 더 멀리 도망가는 식이다. 연구에 의하면 동성애 부부도 한 사람은 몰두형, 다른 사람은 회피성향으로 반응한다고 한다. 물론 내가 치료했던 부부 중에는 몰두형 남편, 회피형 아내도 있었다. 하지만 거의 대부분의 부부는 아내가 몰두형, 남편이 회피형으로 나타난다.

몰두형은 대부분의 문제를 극대화시키려 하고, 회피형은 문제가 없다는 식으로 반응한다. 심각하게 갈등하고 있는 상황인데도 남자들은 아무 문제가 없다고 생각하는 경우가 많다. 아내가 죽고 싶다고 말을 하는데도 남편은 왜 그런지 잘 모른다. 그래서 부부치료를 받으면서도 자신은 그 이유를 모르겠다고 하는 남편이 많다. 부부 세미나 또한 아내가 주도적으로 신청하는 경우가 대다수며, 남편은 아내의 강요로 인해 마지못해 왔다는 듯 불만이 가득한 모습을 보인다. 특히 남편들은 다른 사람들 앞에서 자신의 부부 문제를 드러내는 것을 극도로 꺼려한다. 숨고 싶은 것이다.

부부가 이러한 불화 패턴에서 벗어나기 위해서는 먼저 '몰두형 아내-회피형 남편 증후군'을 이해해야 한다. 그리고 상대방의 부정적인 행동을 내가 강화시키고 있다는 사실을 인정하고, 상대방의 이야기에 귀 기울여야 한다.

갈등의 악순환을 만드는 말,
"얘기 좀 해!"
"또 시작이야?"

몰두형 아내들은 애착욕구가 강하다. 앞서 설명했듯 몰두형은 부부관계가 나빠지면 즉각적으로 자신에 대한 부정적인 이미지를 강화시킨다. 이는 무의식적으로 나타나는 현상이다. 그래서 혼자 있으면 불안해한다. 자신에 대한 부정적인 작동 모델이 있기 때문에 다른 사람의 위로가 있어야 스스로에 대한 부정적인 생각을 잠재울 수 있다. 다시 말해, 애착대상과의 관계가 다시 좋아지면 자신감이 서서히 회복되며, 남편에게 의존적인 행동도 줄어든다. 몰두형 아내는 관계 회복을 위해서는 어떤 행동이든 마다하지 않는다.

"남편과 함께 살면서 최근 몇 년간 대화다운 대화를 해본 적이 없어요. 숨이 막히고 가슴이 답답해서 울화병까지 들었어요. 이렇게 아무런 대화도 하지 않고 살 거면 저랑 왜 결혼했는지 모르겠어요. 정말 힘든데 위로

받을 곳이 없어요. 이런 생활을 하다 보니 찜통에 쩌서 서서히 나를 죽이는 것 같아요. 숨이 막혀 죽을 것만 같아요. 얘기하자는 말도 이젠 지쳤어요. 소 귀에 경 읽기나 마찬가지라 혼자 속만 끓이다가 우울증에 걸렸어요. 주변에 얘기를 해도 다들 그러고 산다고 하니, 답답해 미치겠어요."

아내들은 눈물을 흘리면서 말을 한다. 자신감이 점차 사라진다. 밖에 나가기 싫어지고 집안 청소조차 귀찮고 힘들다. 무엇보다 자신이 못난 사람이라는 느낌 때문에 괴롭다.

몰두형 아내가 자주 하는 말 중 하나가 바로 "당신 얘기 좀 해!"이다. 몰두형은 대화가 문제를 해결하고 관계를 회복하는 가장 쉬운 방법이라고 믿는다. 대화를 해야 응어리진 마음이 풀어진다. 그리고 남편이 맞장구치고 대화에 적극적으로 나오면 뭔가가 해결되는 느낌이 든다.

이때 회피형 남편은 이런 생각을 한다.

'무슨 말을 하자는 거야! 당신만 조용히 하면 평화가 찾아오고 갈등이 없을 텐데. 당신은 늘 문제를 심각하게 끌고 가. 가장 큰 문제는 덮어두고 넘어갈 수 있는 일을 당신이 긁어 부스럼을 만든다는 거야. 당신이 문제라고! 좀 조용히 살자.'

이러한 태도는 아내의 공격을 더욱 거세게 만든다. 그 결과, 남편은 더 깊이 자신의 '동굴'로 숨어 들어간다.

몰두형 아내가 회피형 남편에게 자주 하는 또 다른 말이 있다. "지금 잠이 와?"

아내는 화가 나서 말하고 있는데 회피형 남편은 꾸벅꾸벅 졸고 있다. 남편의 몸은 아내와 함께 있지만, 정신은 아내로부터 도망치는 중이다. 이런 상황에서 잠을 자고 있는 남편이 아내는 좀처럼 이해가 되지 않는다.

아내가 알아야 할 놀라운 사실은, 회피형 남편이 그 상황에서 실제로 잠에 빠진다는 것이다. 아니, 남편 입장에서는 빨리 잠을 자야만 한다. 잠을 통해 '전쟁'이 끝날 것이라 믿으며, 그렇게 아내의 공격에서 벗어날 수 있으리라 생각하기 때문이다. 잠시 후 잠에서 깨어난 남편은 갈등을 피해 있었으니 그 사이 갈등이 사라졌을 것으로 여긴다. 그런데 그가 모르는 사실이 있다. 그의 태도가 아내의 분노를 증폭시켰다는 점이다.

졸고 있는 남편을 보며 몰두형 아내는 피가 역류하는 느낌을 받는다. 공격을 멈추는 것이 아니라 불난 집에 기름을 붓는 격이 된다. 아내가 남편을 깨우며 날카로운 목소리로 말한다. "지금 얘기 좀 해!" 몰두형 아내와 회피형 남편이 한 집에서 살아가기 힘든 이유다.

회피형 남편들은 갈등의 가능성을 매우 두려워하고, 그래서 피하려 한다. 아내와 싸우고 나면 며칠이고 말을 하지 않는다. 회피형 남편의 치료 과정 중에 이렇게 물었다. "서로 대화를 나누지 않을 때 답답하지 않았나요?" 남편이 대답했다. "물론 답답했지요. 말도 하고 싶었지만 내가 다가가도 아내가 받아줄지 몰라서요. 특히 남자가 먼저 다가가려니 영 체면이 서질 않았어요. 그래서 그냥 모른 체하고 지냈습니다."

이처럼 회피형 남편은 두렵다. 특히 몰두형 아내가 반복해서 공격하고 몰아붙였기 때문에 자신이 먼저 얘기를 꺼내면 또 공격을 받을까 두려움이 앞서는 것이다. 다른 사람과 갈등이 있으면 자신이 부족하고 능력이 없다고 느껴지고, 그래서 더욱 피하려 한다. 연구에 의하면 회피형 남편들은 아내가 화를 내거나 어떤 문제를 제기할 때 자신이 비난당하는 느낌을 받는다고 한다.

추석 명절 후 집으로 돌아가는 길은 부부에게 언제나 어려운 시간이다. 아내는 시댁에서 겪은 서운한 일들을 털어놓고 싶어 한다. 남편의 위로를 받고 싶은 것이다. "이번에 어머님이 나한테 간섭할 때마다 힘들었어. 동서는 선물 많이 사 왔다고 칭찬하면서, 정작 일찍 내려가서 열심히 일한 나는 무시하는 것 같아서 어머니가 얄미웠어."

남편의 얼굴이 벌써 일그러진다.

"또 시작이야. 도대체 집에만 갔다 오면 무슨 불만이 이렇게 많아. 우리 엄마가 그렇게 못된 사람이야? 한 번도 좋은 얼굴로 갔다 오는 법이 없어. 어머니가 이것저것 싸다 주는 것에 고맙다고 생각하면 안 되나. 그래도 예전보다 많이 나아졌잖아."

명절마다 부부는 돌아오는 차 안에서 전쟁을 치른다. 아내는 답답할 따름이고, 남편은 아내의 부정적인 태도가 늘 불만이다.

이때 회피형 남편은 아내가 위로를 받고 싶어 하는 마음을 잘 모른다.

아내의 비난만 크게 들리기 때문이다. 남편 귀에는 아내가 다음과 같이 이야기하는 것으로 들린다.

"당신 이번에 똑똑히 봤지. 어머니가 나를 얼마나 싫어하는지? 그런 어머니 밑에서 자란 당신도 한심하게 느껴져."

하지만 아내의 입장은 단지 남편의 위로가 필요했던 것이다.

회피형은 자신에게는 긍정적이지만, 다른 사람에게는 부정적인 작동 모델을 갖고 있다. 갈등이 생기면 다른 사람에 대한 부정적인 시각으로 혼자 있고 싶어 한다. 남성들은 흔히 인정과 칭찬을 받아야만 관계 속으로 더 깊이 들어갈 동기를 얻는다. 안전한 자신만의 세계에서 고개를 내밀고 밖으로 나오게 하려면, 남편에 대한 긍정적인 부분을 인정해 주어야 한다. 흔히 남자들은 칭찬해 주면 좋아한다고 하는데, 맞는 말이다. 남편은 인정받으면 몰두형 부인이 원하는 관계를 만들어나갈 용기를 얻는다. 그런데 공격하고 비난을 받으면 관계에서 멀어지려 한다. 믿기 힘든 타인에게 다가가는 것이 두려워지는 것이다.

회피형 남편 역시 몰두형 아내에게 자주 하는 말이 있다. 대부분의 남편들이 아내에게 한두 번은 해봤을 말일 것이다.

일 절만 해라.

그래서 결론이 뭔데?

또 시작이야?

당신은 너무 부정적이야.

언제까지 그 말을 할 건데.

난 더 이상 할 말 없어.

누군 하고 싶은 말 다 하고 사는 줄 알아?

그렇게 싫으면 그만둬!

왜 만날 화만 내?

불만이 끝이 없네.

회피형은 대화를 빨리 끝내려고 하고, 자신을 비난하는 듯한 말은 듣기 싫어한다. 그래서 결론을 빨리 내고 싶어 한다. 대화를 하다 잠시라도 소강상태가 되면 그 자리를 슬그머니 피한다. 그것이 다시 아내의 공격력을 강화시킨다. 다시 말하지만, 물론 아내의 공격은 남편을 회피하게 할 빌미를 제공한다. 반대도 마찬가지여서 이런 상호작용이 악순환을 만든다.

 해결을 위한 선택

이처럼 부부 사이에 갈등이 생기면 몰두형은 공격적으로 맞서고, 회피형은 소극적으로 관계한다. 그리고 서로 그것이 해결책이라고 생각한다.

하지만 실제로는 상대방에게 해결됐다는 느낌을 주지 못한다는 것을 기억해야 한다. 갈등의 골을 줄이기 위해서는 먼저 자신의 태도와 행동을 신중히 선택하는 것이 중요하다.

흔히 말하기를, 회피형 남편이 도망치지 않도록 하려면 아내가 먼저 부드럽게 다가서야 한다고들 한다. 긍정적인 분위기를 먼저 만든 후에 차츰 하고 싶은 말을 '직접적으로' 전달해야 한다. 회피형 남편은 일반적으로 빨리 대화를 끝내고 싶어서 해결책을 제시하려는 경향이 있다. 아내가 말을 시작하면 다음과 같은 이성적인 생각이 꼬리를 문다. '다음 명절부터 집에 내려가지 않으면 될까? 어머니가 그런 사람이 아니라고 설명해주고 싶다. 좋은 것만 생각을 해주면 될 텐데……'. 그래서 몰두형 아내는 직접적으로 본인이 원하는 것을 직접 말하는 게 효과적이다.

"여보 지금 내가 하는 말을 듣고 어떤 해결을 해주지 않아도 좋아. 그냥 내 말을 들어주기만 하면 답답한 마음이 해결될 것 같아. 힘들겠지만 그래 줄 수 있지?"

이러면 남편은 해결해주고 싶은 마음이 있기 때문에 들어주는 것을 선택할 것이다.

회피형 남편은 아내가 화를 내는 이유가 비난하려는 의도가 아니라, 오히려 남편과 더욱 친밀감을 느끼고 싶은 마음에서 비롯된다는 것을 이해해야 한다. 아내가 남편을 애착대상으로 깊이 소중히 여기기 때문에, 그만큼 강한 반응을 보이는 것이다. 이를 인지하고 남편은 용기를 내어 아내의 말에 귀 기울이고 맞서야 한다. 도망치는 태도는 아내의 공격성을 더욱 부추길 뿐이다. 남편이 회피할수록 아내의 몰두형 태도는 더욱 강화된다. 반대로, 남편이 적극적으로 다가가고 아내의 말에 진지하게 귀를 기울일 때, 아내의 공격성은 줄어들고 양측이 원하는 평화가 찾아올 수 있다. 갈등을 자신만의 방식으로만 해결하려 한 탓에 문제가 더욱 커지진 않았는지 한 번쯤 돌아보자.

몰두형 아내 또한 자신의 공격적인 태도가 남편의 회피성을 강화시키고 있다는 것을 깨닫고, 지나치게 문제를 캐내려 하지 않도록 주의해야 한다. 대신 부드러운 대화를 시도하며, 자신의 감정을 진솔하게 표현해 보는 것이 좋다. 자신의 감정에 대해 조곤조곤 이야기를 시도해 보라. 그러면 회피형 남편도 고개를 내밀고 다가올 것이다.

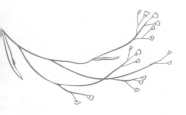

나의 반응은
나 자신이 선택할 수 있는 것

인간관계를 끈끈하게 이어주며 친밀감을 증진시키는 핵심은 '결합'에 있다. 결합을 위해서는 서로에게 접근과 반응이 원활해야 한다. 정서중심 부부치료에서 가장 중요하게 생각하는 것은 문제 해결보다도 부부의 결합이다. 두 사람이 결합하기 위해서는 먼저 다가가야 한다. 자신이 먼저 원하는 사람에게 다가가고, 또한 다가오는 사람에게 적절하게 반응하면 결합이 이뤄진다. 이렇듯 접근과 반응은 관계 회복의 필수 요소이다.

부부관계의 문제는 접근과 반응의 문제다. 적절하게 접근하고 상대방이 그것에 맞는 반응을 하면 자연스럽게 재결합을 이룰 수 있다. 정서중심 부부치료는 부부가 서로에게 편안하게 다가가고 적절히 반응할 수 있도록 돕는 과정이다.

그렇다면 부부간에 친밀감이 사라지는 이유는 무엇일까? 부부의 결합이 약해지는 이유는 무엇일까? 바로 잘못된 접근과 반응 때문이다. 서로에게 제대로 다가가지 않거나, 적절히 반응하지 않기 때문이다. 잘못된 방식으로 접근하고 반응하는 경우도 마찬가지다.

부부가 이성적으로 다가가고 반응하면 지적 결합이 일어난다. 신체적으로 다가가고 반응하면 신체적으로 결합된다. 그런데 부부관계에서 지적, 신체적 결합보다 중요한 것은 바로 정서적 결합이다. 서로 정서적으로 다가가고 반응하는 것이 관계에서의 친밀감을 근본적으로 회복시킨다. 연애 시절 상대에게 다가가고 반응하는 데 얼마나 많은 시간을 보냈는지 생각해 보자. 사소한 일 하나에도 서로 위로하고 반응을 보였다. 비단 연애 시절을 돌이켜보지 않더라도 모든 부모들은 자녀들에게 자주 다가가고 반응하려는 태도를 보인다. 아무 조건 없이 아이에게만 집중하여 반응을 보이는 엄마의 모습은 참으로 아름답다. 평화란 바로 그러한 상호 작용에서 만들어진다.

애착관계는 정서적으로 친밀한 유대감이 형성된 관계다. 그러므로 부부관계에서는 정서적 유대감이 절대적으로 필요하다. 정서적 유대감이 형성되면 가정이나 가정 밖에서 발생하는 문제에 부부가 공동으로 대처할 수 있다. 경제적인 어려움, 시댁 문제, 자녀 문제, 직장 문제 혹은 갑작스러운 사고를 당해도 모든 일을 함께 대처해 나간다. 하지만 유대감이 없거나 약한 부부는 사소한 사건 하나에도 가정이 와르르 무너진다. 부정적인 고리에 빠져들어 서로 비난하고 침묵하는 식의 접근과 반응을 한다.

 어떻게 반응하느냐는 내 선택에 달렸다

친밀한 대상은 '생존'과 '삶의 질'을 위해서 매우 중요한 사람이자 힘들 때 위로받을 수 있는 소중한 존재다. 누구나 힘들고 절망스러울 땐 쉽게 다가갈 수 있고 포근함을 느낄 수 있는 사람을 가장 먼저 떠올린다. 가령 2011년 3월 11일 일본 동북부를 강타한 강진과 쓰나미 이후, 독신을 고집하던 여성들이 갑자기 결혼을 서두르고 결혼 중개업소에 가입하는 현상이 증가했다는 흥미로운 기사가 일간지에 실렸다. 일본의 한 사회 심리학자는 이 같은 심경의 변화를 '공포감으로 인한 안정 추구' 경향이라고 해석했다. 대지진이라는 심각한 공포를 경험한 이후에는 가족, 애인과 같은 정서적 울타리 속에서 보호받고 상대에게 의지하고 싶은 욕구가 높아졌다는 것이다.

심각한 위기 상황을 경험한 사람들에게 가족의 위로와 격려는 극복하는 데 큰 힘이 되어준다. 지친 마음과 몸을 재충전시켜 주는 에너지 충전소다. 사람들은 힘들 때 주저 없이 달려갈 수 있는 대상을 떠올리며 다가가서 위로를 구한다. 그런 이유로 정서적으로 친밀감이 있는 부부의 경우, 외부적인 문제가 오히려 부부관계를 돈독하게 하는 계기가 되기도 한다. 예를 들어, 남편이 갑자기 실직을 당하면 아내가 먼저 다가가서 위로를 해준다. 남편은 자신에게 닥친 어려운 시기를 아내의 위로를 받으며 극복해내고 차근차근 다음 일을 준비할 힘을 얻게 된다.

하지만 실직한 것을 비난하며, 위로보다는 원망을 먼저 하면 어떻게 될까? 남편은 재취업과 부부관계 등 모든 일에서 자신감을 잃어버릴 위험이 크다. 아내는 남편의 그런 모습에 실망감을 느낀 나머지 더욱 남편을 채근하고, 남편은 도망치고 싶은 마음만 굴뚝같아질 것이다.

이처럼 어떻게 다가서고 어떻게 반응하느냐에 따라서 갈등이 깊어질 수도, 반대로 웃음이 끊이지 않을 수도 있다. 대부분의 사람들은 배우자의 접근 방식에 따라 반응을 보인다. 긍정적으로 다가오면 좋은 반응을 보이지만 반대로 부정적으로 다가오면 대개 거칠게 반응한다.

설사 배우자가 부정적으로 다가오더라도 긍정적으로 반응할 수 있다. 그것은 내 선택에 달린 문제다. 물론 쉽지는 않다. 사춘기를 겪고 있는 아들딸이 화를 낸다면, 일단 부모는 같이 분노하지 않고 먼저 왜 그런지 묻고, 위로를 해줄 수 있다. 그러면 아이도 부모의 부드러운 반응에 분노를 멈추고 긍정적인 반응을 보내올 것이다. 배우자도 마찬가지다. 만약 배우자가 부정적으로 다가오더라도 우선 웃으며 반응한다면, 상대도 차츰 긍정적으로 반응하기 시작할 것이다. 얼마든지 내가 선택할 수 있는 문제라는 것이다.

불화를 겪는 대부분의 부부는 상대가 변하면 자신도 그때 가서 바꾸겠다고 생각한다. 즉, 배우자가 긍정적으로 접근해 올 때까지는 자신도 절대 긍정적으로 반응하지 않겠다는 것이다. 심지어 내가 당한 만큼 배우자도 당해야 한다고 생각해서 가까스로 회복되던 관계가 다시 늪으로 빠지는 경우를 자주 본다. 아내가 시댁에 소홀히 했기 때문에 자신도 처가에 찾아가지 않는다는 남편도 있다. 어쩌면 대부분의 가정에서 흔히 볼 수 있는 반응이다.

이런 상황에서도 생각 하나만 바꾸면 갈등으로까지 이어지지 않는다. 한 남편은 아내가 시댁에만 다녀오면 화를 내고 짜증을 내는 바람에 결국 시댁과 소원해지게 됐다. 그런데도 불구하고 남편은 처가 식구들에게 변함없이 짬이 날 때마다 처갓집을 찾아가기를 마다하지 않았다. 결국 남편의 진심에 아내가 마음을 바꿔서 시댁과의 관계를 회복했다.

배우자에 대한 반응은 내가 선택할 수 있다. 보통 배우자가 나에게 부정적으로 대하기 때문에 나도 그렇게 대하는 것이 옳다고 생각한다. 하지만 이 경우, 누군가 긍정적인 접근과 반응을 시도하지 않으면, 부부관계는 영원히 부정적인 고리에서 빠져나올 수 없게 된다.

아내가 화를 내면 남편도 화를 낼 수 있다. 반대로 남편이 입을 닫으면 아내는 화를 낼 수 있다. 어떤 부부는 긍정적으로 다가오는 배우자에게도 화를 내며 부정적으로 반응한다. 과거에 자신을 괴롭혔던 배우자가 갑자기 웃으며 부드러운 말투로 접근하면 '아니 이건 무슨 뜻이지? 이 행동이 얼마나 가겠어?' 하는 마음에 긍정적인 반응을 보이지 못한다. '너도 당해 봐라'는 식으로 더 모질게 대하는 부부도 있다.

그렇다면 어떻게 해야 건강하게 다가가고 긍정적으로 반응할 수 있을까? 어떻게 하면 불화에서 벗어나 긍정적인 유대감을 만들 수 있을까? 먼저 각자의 상태를 알아보기 위해서 다음 질문에 답해보자. 부부의 정서적 결합 정도를 알아보는 질문이다.

SELF TEST

우리 부부는 얼마나 친밀할까?

부부의 결합정도를 알아보기 위하여 다음의 질문을 읽고 부부가 함께 답을 해보자.

각 문장을 읽고 사실이면 '예', 다르면 '아니오'에 표시하라. 예라고 답한 문항을 1점으로 계산한다. 이 설문의 결과는 비단 부부관계만이 아니라 당신의 모든 관계에 반영할 수 있다. 각자 설문을 마친 후 배우자와 결과를 대해 토의시간을 갖는 것도 좋다.

● 당신 생각에 배우자가 당신에게 쉽게 접근하는 편인가요?

❶ 나는 쉽게 배우자의 관심을 받을 수 있다.　　　　예 (　) 아니오 (　)

❷ 배우자는 나와 정서적인 유대감이 있다.　　　　　　예 (　) 아니오 (　)

❸ 배우자는 내가 가장 소중하다고 말해준다.　　　　　예 (　) 아니오 (　)

❹ 나는 지금 외롭지 않고 부부관계도 좋은 편이다.　예 (　) 아니오 (　)

❺ 나는 배우자와 속마음을 쉽게 나눌 수 있고, 배우자는 내 말을 경청한다.

　　　　　　　　　　　　　　　　　　　　　　　예 (　) 아니오 (　)

● 당신 생각에 배우자가 당신에게 쉽게 반응하는 편인가요?

❶ 내가 배우자와 함께 있고 싶고 위로해 달라고 말하면, 배우자는 그렇게

해줄 것이다.　　　　　　　　　　　　　　　　예 (　) 아니오 (　)

❷ 내가 가까이 있고 싶어 하면, 배우자는 다가와줄 것이다.

　　　　　　　　　　　　　　　　　　　　　　　예 (　) 아니오 (　)

❸ 나는 불안하고 두려울 때, 배우자에게 기댈 수 있다. 예 (　) 아니오 (　)

❹ 나는 배우자와 다투거나 의견이 다를 때에도 여전히 배우자에게 중요

한 사람이며, 서로 감정을 쉽게 나눌 수 있다.　　예 (　) 아니오 (　)

❺ 배우자에게 내가 얼마나 소중한 사람인지 쉽게 알 수 있다.

　　　　　　　　　　　　　　　　　　　　　　　예 (　) 아니오 (　)

● 당신은 배우자와 긍정적으로 교감하고 있습니까?

❶ 나는 배우자와 함께 있을 때 편안하고, 배우자를 신뢰한다.

예 (　) 아니오 (　)

❷ 나는 배우자에게 모든 것을 말할 수 있다.　　　예 (　) 아니오 (　)

❸ 나는 배우자와 떨어져 있어도 서로 연결되어 있다는 확신이 있다.

예 (　) 아니오 (　)

❹ 배우자는 나의 기쁨, 고통, 두려움에 관심을 갖고 있다.

예 (　) 아니오 (　)

❺ 나는 배우자와 나의 모든 감정을 편하게 나눌 수 있다.

예 (　) 아니오 (　)

부부 모두 점수가 7점 이상이면 비교적 안정적으로 결합되어 있다는 것이다. 점수가 7점보다 낮으면, 결합을 위한 적극적인 노력이 필요한 상태.

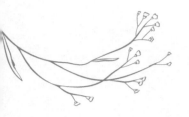

상대를 바꾸겠다는 생각에서
벗어나는 것만으로 회복은 시작된다

배우자에게 다가갈 때는 내가 주체가 되어야 한다. 자신의 마음을 솔직하게 전달하는 것이 중요하다. 과거에는 배우자의 잘못된 부분을 지적하고 비난하는 방식으로 접근했을 수 있다. 그러나 이러한 방식은 오히려 상대의 부정적인 반응만을 불러일으킬 뿐이다. 긍정적인 반응을 이끌어내려면 진심을 담아 마음을 전달해야 한다.

부부를 깊은 불화의 고리에 빠져들게 만드는 흔한 접근 방식들이 있다. "집안 청소 하는 꼴을 못 보겠어. 애들이 엄마한테 뭘 배우겠어? 집안 꼴이 이러니 내가 들어오고 싶겠어. 이제 우울증까지 걸렸으니 정신병자가 따로 없네."

"왜 만날 밖으로만 도는데? 도대체 당신이 인간이야? 애들도 그렇고 나도 이제 지쳤어. 얘들도 아빠 얼굴 보는 건 아예 포기했어. 우리가 지금 가족이 맞긴 한 거야?"

배우자를 비난하고 지적하며, 자신의 부정적인 접근방식에 대해 매우 당당한 태도를 취하는 방식이다. 불화가 심해지면 대부분의 부부가 이러한 식으로 서로에게 접근한다. 서로 비난하고 경멸하는 태도를 보이며, 인격적으로 모욕을 주기도 한다. 이러한 접근방식은 배우자의 반격 혹은 회피적인 반응을 가져온다. 즉, 같이 비난과 경멸적인 태도를 보이거나 자기방어 혹은 벽 쌓기의 반응을 유발한다. 공격-공격 혹은 공격-위축 형태의 부정적 고리를 강화시킨다.

부정적으로 반응하는 접근 방식 또한 관계를 악화시킨다. 1년 전 커피 전문점을 시작한 아내가 힘들다고 말하자 남편이 이에 반응한다.

"누가 그렇게 하래. 내가 분명히 말했지. 자업자득이야. 내가 말렸는데도 좋다고 해 놓고선 이제 와서 어떻게 하자는 거야. 당신 알아서 해! 내 말 듣지 않더니 잘됐어……."

위로를 받고 싶었던 아내의 말에 남편은 비난으로 응대한다.

건강하게 접근하고 반응할 때 부부 사이의 유대감은 증가된다. 하지만 많은 대한민국 보통의 부부들에게 이는 사실 익숙하지 않다. 그러기에 훈련이 필요한 것이다. 배우자에게 다가가서 자신의 욕구와 필요를 표현하게끔 하면 많은 부부가 어색해한다. 특히 남편들의 저항이 심하다. 지금까지 이렇게 표현해 본 적이 없다며 손사래를 친다. 회피형 남자들은 해결하고 지시하고 충고하는 것에 익숙하기 때문이다.

남편들은 과정보다는 빨리 결론을 내리고 결과를 내는 데 익숙하다. 그래서 자신의 감정을 표현하게 하면 고통스러워한다. 어떤 남편은 부부치료 과정에서 감정을 서로 표현하게 하면, "이렇게 하면 정말 우리 부부가 좋아질 수 있나요?"라는 질문을 한다. 그렇다. 남자들은 아내가 얘기하는 것을 들어주고 반응을 보여주는 것이 부부관계에 큰 도움이 되지 못한다고 생각하고, 그래서 자신의 감정을 표현하거나 상대방의 말을 들어줄 필요성을 느끼지 못하는 것이다.

대체적으로 남자들은 부부치료를 진행하는 동안 자신이 무엇을 어떻게 해야 하는지 구체적으로 알려달라고 한다. 그런 남편에게 당장 구체적인 답을 주지 않고 아내 얼굴을 바라보며 자신의 감정과 느낌을 말하라고 하면 힘들어한다. 부부관계의 회복은 유대감의 회복이다. 감정을 표현하고 상대방의 말에 귀 기울이는 것은 유대감을 회복하는 데 필수적이다. 이것 이외에는 그 어떤 것으로도 어렵다. 선물을 많이 사주고, 돈을 많이 벌어오고, 열심히 회사를 다니고, 자녀 양육을 잘한다고 해서 부부관계가 무조건 좋아지는 것은 아니다.

부부간에 유대감이 있으면 월급이 많지 않아도, 직장에서 어려움을 겪어도, 자녀가 속을 썩여도 큰 고통으로 다가오지 않는다. 반면에 돈이 많고, 근사한 대기업의 임원으로 승진하고, 자녀가 좋은 대학에 진학해도 부부관계에 유대감이 없으면 갈등을 겪을 수밖에 없다. 다시 한번 강조하건대, 부부관계 회복의 핵심은 유대감의 회복에 있다.

🌀 마음을 전하려는 의지, 마음을 이해하려는 의지

유대감은 부부간의 정서적 접근, 반응, 교감의 세 가지 핵심 요소에 의해 강화된다. 이 요소들이 관계에서 활성화될 때, 두 사람 사이에 강한 애착 결합이 형성된다.

정서적 접근은 불안하고 힘들 때, 부부가 서로 열린 마음으로 다가갈 수 있는 상태를 말한다. 배우자가 안전한 피난처로 여겨지며, 어떠한 이야기도 자유롭고 솔직하게 나눌 수 있다. 이런 관계에서는 "당신에게 다가가도 되나요?"라는 질문에 망설임 없이 서로 '네'라고 확신을 가지고 응답할 수 있다.

정서적 반응이란 부부가 배우자에게 집중하여 그(녀)의 애착욕구 및 두려움에 귀 기울이고 그것이 당신에게 영향을 주고 있음을 보여주는 것이다. 아내가 힘들다고 하면 남편이 그녀의 필요를 이해하여 관심과 위로를 전달하고, 남편이 외롭다고 말하면 조용히 다가가서 그 외로움에 아내가 관심을 갖고 있음을 표현한다. 이런 관계에서는 "당신의 관심과 애정 어린 반응을 기대해도 되나요?"라는 질문에 서로 "네"라고 대답할 수 있다.

정서적 교감은 서로의 마음을 열고 진정성을 보이며 상대방을 존중하는 데에서 비롯된다. 눈빛을 마주하고 대화하는 것은 존중의 의미이고, 적극적인 관심을 보이는 행위다. 배우자가 말할 때 귀찮아하지 않고 눈을 마주 보는 것은 진심으로 대하려는 의지를 드러낸다.

교감이란 사전적인 의미로 '빠져들다, 끌리다, 몰두하다'라는 뜻이다. 정서적 교감은 사랑하는 사람에게 깊이 몰두하고, 진정한 관심을 기울이는 것에서 나타난다. 신체적인 접촉도 교감의 중요한 부분이다. 부부간에 갈등이 있으면 스킨십이 어려워진다. 반면에 친밀하고 강한 유대감을 지닌 부부는 자연스럽게 스킨십을 즐기며 이를 통해 더욱 깊은 유대감을 형성한다. 성경에도 '부부가 서로 벌거벗었으나 부끄러워하지 않는다'라는 구절이 있다. 이처럼 교감은 사랑과 존중의 감정을 행동으로 옮기는 적극적인 노력이다.

커피 전문점을 운영하며 지친 아내에게 정서적으로 다가가고 반응해 주고 교감을 이뤄간다면, 힘든 상황에서도 부부 사이는 유대가 더욱 강화될 수 있다.

"난 일보다도 당신 건강이 더 중요해. 사실 시작할 때 내가 말렸잖아. 그런데도 당신이 막무가내로 하고 싶어 해서 조금 서운했어. 하지만 지금 힘들 때 당신에게 힘이 되지 못하고 오히려 고통스럽게 한 것 같아 미안해. 회사 일을 마치고 시간이 되면 나도 가서 도울게."

"막상 내가 고집 피워 시작했는데 힘든 것도 많고 장사도 생각처럼 잘 되지 않아서 힘들었지만 당신에게 얘기하기 두려웠어. 당신에게 내가 잘 하는 모습을 보여주고 싶었는데……. 그리고 요즘 직원이 속을 썩여서 더 힘들었어."

"앞으로 힘든 일이 있으면 얘기해 줘! 당신에게 편한 남편이 되어야 하는데 나 때문에 힘들었지? 직원이 당신을 어떻게 힘들게 한 거야?"

실제로 나와 상담치료를 진행한 부부 상당수가 꾸준한 노력과 이해를 통해 정서적으로 다가가고 반응하고 나누는 법을 알아나갔다. 정서적으로 공감하고 반응하는 법에 서툴러 갈등을 겪던 많은 부부가 치료자의 도움을 통해 관계를 회복시킬 수 있었다.

전문가와의 상담도 물론 좋은 방법이지만 부부가 열린 마음으로 서로에게 다가가 배우자의 마음을 이해하려고 노력한다면, 그리고 내 고집이 배우자를 힘들게 할 수도 있다는 생각을 한다면, 둘만의 힘으로 관계를 회복해 나가는 것도 결코 어려운 일이 아니다. 배우자가 무엇을, 어떻게 느끼고 있는지 그 마음에 조금만 다가서면 서로의 진심을 느낄 수 있을 것이다.

부부 사이 불화의 정도는 관계 회복에 큰 영향을 미치지 않는다. 유대감의 회복은 부부의 회복하고자 하는 의지에 달려 있다. 자신의 마음을 전하려는 의지, 그리고 배우자의 마음을 이해하려는 의지가 회복을 앞당긴다.

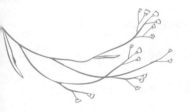

감정의 회복으로 관계 회복을 이루는
정서중심 부부치료

불화가 심한 부부일수록 부부 세미나나 부부 회복 프로그램에 참여하는 것을 두려워하고, 부담을 크게 느낀다. 그런 곳에 참여하면 남들 눈에 문제 많은 부부로 보일 것 같아서 꺼리는 것이다. 이런 이유로 실제 문제가 있는데도 불구하고 외면하는 부부들이 적지 않다.

외부 프로그램과 상담 등에 참여해서 배우고 실천하면 금방 변할 수 있는데도 무조건 거부하는 부부들을 보면 안타깝다. 처음엔 외부의 도움이 거북하고 불편하더라도 조금만 배우고 나면 큰 만족감을 얻을 수 있다. 돈을 벌기 위해서 투자를 하고, 학문을 익히기 위해서 대학을 진학하고, 주방장이 되기 위해서도 몇 년의 보조 과정을 거치지 않은가. 마찬가지로 부부가 행복하게 살아가려면 투자를 해야 한다. 서문에서 밝혔듯 정신과 전문의인 나조차도 외부의 도움이 없었다면 지금 아내와 어떻게 살아가고 있을지 상상조차 되지 않는다. 부부는 배워야 변할 수 있고 용기를 내야 행복해질 수 있다. 관심을 갖고 둘러보면 도움을 받을 수 있는 프로그램들이 주변에 얼마든지 많다.

수전 존슨 교수가 개발한 정서중심 부부치료는 이 분야에서 획기적인 전환점을 마련했다. 이전에는 부부 갈등의 근본적인 원인을 몰랐기 때문에 불화를 해결하는 데 어려움이 있었다. 마치 등대 없는 항구에 배를 정박시키려는 것처럼 방향을 잡지 못했다. 부부가 당장 직면한 상황과 문제에만 초점을 맞추다 보니 부부치료 역시 일관성을 가지고 접근하기 힘들었다.

부부간 권력 다툼, 원 가족과의 갈등, 배우자 가족과의 갈등, 경제적 문제, 자녀 양육 갈등, 생활 습관의 차이, 성격 차이 등 부부가 호소하는 문제는 수없이 많다. 하지만 이것은 겉으로 드러난 문제일 뿐이다. 부부 갈등을 해결하기 위해서는 근본적인 문제를 파악하는 것이 중요하다. 근본적인 문제를 어디에 두느냐에 따라서 접근 방법이 달라지고 부부를 바라보는 시각도 달라지기 때문이다. 남편의 회피적인 반응을 병적인 측면으로 볼 수도 있고, 평화를 유지하고 싶은 마음으로 해석할 수도 있다. 부인이 쉽게 화를 내는 것을 아내의 성격적인 문제라고 생각할 수도 있고, 부부관계 회복을 위한 노력이라고 여길 수도 있다.

정서중심 부부치료에서 부부 갈등의 핵심은 정서적 유대감의 존재 유무에 달려 있다. 부부가 서로 유대감이 있고, 친밀감에 대한 욕구를 채워 줄 수 있는 관계를 유지하고 있으면 위에 열거된 문제들이 갈등을 일으 키지 않는다. 하지만 부부간에 친밀감이 사라지면 치약을 중간에서 짜서 쓰는 것만 봐도 화가 날 수 있고, 아주 사소한 일도 큰 갈등으로 비화될 수 있다.

정서중심 부부치료는 부부간 친밀감을 회복시켜 결합을 돕는 데 목표 를 둔다. 부부 사이에 친밀감이 있으면 의사소통은 자연스럽게 이뤄진다. 아이나 어른이나 친밀한 사이는 의사소통이 쉽고, 잘 통한다. 한 마디만 해도 서로 잘 알아듣고 상대방을 배려하는 마음이 자연스럽게 나온다. 하 지만 친밀감이 사라지고 갈등이 생겨나면 평소 의사소통이 잘되던 부부 도 대화가 힘들어진다. 말하기도 싫고 함께 있는 것 자체가 불쾌해지기까 지 한다. 이런 일은 누구에게나 일어날 수 있다. 부부 상담치료 전문가조 차도 자신의 배우자와 유대감이 사라지면 더 이상 대화가 불가능하다. 사 소한 것에 자극을 받고 걸핏하면 화를 내게 된다.

정서중심 부부치료는 개인의 감정과 관계를 함께 회복시켜 주는 치료법 이다. 개인의 힘든 마음을 이해하고 인정해 줌으로써 개인의 감정을 치유 하고 그것을 관계에 적극적으로 끌고 나오도록 이끈다. 감정의 변화를 관 계에 적용하고, 관계의 긍정적인 변화를 개인의 감정에 적용할 수 있도록 유도하는 것이다.

진짜 적은 배우자가 아니라 당신의 소통 방식이다

최근 TV 등의 매체에서 부부 문제가 무차별적으로 다뤄지고 있다. 갈등이 심한 부부에게 서로 적극적으로 다가갈 것을 다그치고 강요한다. 이런저런 상황에 떠밀려 배우자에게 다가가기는 하지만, 아무리 카메라 앞이라고 한들 감정이 곪을 대로 곪은 부부가 아무 일 없다는 듯 서로에게 다가가기란 쉽지 않은 일이다. 일부 방송에서는 출연자들에게 조언대로 하지 않는다며 야단치고 비난하는 태도를 취하기까지 한다. 그러나 부부 문제는 매우 조심스럽고 전문적으로 다뤄져야 한다. 비슷한 문제를 호소하더라도, 변수가 많기 때문에 부부마다 다른 방식으로 접근할 필요성이 있다.

정서중심 부부치료는 동서양 문화를 막론하고 적용이 가능하며, 치료 예후도 비슷한 결과를 보인다. 정서중심 부부치료는 8회에서 20회 정도 진행되는 비교적 단기 치료법이다. 대부분의 부부는 그 기간 동안 상당한 관계 회복을 경험한다. 서양에서는 아내가 남편의 배려를 느낄 때 치료 결과가 긍정적이었다. 우리나라에서도 상황은 비슷하며, 남편이 적극적으로 치료에 임할 때 예후가 좋다.

정서중심 부부치료는 부부를 다그치지 않는다. 서서히 본인들의 문제를 파악할 수 있게 도와준다. 이 과정에서 부부는 갈등을 악화시키는 자신들의 행동 방식을 편안하게 인정하고 수용하게 되고, 결국 배우자를 고치려 했던 태도를 버리게 된다.

두 사람은 상담을 통해 '내가 고함치니까 배우자가 도망을 갔구나', '내가 도망가니까 배우자의 목소리가 더욱 날카로워졌구나'라는 사실을 알게 된다. 배우자나 내가 잘못된 것이 아니라 관계하는 방식이 잘못됐음을 깨닫는다. 결국, 부부는 비난하는 태도를 버리고 서로의 욕구와 두려움을 이해하려 노력하면서 관계 맺는 방식을 개선하는 데 이른다.

"당신이 나를 피하는 것에 온 정신이 집중되어 있었어. 나를 자꾸 피하는 것 같은 눈치가 보이면 난 바로 당신을 공격했어. 당신이 나를 싫어한다고 느꼈거든……. 이전에는 나를 피하는 당신 모습만 보였는데, 치료를 받으면서부터 당신이 나를 두려워했다는 걸 알게 되었어. 나처럼 몰아붙이면 당신이 아니라 어떤 남자라도 도망가고 싶었을 거야. 당신이 집에 들어오는 게 얼마나 힘들었을지 이젠 알 것 같아."

남편 역시 회피했던 태도를 버리고 용기를 내어 아내의 애착욕구에 관심을 보이게 된다.

"언젠가부터 집에 들어오는 게 끔찍했어. 오늘도 당신의 앙칼진 목소리를 듣겠구나 하는 생각에 발걸음이 무거웠어. 회사에서도, 집에서도 내가 쉴 곳은 없다는 생각이 들었어. 하지만 지금은 달라졌어. 당신이 하루 종일 나를 기다리고 있다는 걸 알았어. 상담 선생님이 한 말이 떠올랐어. 내가 용기를 내어 당신에게 다가가지 않으면 앞으로도 당신의 화난 얼굴을 계속 보게 될 거라고. 당신이 화를 내지 않으려면 내가 다가가는 수밖에 없다고 한 말 때문에 용기를 낼 수 있었어. 내가 용기를 내니까 당신이 나에게 화를 내지 않았어. 누군가 마술을 부린 것 같은 변화가 찾아왔어. 당신이 항상 나를 필요로 한다는 사실이 나한테는 큰 힘이 되고 있어……."

정서중심 부부치료는 배우자가 적이 아니라 관계 방식이 적이었음을 깨닫게 해 준다. 반복될 수밖에 없는 부정적 고리가 문제이지 개인의 성격적 결함이 있는 것이 아니다. 누구나 애착대상과 갈등이 생기면 분노하거나 회피적으로 변한다. 직업도 상관없다. 전문가, 법률가, 정치가, 연예인, 회사원, 농부, 어부 등 자신이 하는 일과는 무관하게 공격과 회피적인 태도가 나타난다. 왜냐하면 애착대상과 가까이하고 싶은 욕구는 인간의 기본 욕구이기 때문이다. 정서중심 부부치료는 보편적인 애착 문제를 다루기 때문에 동서양을 막론하고 부부 갈등을 해결하는 데 도움을 준다.

인간은 감정의 동물이라고 한다. 정서적으로 위로받고 싶은 마음은 인간의 유전자에 이미 탑재되어 있다. 그럼에도 이전의 부부치료 분야에서는 개개인의 감정을 다독여주지도, 치료의 일부로 활용하지도 못했다. 감정이 부부간의 말썽을 일으키는 문제라고만 생각하고 외면해 왔으나, 이제는 감정을 관계 회복에 사용하게 되었다. 정서중심 부부치료를 통해서 정서적 친밀감이 얼마나 중요한지를 부부들은 경험하고 배운다.

정서중심 부부치료는 다른 부부치료법에 비해 재발률이 현저히 낮다. 부정적 고리에서 벗어나 긍정적인 고리가 자리 잡게 도와준다. 부부치료가 끝났다고 해서 부부 싸움이 완전히 사라지는 것은 아니다. 행복한 부부들도 부부 싸움을 하고, 갈등을 한다. 하지만 다투고 난 뒤, 서로에게 다가가서 반응하고 다시 일상으로 돌아가기까지의 기간이 짧다. 한번 용기를 내어 배우자에게 다가가면, 그 경험이 차츰 일상생활에서도 나타난다. 싸움이 있더라도 파괴적으로 가지 않고 먼저 사과하거나, 자신의 애착 욕구와 두려움을 잘 표현해 배우자의 동의를 구할 수 있게 된다.

"여보, 어제 아이 문제로 내가 예민했던 것 같아. 당신 그것 때문에 많이 속상했지?"

"아냐! 내가 요즘 회사 일로 예민했는지 그냥 받아주면 될 일을 가지고 당신한테 화를 냈어. 미안해. 오늘 하루 종일 마음이 불편했어. 당신도 속상했지?"

이렇게 자신의 감정을 설명하고 배우자의 마음에 쉽게 다가가는 법을 터득해 나간다. 부부가 불화를 겪고 있을 때는 배우자의 반응을 예측하지 못하기 때문에 자신의 속내를 드러내는 것에 부담을 느끼기 마련이다. 하지만 정서적으로 친밀해진 뒤에는 심지어 부부 싸움조차도 애정 표현의 하나로 승화시킬 수 있게 된다.

부부간의 친밀감은 모든 부부 문제를 풀 수 있는 열쇠다. 충고와 조언,

비난과 회피로는 절대 부부 문제를 해결할 수 없다. 정서적 유대감이 회복되면 모든 문제를 해결할 수 있는 힘이 생긴다.

배우자가 아니라 부부 사이에 흐르는 대화 방식에 주목하며, 아래 '갈등에서 회복까지, 부부관계의 변화 과정'을 살펴보자. 진정한 적은 배우자가 아니라 부부가 함께 만든 관계 방식이다. 관계방식을 바꾸기 위해서 우리는 태도를 바꿔야 한다.

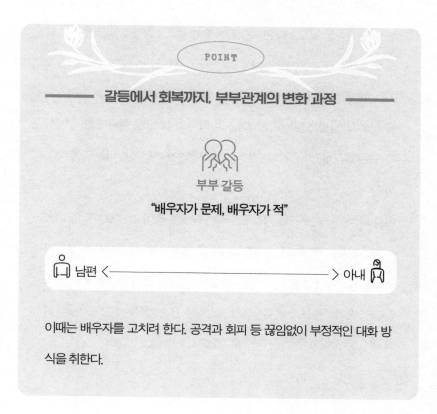

POINT

─── 갈등에서 회복까지, 부부관계의 변화 과정 ───

부부 갈등

"배우자가 문제, 배우자가 적"

남편 ⟨─────────────────⟩ 아내

이때는 배우자를 고치려 한다. 공격과 회피 등 끊임없이 부정적인 대화 방식을 취한다.

회복 과정

"관계 방식이 문제, 고리가 부부에겐 공공의 적"

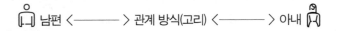

남편 ⟨————⟩ 관계 방식(고리) ⟨————⟩ 아내

배우자를 고치려 하기보다는 관계하는 방식을 고치려 한다. 자신이 부정적인 관계 방식을 갖고 있으면 배우자에게 부정적인 감정을 일으키고, 그래서 배우자의 관계 방식이 부정적으로 변한다. 즉, 남편이 회피적으로 관계하면 아내의 분노를 일으키고, 그러면 아내는 공격적으로 나온다. 아내가 공격적이면 남편은 분노하게 되어 점점 회피적인 태도를 취하게 한다. 배우자가 문제가 아니라 관계하는 방식이 부부관계를 어렵게 한다는 것을 알아야 한다.

치료 과정에서 배우자를 직접 고치려는 태도를 줄이고, 치료자를 향해서 서로의 생각을 표현한다. 치료자와 새로운 관계 방식을 경험하면서 부부의 분노는 약화된다. 치료자로부터 이해받고 인정받으면서 결국 분노가 사라진다. 그때에야 비로소 배우자에게 긍정적인 관계 방식을 취할 수 있다. 화가 나 있는 상태에서는 긍정적으로 다가가고 반응하기 어렵다.

따뜻한 부부 사이를 위한 7가지 대화법

수전 존슨 교수는 일반 부부를 위해서 ≪날 꼬옥 안아줘요≫라는 책을 저술했다. 필자가 2010년에 번역한 바 있는 이 책에서 수전 존슨 교수는 부부의 유대감을 강화시키고 사랑을 지속할 수 있는 7가지 대화법을 제시하였다. 여기서도 간단히 소개하고자 한다. 더 깊이 이해하고 싶다면 ≪날 꼬옥 안아줘요≫를 참조하면 도움이 될 것이다.

제1 대화법은 '파악하기'로, 부부의 부정적 대화방식을 밝히는 것이다. 부부를 괴롭히는 부정적 상호작용과 이것이 시작된 시점, 부부의 갈등을 명확하게 밝힌다. 자신들이 '공격-공격', '공격-회피', '회피-회피' 중 어떤 부정적 대화 방식에 갇혀 있는지를 알아야 한다.

제2 대화법인 '뿌리 찾기'는 원 상처raw spot, 즉 상처의 뿌리를 찾는 과정이다. 이를 통해서 부부는 부정적 대화 방식이 정서적 애착과 연관되어 있다는 사실을 알아간다. 이를 통해 분노하고 회피하는 행동의 이면에 숨어 있던 부부의 진짜 마음을 이해하게 된다. 차츰 자신의 애착욕구 및 두려움을 인식하고, 상호작용 하는 과정에서 배우자의 원 상처를 자극할 수 있다는 것을 깨닫는다. 따라서 각자는 자신의 깊은 상처를 상대방에게 솔직히 표현해야 하며, 분노를 표출하기보다는 자신의 아픔을 드러내야 한다. 이렇게 할 때 배우자가 보다 쉽게 다가올 수 있다.

제3 대화법인 '돌아가기'는 부부가 공격과 방어의 부정적 고리에 갇힌 상황을 재연하여, 자신이 관계를 맺는 방식과 감정을 이해할 수 있게 도와준다. 즉, 갈등이 시작된 곳으로 돌아가서 자신이 배우자에게 미친 영향을 알게 하는 방식이다. 이 과정을 통해 자신이 고집해 온 소통 방식이 부부의 문제를 더 악화시키고 있었음을 깨닫게 된다.

제4 대화법인 '요청하기'는 부부관계를 변화시킨다. 부부가 서로 다가가서 정서적으로 반응하며 깊은 교감을 이룬다. 자신이 가장 두려워하는 것과 원하는 것이 무엇인지 밝혀, 용기 내어 배우자에게 다가가는 과정이다. 지금까지 비난하고 회피하던 태도를 버리고 자신의 애착욕구를 충족시켜 달라고 부드럽게 요청한다.

제5 대화법은 '용서하기'로 친밀한 유대감을 형성하기 위한 토대를 쌓는다. 과거 배우자에게 받은 상처를 서로 드러내어 표현하고 용서하는 6단계 과정이 포함되어 있다.

제6 대화법인 '접촉하기'는 신체적 접촉을 늘리는 과정이다. 불화가 쌓이면 신체적인 접촉을 피하게 되고, 성관계가 어려워진다. 이 단계는 부부가 성과 연관된 문제를 모두 드러내서 표현하는 과정이다. 신체적인 관계의 중요성을 깨닫고 신체적, 정서적 유대감을 키워가는 과정이다.

제7 대화법은 '유지하기'다. 이 과정에는 회복된 사랑을 생기 있게 유지하기 위한 여러 가지 방법이 제시되어 있다. 특히 제 7대화법은 이 책의 마지막 장에서 깊이 다룰 예정이다.

위의 단계 중 특히 제 4대화법 '요청하기'는 사랑하기 때문에 겪는 고통을 극복하고, 관계의 단절에서 빠져나오는 데 큰 도움이 된다. 7가지 대화법은 부부가 정서적으로 강하게 결합하는 데 매우 중요한 요소로 작용할 수 있다. 또한 자신과 배우자를 이전과 다른 시각으로 이해함으로써 새로운 감정과 반응을 보이게 된다. 이러한 대화법을 배우고 일상생활에서 적절히 응용한다면 부모·자녀 관계에서 느낄 수 있는 기쁨을 부부관계에서도 경험할 수 있게 될 것이다. 이러한 대화법에 대한 집단 교육프로그램이 한국에서도 진행되고 있다.

PART 04

헤어질 수 없는
부부를 위한
회복 상담실

행복한 부부관계를 위한 첫걸음은 죽을 때까지 노력하는 것이다. 소설가 어슐러 르 귄도 "사랑은 빵처럼 다시 만들어지고 새롭게 구워져 나와야 한다"라고 말하지 않았던가. 다시 새롭게 구워야 훗날 더 큰 보상이 따른다. "우리는 감정의 골이 너무 깊어서 다시 좋아질 수 없어!"라고 포기하려는 부부가 있다면, 결코 늦지 않았다는 사실을 알려주고 싶다. 감정이 골이 깊은 것은 서로 바라는 것이 많았다는 것으로, 배우자가 정말 소중함을 반증하는 것이다. 길 가는 사람이 나를 봐주지 않는다고 누가 좌절하면서 인생을 잘못 살았다는 느낌 속에서 헤매겠는가? 하지만 사랑하는 사람이 나를 봐주지 않으면 이야기가 달라진다. 부부는 미워서가 아니라, 사랑받지 못하고 소중하지 않다는 느낌을 받기 때문에 싸운다. 내 삶을 걸어도 될 너무나 소중하고 가치 있는 것이라서 싸움이 일어나는 것이다. 지금 용기를 내면 부부애는 다시 구워진다, 그리고 그 용기는 머지않아 잘 구워진 따뜻한 빵처럼 달콤한 보상을 해줄 것이다. 용기 있는 자가 사랑을 쟁취만 할 수 있듯, 용기가 있어야 당신의 결혼을, 사랑을 지속할 수 있다.

이 장에서는 관계 회복을 위한 방법을 제시한다. 특히 결혼 생활에 치명상을 입히는 상처를 먼저 다루고, '관계 상처'에서 벗어날 방법을 알려줄 것이다. 지금부터 부부와 개인이 함께 했던 상담실로 여러분을 초대한다. 이제 상담실로 들어가서, 고통을 풀어가는 현장을 함께해보자.

"옳고 그름을 따지지 마세요, 중요한 건 오로지 '조화'입니다"

대부분의 부부가 '몰라서 입히는 상처'를 주고받는다. 이 상처를 봉합하고 회복하기 위해서는 무지에서 벗어나, 반드시 알아야만 할 것들이 있다. 회복은 앎에서부터 시작된다. 기존에 알고 있던 것을 더 깊이 알고, 몰랐던 부분을 새롭게 이해하려 노력하는 것이 회복의 첫걸음이다.

🪔 '나는 옳다'는 생각의 감옥에서 벗어나야 한다

누군가의 남편이 되고 아내가 되기란 생각보다 쉽지 않다. 결혼하면 이전에 그려왔던 삶, 살아왔던 삶과는 다른 일상이 전개된다. 예를 들어 보자. 바이올린을 켜는 딸이 있는 집, 그리고 피아노를 치는 아들이 있는 집이 있다. 딸이 있는 집에 바이올린 선율이 울리면 온 집안이 행복해졌다. 부모는 대견해하며 칭찬을 아끼지 않았고, 딸 역시 자신의 그런 모습을 자랑스러워하며 자랐다. 한편, 아들이 있는 집 또한 피아노 연주로 온 가족이 행복했다. 아들의 피아노 연주는 부모에게 자랑거리이자, 가정을 화목하게 해주는 매개였다. 그런 분위기에서 아들은 자신의 그런 모습을 자랑스러워하며, 자신감을 키웠다. 가족뿐 아니라 일가친척이 모이면 피아노 건반을 두드렸고, 그에 맞춰서 다 함께 노래를 부르기도 했다.

시간이 흘러, 이 딸과 아들이 결혼했다. 두 사람은 각자 자신있 게 연주해왔던 바이올린과 피아노를 배우자를 위해서 연주했다. 결혼 전, 온 가족을 행복하게 만들었던 자신의 연주를 배우자에게 선보이고 싶었고, 그런 연주를 하는 자신을 보여주고 싶었다. 하지만 예상치 못한 불협화음이 발생하기 시작했다. 각자 자신이 해왔던 방식으로 악기를 열심히 연주한 것은 변함이 없는데, 이제까지 들어온 칭찬은 온데간데없고 배우자는 시끄럽다고 불평하기까지 한다. 자신이 해온 연주가 이제 행복을 만들지 못하고, 상대의 악기가 내 연주를 방해하는 것 같아서 듣기가 싫어진다.

비록 각각의 악기 연주가 흠잡을 데 없이 완벽하더라도, 서로 조화를 이루지 못하면 결국 소음이 된다. 아름다운 선율을 되찾기 위해서는 서로의 연주에 귀 기울이며 화음을 맞추고 공명을 이뤄가는 방법을 함께 찾아가야 한다. 단순히 자신의 연주에만 몰두해서는 안 된다. 상대의 연주와 조화를 이루어야만 진정한 음악이 완성된다. 그렇지 않으면 불협화음이 가정에 잔뜩 넘칠 뿐이다.

그 소음을 듣고 자라는 자녀를 상상해 보라. 부모의 불협화음에 지쳐 방문을 닫고 귀를 막을지 모른다. 아이들은 바이올린을 연주하는 엄마와 피아노를 연주하는 아빠 각각의 소리보다, 부모가 조화롭게 협연하는 모습을 보고 싶어 한다. 자녀들에게 부모의 악기 연주가 고통이 아닌 즐거움이 되도록, 부부는 서로의 음악에 귀를 기울여야 한다.

상대의 악기 소리에 귀 기울이면서 연주를 그에 맞추는 과정, 이것은 결혼에서 서로 연합해 가는 시간에 비유할 수 있다. 이 시기에 갈등은 필연적으로 발생한다. 각각의 연주를 따로 들어보면 잘못된 것은 없다. 문제의 핵심은 옳고 그름을 따지는 것이 아니라, 서로 조화를 이루려는지의 여부에 있다. 부부로서 조화를 잃어버리면 그것은 곧 고통으로 이어진다.

만약 한쪽이 성실함만을 강조하며 열심히 일하는 데만 몰두한다면, 그 사이 배우자는 외로움을 겪게 된다. "내가 열심히 일하는데 뭐가 불만이냐"고 소리치다가는, 배우자가 겪는 외로움을 놓쳐버리게 된다. 조화가 깨지는 것이다. 이 경우 문제는 '성실'이 아니라 부부 사이에 조율 과정이 부족한 것에 있다.

'내가 옳다'는 생각에 갇히면, 그 '옳음'은 상대방의 허물을 증명하려는 도구가 되고 만다. 이로 인해 상대방을 질책하고 상처를 주게 된다. 이러한 태도가 잘못되었다는 것을 인식해야 한다. '나는 착하다'는 생각에 갇혀 있으면, 그만큼 상대방을 악하게 만들고, 성실함과 옳음, 착함에 집착하면 사랑에 걸림돌이 된다. 상대의 말에 귀를 기울이지 않다 보면 깊은 상처를 주게 되고, 내 생각과 그 영향에 주목하지 않으면 가장 가까운 이를 괴롭히는 결과를 초래한다.

"아내가 자신만 옳고 내가 틀렸다고 할 때마다 저는 숨이 막혔어요. 내 입장에서는 그것이 아닌데, 고함치면서 내가 잘못되었다고 말할 때마다 포기하고 싶어져요. 저는 약속 시간에 맞춰서 가는 것이 옳다고 생각해요. 그게 뭐가 잘못되었나요? 하지만 아내는 10분 이상 여유를 갖고 빨리 가지 않으면 안 된다면서 내 생각이 잘못되었다고 해요. 다른 사람을 배려하지 않는다고 비난하고요. 그래서 우린 약속을 잡기만 하면 싸워요. 도착해 보니 30분 이상 빨리 도착한 적도 많아요. 그런데 가는 내내 저는 잘못 살고 있으며 내 생각이 글러먹었다는 비난을 들으면서 약속 장소에 가고 있어요."

상담시간에 늦을까 노심초사, 옥신각신하면서 오는 부부가 많다. 물론 상담을 마치고 부부관계가 회복되면 그런 다툼은 벌어지지 않는다. 무엇이 소중한지를 알게 되어, 더는 그런 일로 서로 상처 주고 싸우지 않게 되는 것이다. 우리 관계의 소중함을 알아가는 과정이 곧 회복이다. 그런데 조화가 깨지면 소중함은 사라진다. 이것을 깨달으면 늦을까 봐 싸우지 않고 비난하지 않으며, 늦지 않기 위해 서두르는 배려가 늘어나게 된다.

상담 과정에서 아내는 약속시간에 늦으면 불호령이 떨어졌던 아버지에게 받은 상처를 드러냈고, 자신의 그런 생각과 행동을 이해해 갔다.

"당신과 약속을 잡고 어디를 갈 때면 늘 불안했어. 조금이라도 늦으면 아버지는 엄청나게 화를 내면서 비난하셨거든. 그런 식으로는 성공할 수 없고 다른 사람에 대한 예의가 아니라면서. 그래서 약속을 잡으면, 나도 모르게 늦을까 봐 긴장되고 식은땀도 났어. 지금까지 자동으로 그런 반응을 했던 것 같아. 오늘 내가 왜 그랬는지 알게 되었어. 나의 고통을 모른 채로 항상 잘못된 것은 당신이라고 생각했어."

아내는 자신의 그런 행동이 옳다고 생각했다. 약속 시간에 맞춰 가거나 조금 늦더라도 그것이 비난받지 않을 수 있다는 것을 결혼하면서 알게 되었다. 시부모는 늦을 것 같다고 전화하면 아버지와 다른 반응을 보였다.

"그래, 운전 조심하고 서두르지 말고 아이들과 천천히 안전하게 와!"

아내는 자신의 상처를 드러내고, 남편은 그런 아내를 배려해 이전보다 일찍 약속 장소로 향했다.

"내가 잘못되었다고 비난할 때 나는 절망감이 들었어. 마치 내가 잘못 살아온 사람 취급한다고 생각했어. 그런데 당신의 과거에 겪은 고통을 듣고 보니, 내가 늦으면 안 되겠다는 생각을 하게 되었어. 약속에 늦는 것이 당신을 그렇게 힘들게 하는 줄 전혀 몰랐어. 그럴 때마다 식은땀이 나고 불안했다는 사실을 오늘 알게 되었어. 상담을 통해서 당신의 아픔이 이해되고 나서 내가 서둘러 길을 나서게 돼. 당신을 아프게 하고 싶지 않아. 나를 비난한다고 생각해서 나도 화를 냈는데, 그 순간에 당신은 조마조마

했을 것 같아."

이후 점차 아내는 약속시간에 늦는 데 대한 불안감이 줄어들었다. 아버지와 달리 다른 사람들은 약속 시간에 그렇게 예민하지 않다는 것을 알게 되었다. 그리고 남편이 자신의 마음을 알아주면서 조금씩 불안에서 벗어날 수 있었다.

🔔 내가 옳다는 주장에 있는 아픔

자신이 옳다고 생각하는 밑바탕에는 그렇게 믿게 된 이유가 있다. 이를 이해해야 한다. 성실, 착함, 옳음은 각 사람의 보편적 가치가 되어야 하며, 그렇게 살아가는 것이 당연하다. 하지만 이러한 가치가 지나치게 강조되면 문제가 발생한다.

보편적 가치가 절대적 가치로 받아들여질 때, 그것은 상처를 주는 '폭군'이 된다. 예를 들어, '성실'이 지나치게 강조되면, 그것이 강요의 형태로 나타나 자신과 주변 사람들을 괴롭히게 된다. 휴식이 필요한 때, 우울할 때 쉬어야 함에도 불구하고, 성실이라는 잣대만을 고집하며 비난한다. 오직 성실이라는 잣대만 존재하지 상대의 가치를 전혀 고려하지 않아 깊은 상처를 입힌다.

이렇듯 한 면이 지나치게 강조된 이면에는 깊은 결핍과 상처가 존재한다. 상담 과정에서 회복은 그 상처를 이해하는 것부터 시작한다. 예를 들어, 앞의 사례에서는 아버지로 인해 받은 아내의 고통이 있었다. 아내는 자신의 상처를 이해함으로써 비로소 그 상처를 해결해야 한다는 사실을 알고, 스스로 위로받을 수 있었다. 그렇게 살지 않아도 자신이 소중한 존재임을 인지하고, 약속 시간에 늦어도 자신의 가치가 훼손되지 않음을 깨달았다. 이 과정을 통해 자신의 태도가 배우자에게 어떤 영향 혹은 고통을 주었는지 볼 수 있었고, 배우자도 이를 이해하면서 서로의 필요를 충족시키기 위한 노력을 시작했다. 남편의 경우처럼, 약속 시간에 조금 더 일찍 도착하기 위해 노력하는 것이 그 예이다.

바로 이것이 '바이올린과 피아노가 멋진 협연'을 하게 되는 과정이다! 지금껏 각자의 악기 연주는 자체적으로 완벽했으나 서로 조화를 이루지 못했던 것이 문제였다. 결혼 후에는 조화를 위해서 노력해야 한다. 그래야만 상대를 향한 '비난의 총질'을 멈출 수 있다. 이럴 때 마침내 아이들도 부모가 있는 거실로 나와 아름다운 협연을 함께 즐길 것이다.

지금 서로 자신이 옳고 상대가 틀렸다고 싸우고 있다면, 이는 부부가 협연을 하지 못하는 신호이자 자신의 상처를 돌아볼 수 있는 기회다. 옳고 그름을 따지는 것이 아니라, 말하지 못한 자신과 상대의 고통을 드러내고 서로를 안아주어야 하는 순간이다. 이러한 상처를 공유하고 이해하는 과정에서 조율이 이루어지며 조화를 이룬다. 그러면 공명이 일어나면서 상처는 자연스럽게 치유될 것이다.

"사랑이 무엇인지 이해하면 갈등의 고통에서 벗어날 수 있습니다"

우리 모두는 사랑을 원하고 갈구한다. 그런데 대부분은 소중한 관계에서 전개되는 사랑에 대한 깊은 이해가 없다. 상담에 온 대부분의 내담자들은 말한다.

"저 사람은 나를 더 이상 사랑하지 않아요."

부부가 갈등을 겪으면 그런 마음을 갖게 된다. 그럴 수밖에 없다. 갈등을 겪고 심하게 싸우면서, 서로 사랑받고 사랑하고 있다고 느끼면 더 이상하지 않겠는가? 자연스럽게 부부는 서로 상대가 자신을 미워한다고 느낀다.

그러나 이는 사랑에 대한 깊은 이해가 부족하여 생긴 오해다. 부부는 서로를 미워해서 싸우는 것이 아니라, 상대로부터 사랑받지 못한다고 느끼기 때문에 싸우는 것이다. 사랑받는다고 느낀다면 싸우지 않을 것이다.

갈등과 싸움 자체도 사랑의 한 형태임을 이해해야 한다.

사랑은 두 얼굴을 하고 있다. 소중한 애착대상과의 관계에서 사랑은 두 가지로 전개된다. 첫 번째는 사랑을 받아 느끼는 긍정적인 감정이다. 안정감을 느끼고, 기쁨이 넘치며 자신감이 샘솟는다. 일상이 활기를 띠고, 힘든 상황도 쉽게 극복할 것 같은 느낌이 든다. 생활에 활력이 차오르고, 사랑하는 이와 기쁨을 공유하며 상대가 힘들어하면 금방 위로하며 함께 행복해한다. 스킨십과 눈 맞춤, 위안의 접촉으로 세상은 아름다운 색채로 물든다.

"세상이 우리를 중심으로 돌아가는 것 같아요."

부부도 마찬가지다. 서로에게 인정과 이해를 받는 부부는 육아와 일상에서 지치지 않고, 모든 일에 에너지가 넘친다. 이런 긍정적인 감정이 사랑을 통해 공급된다.

하지만 애착관계, 즉 부모·자녀, 연인, 부부관계에서 전개되는 사랑을 더 깊이 이해하기 위해서는 지금부터 언급될 두 번째 속성을 이해하는 것이 더 중요하다. 즉, 사랑받지 못해 생긴 감정이다. 소중한 사람에게 사랑받지 못하면, 상상할 수 없는 엄청난 고통이 따른다.

"내가 원하는 것은 하나도 듣지 않아요. 내가 말할 때 나를 바라봐 달라고 수천 번 말했지만 남편은 핸드폰을 보거나 자리를 떠버려요. 그래서 '능구렁이'라고 별명을 붙여줬어요. 내가 말하면 구렁이 담 넘어가듯이 없어지거든요. 남편이 지나간 자리엔 무슨 허물 벗어놓은 양 빨랫감만 잔뜩

남겨져 있어요. 순간 저는 정말 하찮은 존재로 전락해 버려요. 나를 어떻게 생각하기에 말하고 있는데 아무 말도 없이 사라질 수 있나요? 정말 그 순간만은 피가 역류하게 돼요."

"아내의 목소리 톤이 높아지는 순간 느끼는 제 고통을 아내는 아마 모를 거예요. 완전히 무기력해져요. 목소리 좀 낮춰달라고 해도 통하지 않아요. 수백 번을 말해도 아내는 화내고 소리칠 뿐이에요. 그럴 때 나를 무시하는 느낌을 강하게 받아요. 내가 먼지처럼 변하거나, 바닥에 내동댕이쳐지는 느낌이 들어요. 그래서 저는 그 자리에 있을 수 없어요. 아무것도 할 수 없으니까요."

부부가 서로의 욕구를 충족시켜주지 못하면 화가 나는 것은, 사랑하는 관계에서 자연스러운 현상이다. 그러나 실제로 이러한 상황에서 누가 자신이 사랑하고, 사랑받고 있다고 느낄 수 있을까?

불화를 원심분리기에 돌리면 사랑이 추출된다

부부가 하는 말을 가만히 들여다보면, 서로 다른 사정이 보인다. 물론 아내도, 남편도 서로 사랑받고 이해받고 싶어 하며 안전함을 추구하는 것은 마찬가지다. 그렇다면 미묘하게 다른 두 사람의 사정이란 무엇일까?

여기, 앞선 대화의 주인공인 민정 씨와 철민 씨가 있다. 두 사람은 서로 자신의 마음을 이해해 달라고 호소한다. 민정 씨는 남편이 자신의 말에 귀 기울이고 곁에 있어 주기를 원하며, 이러한 바람이 좌절되면 큰 고통을 느낀다. 철민 씨는 아내의 목소리가 커질 때 자신이 안전하지 않다고 느끼며, 그로 인해 절망감에 휩싸인다. 그러나 둘 다 상대방의 이러한 깊은 감정을 모르는 채로, 자신의 진정한 감정을 표현하지 않고 상대를 비난하기 바쁘다. 자신들이 바라는 깊은 정서적 소통에 접근하지 못하고 서로를 힐난하다 보니, 결국 원하는 바를 이루지 못한다. 간절한 소망이 담긴 말을 하려 해도 화난 목소리에 그 소망은 묻혀버린다.

"내 말 좀 들어달라고 했지! 내가 그랬어, 안 그랬어?"

"목소리 좀 낮추라고 몇 번을 말했어. 지긋지긋해, 정말! 적당히 좀 해!"

이렇게 내용보다 목소리의 톤이나 태도가 관계를 지배하게 되어, 본래의 의도는 전달되지 못하고 감정의 골만 깊어진다. 상담에서 치료사는 내담자가 원하는 진짜 내면의 목소리를 분리해 내는 것이 중요하다. 마치 원심분리기처럼 필요한 것을 분리하듯, 치료사는 상대로부터 외면당하고 이해받지 못하는 진정한 목소리를 찾아내 주어야 한다. 이 과정은 매우 집중력을 요한다. 상담사가 하는 조언은 부부 문제를 깊이 풀어낼 수 없다. 두 사람 내면의 부드러운 마음을 드러내어 표현하게 해 주어야만 변화가 시작된다. 강한 분노에 휩싸여 있어 그것을 분리해 내기 어려운 부부들이 진심을 찾아내서 서로를 향해 부드럽게 표현할 수 있게 이끌어주는 것이다.

사랑받아야 할 대상이 자신에게 사랑을 주지 않는다고 느낄 때 분노가 가장 강하게 표출된다. 이는 사랑에서 비롯된 분노이다. 불화를 원심분리기에 돌리면 사랑이 추출되어 나온다.

"내가 말할 때 당신이 자리를 떠나는 걸 보면서 마음이 너무 아팠어. 내가 힘들 때 가장 기댈 수 있고, 가장 이해받고 싶은 당신이 내 앞에서 사라지는 순간, 사막에 혼자 서 있는 것 같았거든. 너무 고통스럽고 힘들었어. 그런 상황이 반복되면서 당신이 나를 멀리하고 나에게 전혀 관심이 없다고 느껴져서 당신과 헤어질 수 있겠다는 생각이 들었어. 그럴 때 나는 이 가정이 깨질까 너무 두려워. 이런 나의 고통을 당신에게 말해보지 못했던 건, 당신이 그 자리에 없었기 때문이야……. 그리고 내가 이렇게 상처를 받고 있는지도 잘 몰랐어. 지금 말하다 보니, 당신이 나에게 얼마나 소중한 존재인지 느껴져."

민정 씨가 자신을 증오하는 줄 알고 있었던 철민 씨는 아내 말을 들으면서 가슴이 뭉클해졌다. 그렇게 무섭던 민정 씨가 자신을 필요로 했다는 사실에 처음에는 놀라기도 했다. 그리고 가정을 잘 지키고 싶어 하는 아내 말을 들으면서 안도가 되었다. 사실 철민 씨는 그동안 아내가 자신과의 관계를 끝내고 싶어서 화를 내는 것은 아닌지 혼란스러웠다. 민정 씨의 속내를 들은 후, 철민 씨도 아내에게 다가갔고 서로 깊이 연결되었다.

철민 씨 역시 상담을 통해 자신의 내면의 목소리에 다가가서 이해했고, 그것을 아내에게 전했다.

"당신이 나 때문에 힘들어한다는 것을 잘 몰랐어. 당신의 목소리가 커지고 나에게 화난 표정을 보는 순간 아무것도 할 수 없었어. 가슴이 답답해지면서 그 자리에 얼어붙는 느낌이야. 내가 먼지가 되는 느낌이 들고 그 자리에 있으면 내가 사라지는 것 같아서 그 자리를 피했어. 그 길 만이 우리 사이를 보호할 수 있다고 생각했어. 내가 화내면 모든 것이 끝날 것 같았어. 내가 너무 하찮은 사람이 되는 것 같아 혼자 방에서 울기도 했어. 내가 가정을 망쳐버린 느낌이었거든. 당신과 잘 풀어가고 행복한 가정을 세우고 싶은데, 어떤 것도 할 수 없다고 느껴져서 힘들었어. 이렇게 말하니까 나도 편안해져."

철민 씨는 자신의 감정을 말하는 것이 연극을 하는 것 같다고 처음엔 어색해했다. 그러나 몇 차례 자신의 감정을 말하면서 점차 안정을 찾고 위로를 받게 되었다. 그 과정을 통해 자신의 감정을 깊이 느끼고 표현하는 데 익숙해져 편안해졌다. 민정 씨는 그동안 남편이 자신을 싫어서 피한다고만 생각했다가, 철민 씨가 가정을 지키고자 하는 마음이 있었음을 알게 되어 안도감을 느꼈다. 또한 철민 씨가 자신을 미워해서 피하는 것이 아니라 가정이 파괴될까 두려워했다는 말에 큰 위로를 받았다. 이러한 깨달음을 통해 부부는 서로의 마음을 조율할 수 있었다. 이후에는 철민 씨가 적극적으로 다가갈 수 있었으며, 민정 씨도 자신의 바라는 마음을 알아차리고 부드럽게 표현하기 시작했다.

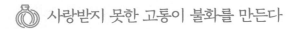 사랑받지 못한 고통이 불화를 만든다

부부는 서로를 미워해서 화를 낸다고 생각한다. 그러나 사실은 서로 멀어지고 관계가 깨어질까 두려워하고, 그로 인한 고통 때문에 화를 내는 것이다. 싸움은 상대방에게서 사랑과 이해를 받고자 하는 강렬한 욕구가 충돌할 때 발생한다. 그러나 이 과정에서 서로가 멀어지고 사랑이 식었다고 생각한 나머지, 법원의 문을 두드리게 된다. 사랑받지 못하는 아픔이 불화의 핵심인데, 이를 이해하지 못해 많은 부부가 결국 관계를 정리하기에 이른다. 심지어 일부 전문가들조차 이러한 갈등의 본질을 간과하여 회복이 어렵다고 조언할 때가 있다.

"이렇게 심하게 싸우시는 두 분은 회복이 어렵습니다."

그렇지 않다. 어떤 부부든 회복될 수 있다. 시간이 조금 더 걸리는 부부가 있을 뿐이다. 이해하는 과정이 더디게 진행될 뿐, 정서를 배우고 이해하기 시작하면 회복이 가능하다. 갈등의 근원을 제대로 파악하고 나면, 생각보다 훨씬 깊고 신속하게 회복 과정이 진행될 수 있다.

 좋은 마음과 싫은 마음은 공존할 수 있다

기억하자. 긍정적인 감정과 부정적인 감정은 공존할 수 있다. 배우자를

용서하고 싶은 마음이 100%이면서 동시에 용서할 수 없는 마음이 100%일 수도 있다.

"이전에 나에게 상처를 준 것을 생각하면 저는 전혀 살고 싶지 않아요. 하지만 지금 처음으로 이런 마음을 이해하고 서로 표현을 하게 되면서 진심으로 회복하고 싶은 마음이 생겨요."

상담 과정에서 어느 아내가 한 말이다. 노력하는 모습을 보면 용서가 가능할 것 같으면서도, 막상 용서하면 자신의 고통을 모르고 다시 이전의 행동으로 돌아갈까 두려워 용서하고 싶지 않을 수 있다. 사랑받고 싶은 마음이 가득하면서도 사랑받지 못할 것 같은 두려움이 공존할 수 있다. 이러한 상반된 두 가지 감정은 회복 과정에서 필연적으로 경험하게 된다.

이때 긍정적인 감정을 강화하고, 부정적인 감정을 이해하며 공감해 줌으로써 회복을 가속화할 수 있다. 애착대상과의 관계에서 정서적 친밀감은 핵심적인 요소이다. 친밀감이 있을 때는 따뜻하고 행복하며, 그것이 결여되었다고 느낄 때는 화가 나고 두려워지며 고통스러워진다. 불화는 친밀감을 회복하기 위한 투쟁이다. 그것이 핵심이다. 갈등이 생겼다고 해서 헤어지는 것이 아니라, 친밀감을 다시 회복하려고 노력해야 한다.

"정서가 흐르는 길을 알면 소통의 방법이 새롭게 보입니다"

부부는 서로를 잘 안다고 말한다. 그리고 자신이 알고 있는 것이 전부라고 여기고 그것으로 상대를 판단한다. 예를 들어, 배우자를 화를 자주 내고 공격적이거나, 반대로 소극적이고 도망만 치는 사람으로 인식하는 식이다. 결국 서로에게 꼬리표를 붙여서 상담에 온다. 배우자에게 자기애성 인격장애, 분노조절장애, 공감 능력 장애라고 나름의 진단을 붙이고, 이를 넘어서 정신병자, 정신 파탄자라는 낙인도 찍는다. 이러한 판단은 대부분 상대의 행동과 생각을 보고 듣고 경험하면서 생긴 것이다. 그러나 이런 판단에는 간과되고 있는 것이 있다. 거의 모든 부부가 서로의 정서 수준까지 파악하고 있는 건 아니라는 점이다.

상대를 파악하는 근거에는 여러 층이 존재한다. 먼저 가장 얇은 층은 상대의 '행동'을 보고 공격적이거나 도망가는 사람으로 평가하는 것이다.

그다음 층은 '생각'으로, 여기서는 상대를 장애자, 문제아, 소극적인 사람, 공감 불능자 등으로 판단한다. 그리고 더 깊은 층은 '정서'로 나뉘며, 표면적인 정서층에서는 분노, 불안, 좌절, 질투, 무감각 등이 표현되고, 내면적 정서층에서는 두려움, 슬픔, 외로움, 버려짐 등의 감정이 나타난다. 이 내면의 정서까지 이해할 때 비로소 진정으로 원하는 욕구가 무엇인지를 깨닫게 되며, 마침내 가장 깊은 곳에 있는 욕구층이 드러난다. 즉, 안정감을 느끼고 싶어 하거나, 안전한 관계를 원하고, 사랑받고 싶고, 소중함을 인정받고자 하는 깊은 욕구에 이르게 된다.

일반적으로 사람들은 상대방을 행동과 생각 수준에서만 평가하고, 때로는 상대가 화를 자주 내고 불안을 많이 느끼는 사람이라고 표면적인 정서로만 인식한다. 이는 내면의 정서와 깊은 욕구가 대체로 갈등이 있는 관계에서 잘 드러나지 않기 때문이다. 특히 갈등 상황에서는 이러한 내면의 감정과 욕구가 더욱 숨겨져 있어, 사람들이 판단하고 행동하는 단계에서 이미 내면의 정서에 접근하지 못하는 경우가 많다. 정서는 순간적으로 지나가는 경우가 많아 이를 인식하기 어렵다. 결국, 욕구가 좌절되어 정서가 발생하고, 이어서 행동과 판단이 이어진다.

상담은 이러한 빠르게 변하는 정서와 욕구를 파악하는 데 도움을 주는 과정이다. 용범 씨는 이 과정을 통해 내면의 정서를 이해하고 욕구를 명확히 드러내어 아내에게 표현할 수 있었다. 그 결과, 그는 회복의 경험을 할 수 있었다고 말한다.

"지금까지 저는 눈앞에서 벌어지는 상황만 두고 판단했어요. 아내가 하는 말과 행동만으로 아내를 이해하고 있었다는 사실을 상담을 통해 알수 있었어요. 그동안 아내는 나를 공격하고 비난하고 나를 몹쓸 사람처럼 말했어요. 저는 화가 났고 아내와 회복이 불가능하다고 생각했어요. 둘 중 하나가 죽어야 풀 수 있겠다고 느꼈죠.

그런데 지난 상담에서 아내가 육아에 지치고, 그것으로 인한 고통이 컸다는 것을 말했어요. 아내의 그런 마음이 이해되면서 화가 줄어들었어요. 그래서 아내에게 '당신, 아이들 때문에 정말 힘들었겠어. 그리고 내가 그마음을 몰라줘서 미안해'라고 말했어요. 그런데 아내가 순식간에 편안해지는 것을 느꼈어요. 그동안 내가 어떤 것을 해도 통하지 않을 것 같아서 절망 상태였는데 이번에는 달랐어요. 아내가 다음날 힘이 난다고 출근하는 저를 위해서 커피도 내려줬지 뭐예요. 이건 매직이에요. 제가 알고 있던 것이 전부가 아니었어요."

깊은 정서층을 드러내고 이해할 때 비로소 부부의 정서 소통이 시작된다.

🪔 정서가 흐르는 길

과거에 집안에 문제가 생기면, 일부에서는 수맥이 막혀서 그렇다고 하곤 했다. 한방에서는 '기'가 막혔다고 해서 그것을 뚫어야 한다고 설명한다. 마찬가지로, 정서에도 그 흐름의 길이 있다고 볼 수 있다. 심리학자 마그다 아놀드Magda Arnold는 이러한 정서의 경로를 밝혀내어 관계 회복에 엄청난 변화를 가져왔다.

관계는 정서를 일으키는 공장이다. 특히 사랑의 관계에서는 정서가 끊임없이 발생된다. 상담 과정에서 필자와 같은 정서중심 치료사는 정서의 발생, 전개 과정, 처리 방식을 통합해 준다. 내담자가 자신의 정서를 알 수 있게 도와주는 이러한 과정은 부부 사이에 무슨 일이 벌어졌는지 파악하는 데 매우 유용하다. 이를 통해서 자신의 숨겨진 정서를 깨닫고 깊이 이해할 수 있는 문을 열어주게 된다.

정서가 흐르는 경로는 먼저 촉발 요인, 일차 평가, 신체 반응, 내면 정서, 표면 정서, 이차 평가, 행동 등의 순서로 흐른다. 심지어 아주 빠른 속도로 흘러간다.

촉발 요인 많은 것이 자극해요

정서는 먼저 촉발 요인에 의해 발생한다. 촉발요인이란, 정서를 강하게 일으키는 자극을 말한다. 부부관계에서는 배우자의 표정, 태도, 행동, 반응 등이 이에 해당한다. 자신의 생각도 자극이 되고, 과거 기억도 현재 정서를 자극하는 요인이 된다. 부드러운 태도는 따뜻한 정서를 자극하여 안정감, 행복감을 준다. 하지만 거부하는 눈빛, 외면하는 태도, 핸드폰을 보는 행동, 눈살을 찌푸리는 표정은 순식간에 부정적 정서를 자극한다. 화를 내고 있는 내담자는 무엇이 그런 분노를 자극했는지 잘 모르는 경우가 많으며, 구체적으로 물어보면 그 순간을 기억한다.

부부 갈등이 발생할 때, 정서의 경로는 매우 빠른 속도로 진행되어 상대방과의 반응을 이미 시작하고 있는 상황이다. 이 연쇄적인 반응은 예를 들어 한 사람이 인상을 쓰면, 상대방은 한심하다는 표정을 짓고, 이에 다시 등을 돌리는 식으로 서로를 자극한다. 갈등이 극심할 때는 이러한 반응이 굉장히 빠르게 전개되어 상대방의 반응이 어떤 자극을 줬는지 인식하기 전에 이미 서로가 반응하는 상황에 빠져 있다. 이 패턴에 한 번 들어가면 멈추기 어려우며, 이러한 상황은 갈등을 심화시키고 해결을 어렵게 만든다.

인호 씨와 정연 씨 부부를 통해서 정서의 경로를 이해하고 회복에 과정을 살펴보자.

"제 아내에겐 특유의 표정이 있어요. 아내가 인상을 찌푸리는 그 순간 기분이 나빠지고, 압도돼요. 그때부터 강한 감정이 밀려와요."

"남편은 내가 한창 말하는 도중에 항상 딴생각을 하거나 그 자리를 벗어나려 해요. 그 순간 피가 역류하는 느낌이 들어요. 아주 좋지 않아요."

"아내가 한숨 쉬는 순간 강한 감정이 올라와요. 앞으로 큰 재앙이 닥칠 것 같은 느낌을 갖게 해요."

"남편이 전화를 안 받으면 폭발하게 돼요. 정말 강한 감정이 올라와요."

이렇듯 인호 씨와 정연 씨에게 상대방의 행동과 표정이 정서를 유발하는 지점이 된다. 부부 싸움을 하면, 무엇이 자신을 자극했는지 아는 것이 중요하다. 그런데 갈등을 겪고 있는 부부는 이러한 자극이 순식간에 지나가 버린다. 무엇에 자극받았는지 인식하기 전에 이미 행동하고 비난을 쏟아낸다. 치료사는 이러한 촉발이 되는 순간을 찾아가는 것이 중요하다.

"아하, 아내의 표정이 자극했네요, 그 순간 강한 감정이 몰려왔네요?"

"남편이 딴생각을 하고 있을 때, 그 순간 어떤가요?"

"아내의 한숨 때문에 남편이 힘들었네요. 그때 어떤가요?"

"남편이 전화를 받지 않은 순간, 재앙이 시작될 것 같았군요. 무슨 일이 벌어지는지 궁금해요. 그때로 돌아가 볼까요?"

정서를 불러일으킨 자극 순간에 머물러야 정서의 경로를 좇아갈 수 있고, 그래야 정서를 깊이 알 수 있다. 치료사는 인호 씨와 정연 씨를 그 순간을 잡아서 머무르게 도와주었다. 즉, 불화와 고통이 시작된 지점을 인식하게 도와주었다.

일차 평가 **위험이 닥쳐와요**

두 번째 정서 흐름에 중요한 부분이 일차 평가다. 이는 자극이 들어오는 순간 거의 동시에 일어난다. 일차 평가는 정서적 반응의 초기 단계로, 변연계라는 뇌 부위의 작동으로 발생한다. 직면한 상황에 대한 안전 여부를 신속하게 평가한다.

'위험한가, 안전한가? 나쁜가, 좋은가? 해로운가, 이로운가? 불편한가, 편안한가?' 위험하고, 나쁘고, 해롭고, 불편하다고 상황이 인식되면, 이에 수반되는 다음 과정이 정서 경로에 따라서 발생된다.

"아내 표정을 본 순간 저는 그때부터 벌어질 불길한 상황이 순식간에 밀려와요."

"남편이 다른 생각을 하는 것 같으면 경보가 켜집니다. 마치 비상등이 들어와요."

"아내가 한숨을 쉬면 저는 오늘도 잠은 다 잤다는 생각이 밀려와요. 지옥 같은 밤이 기다리죠."

"남편이 전화를 받지 않으면 그 순간 저는 '또 이러는구나'하는 좋지 않은 상태로 순식간에 빠져들어요."

이렇듯 촉발 요인이 자극되는 순간 강한 부정적인 생각이 밀려온다. 기분이 나쁘고 좋지 않은 느낌을 받게 되는 것이다. 이러한 일차 평가는 생존 반응이다. 위험 순간을 인식하지 못하면 위기에 빠질 수 있다.

사랑의 관계에서는 이런 자극이 매우 강렬하여 다른 일에 집중하기 힘들게 만든다. 관계가 위험에 빠지면, 이를 처리하기 위해 모든 에너지를 소모하게 되며, 안전해질 때까지 경보는 계속 울린다. 이러한 일차 평가로 인해 위험하고 고통스러운 상태로 인식되면, 그에 따른 신체 반응도 동반되어 개인을 깊은 고통 속으로 몰아넣는다.

몸이 반응해요

세 번째 경로는 신체 반응이다. 위험하고 좋지 않고 불길한 일차 평가가 일어나면 즉각적으로 신체반응이 수반된다. 이 반응은 신체가 자극과 일차 평가에 대응해 상황을 처리하기 위해 준비하는 과정이다. 상황에 따라서 싸울 준비를 하거나 움츠리거나, 얼어버리는 경우도 발생한다. 그리고 신체적으로 강한 반응이 일어난다.

"아내 표정을 본 순간 저는 긴장하게 돼요. 목이 뻣뻣해지고 발이 무거워져요."

"남편이 다른 생각을 하는 것 같으면 가슴이 답답해요. 가슴이 꽉 막힌 느낌이 들어요."

"아내가 한숨을 쉬는 순간 심장이 두근거려요. 그 자리를 떠나야 될 것 같은 강한 감정이 발생해요."

"남편이 전화를 받지 않으면 숨이 쉬어지지 않아요. 눈앞이 깜깜하기도 하고, 신체가 모두 기능을 멈춰버린 것 같았어요."

이와 같은 신체 반응은 자극이 얼마나 큰 고통을 주는지를 드러낸다. 치료사가 정서의 요소를 조합해 가는 과정에서 신체 반응을 다시 불러와서 표현하게 하면, 실제로 그 당시의 반응이 나타난다. 그때 생각만으로도 숨 쉬기가 힘들거나 심장이 두근거린다고 말한다. 상담 과정에서도 배우자의 태도, 표정, 행동에 따라서 촉발되어 신체 반응을 일으킨다. 이 순간에 머물러 서서히 정서 요소를 인식하면 회복에 큰 도움을 줄 수 있다.

촉발 요인이 생길 때, 신체 반응은 그 당시에 겪는 고통이 얼마나 큰 지를 파악하게 해 준다. 사랑하는 사람이 싫어하는 태도를 보이면 신체가 반응하여 엄청난 고통에 빠진다. 숨쉬기 힘들고 앞이 안 보이고 가슴이 답답하고 목이 뻣뻣해지는 신체 반응은 개인을 힘들게 한다. 상대가 너무나 소중할 때, 이런 반응이 수반된다. 애착대상이 아닌 사람의 경우 부정적 태도를 보일지라도 격한 신체 고통은 나타나지 않는다.

내면 정서 　두려움이 찾아와요

네 번째 경로는 내면 정서다. 관계가 위험에 빠지고 신체적으로 고통이 밀려오면서 부부는 강한 두려움과 부정 감정을 경험한다. 즉, 우울하고 외롭고 버려질 것 같은 고통을 겪는다. 특히 관계가 깨질 것 같은 두려움이 생기고, 애착대상이 멀어지거나 위기에 빠졌다는 신호가 들어오면, 공황상태에 빠진 느낌을 갖게 된다. 이것을 뇌신경과학자인 자크 팬크셉은 근원적 공포primal panic라고 불렀다.

이러한 두려움과 고립감은 애착대상과 분리된다고 느끼는 순간에 발생하는데, 너무나도 고통스러워 이내 다른 감정으로 대체되는 경향이 있다. 예를 들어 가정이 파괴되고 홀로 남게 될 것 같은 두려움은 견디기 어렵기 때문에 오히려 화를 낸다. 자신이 느끼는 내면의 고통에 오래 머무르기가 힘들기 때문이다. 따라서 상담을 통해 이러한 경로를 추적할 때 비로소 이러한 내면의 정서가 드러나기 시작한다.

"아내가 힘든 표정을 짓는 순간 나는 좋지 않은 감정이 밀려오면서 경보가 켜지고 목이 뻣뻣해지고 발이 무거워져요. 그런 동시에 저는 두려움이 생겨요. 아내와 관계가 잘못될 수 있다는 두려움이 밀려와요. 그때마다 아내는 늘 나를 공격했거든요."

"남편이 전화를 받지 않으면 알람이 켜지면서 숨이 쉬어지지 않고 그 순간에 좋지 않은 일이 일어났다고 느껴요. 이전에도 남편이 전화를 받지 않았을 때, 알고 보니 회사 여직원과 둘이 술을 마셨어요. 그럴 때면 상황이 다시 재발할 것 같아서 숨이 쉬어지지 않고 경보등이 켜져요. 전화를 걸 때 벌써 불안해지기 시작해요."

내면 정서는 상담을 통해 조금씩 드러난다. 지금까지의 정서 흐름, 즉 자극에 대한 일차 평가, 신체 반응, 내적 정서는 무의식적인 반응으로 순식간에 지나가 쉽게 인식하지 못한다. 치료사가 촉발 순간을 잡아 상담을 서서히 진행하면서 그 순간에 머무를 수 있게 도와주면 조금씩 드러난다. 이를 위해서 상담사는 상담 과정을 안전하게 느낄 수 있도록 도와주어야 한다. 부부 갈등이 심해서 두 사람이 풀 수 없을 때, 전문가의 도움을 받는 것이 해결의 실마리가 된다. 이 시기에 상처를 가득 안은 채 관계를 포기하는 경우가 많은데, 그런 상황을 이해하고 벗어나는 데 이 책이 길잡이가 되기를 바란다. 계속해서 정서 과정을 소개하겠다.

표면 정서 **분노가 엄청나요**

앞에서 언급했듯, 내적 정서까지의 흐름은 속도가 아주 빨라서 인식하기 어렵다. 이제부터는 두 사람 사이에서 표면적으로 드러나는 정서 과정이다. 분노, 불안, 무감각, 좌절 등의 감정이 이에 속한다. 이러한 감정이 일어나면 대개 공격적이거나 회피적인 행동을 취하게 된다. 이런 화는 반응이 상대방에게 다시 촉발 요인이 되어 상대 역시 자극을 받는 악순환을 일으킨다. 자신의 진정한 내면의 고통인 두려움, 외로움, 버림받음을 제대로 표현하지 못하고, 대신 상대를 비난하거나 공격하는 식으로 나타난다. 내면 정서를 처리하지 못한 채, 내면 정서에 머무르기 고통스러워 화를 내거나 불안한 감정을 드러내는 것이다.

"그 순간 저는 너무너무 화가 나요. 아내가 나를 무시한다고 느껴져요. 이제는 아내의 표정이 굳어지면, 순식간에 저는 화가 치밀어올라요."

"엄청난 불안에 휩싸이면서, 남편이 또다시 다른 사람을 만나는 것이 아닌가 싶어서 안절부절못하게 돼요. 그때 남편이 전화를 받으면 화내면서 퍼부어요."

표면 정서는 촉발 요인에 의해 받은 상처를 숨기는 정서가 된다. 현재의 화는 그 상황에서 받은 상처에 대한 이차적인 감정 반응이다. 대부분의 부부 갈등은 이러한 이차 정서의 표현을 통해 발생하며, 자신의 깊은 상처를 드러내지 못한다. 이런 상황에서 개인은 매우 빠르게 자신의 고통을 숨기고 상대를 공격하는 방식으로 정서를 표현한다. 치료사는 이차 정서인 분노나 불안을 통해 내면 정서로 접근할 수 있도록 돕는다. 이러한 정서 경로를 추적하는 것이 중요하다. 대부분 자신의 내면 상처를 드러내고 싶어 하며 그 고통을 상대방에게 인식시키고자 하지만, 갈등 상황에서 상대가 이러한 반응을 적절히 이해하고 대응하기는 어렵다.

이차 평가 내가 못난 사람 같아요

표면 정서 이후에 일어나는 이차 평가는 개인의 내적인 작동 모델을 반영한다. 이 단계에서는 자신과 타인에 대한 평가가 활발하게 이루어진다. 애착관계는 자신과 다른 사람에 대한 평가를 이끈다. 애착대상으로부터 사랑받으면 자연스럽게 자신이 사랑스럽고 타인에 대한 신뢰가 생긴다. 이러한 경험은 세상을 살아가는 중요한 길잡이가 된다. 자신이 하는 일에 자신감 갖고 살아가며, 힘들 때 타인에게 기댈 수도 있다. 고난이 다가와도 혼자 해결하기도 쉽고, 타인의 도움 받아 쉽게 해결한다.

하지만 인호 씨와 정연 씨처럼 강한 갈등을 반복하는 경우 부정적 모델이 자연스럽게 자리 잡는다. 자신이 사랑스럽지 못하고, 가치가 없고, 혐오스럽고, 거슬리고, 무능력하다는 등의 자기 평가가 생긴다. 그리고 타인이 자신을 싫어하고, 거부하고, 밀어내고, 사랑하지 않는다고 생각하고, 타인을 좋지 않은 사람 등으로 평가하게 된다.

"저는 아내와 이런 갈등을 겪으면서 제 자신이 아내에게 거슬리는 존재로 여겨져요. 저는 아내를 절대로 만족시킬 수 없는 사람이에요. 내가 무엇을 하든지 간에 아내를 풀어 줄 수 없을 것 같아요. 아내는 늘 나를 못마땅하게 생각하고 있으니까요."

"남편이 나에게 숨기고 다른 여자와 나 몰래 식사했을 때, 저는 남편과 함께 할 매력조차 없는 사람이라고 느껴졌어요. 결혼하고 둘만의 식사를 한 적이 없었거든요. 물론 남편에게 화가 났지만 아이를 낳은 후 내가 싫어져서 그런가 하는 생각이 들었어요. 또한 그렇게 생각하는 자신이 너무나 초라하게 느껴졌어요. 나이도 들어 이제 경제활동도 하지 못하는 제 자신이 정말 한심해요. 저의 모든 부분이 엉망이 되어버렸어요."

사랑하는 사람과의 관계에서 이런 생각이 자리 잡게 되면 엄청난 고통이 밀려온다. 소중한 관계가 부정적으로 변하면 부정적 이차 평가는 예외 없이 생긴다. 자존감이 낮거나 실제로 못나서가 아니라 애착관계가 틀어져서 이러한 사고가 일어나는 것이다. 이때 당신이 그렇지 않은 사람이라고 말해주는 것보다 더 중요한 것이 있다. 그런 생각이 들 때마다 고통이 얼마나 큰지를 인정하고, 그런 생각 자체를 이해해주어야 한다. 그럴 때 다시 공감받는 느낌을 받게 되고 긍정적인 모델이 만들어진다. 자신을 있는 그대로 이해받을 때 긍정 모델이 생긴다.

갈등 상황에서는 긍정적으로 반응하는 것이 매우 어렵다. 서로가 고통 속에 있으니 상대에게 긍정적 반응을 기대하기 힘들다. 자신의 내적 고통을 표현하지 못하고 행동으로만 드러내게 된다. 이로 인해 상호 간에 다시 자극을 주고받는 상황이 반복된다.

정서 경로의 마지막 단계인 행동은 가장 명확하게 드러나는 부분이다. 많은 부부가 부정적인 행동 패턴으로 상담을 시작한다. 공격과 회피, 또는 서로가 서로를 공격하는 상황이 반복된다. 이러한 행동의 배후에는 각 단계의 정서 경로가 숨어 있지만, 대부분 부부는 이를 인식하지 못한다. 그저 끊임없이 서로를 자극하는 행동만이 촉발 요인이 되어 부정적인 패턴을 깊게 만든다.

이때 보여지는 행동을 분석하여 그 이면에 있는 정서 경로, 즉 이차 평가, 표면 정서, 내면 정서, 신체 반응, 일차 평가를 이해하게 도울 수 있다. 행동이 아닌 정서, 신체 반응, 일차 평가를 상대에게 표현하게 유도한다.

"나 자신이 못났고 무능력하다고 느껴져서 아내에게 다가가는 것이 힘들어요. 그러면 저는 그 자리를 떠나요. 내가 다가가도 아내가 받아 줄 것이라는 확신이 없으면 저는 회피해 버려요."

더 이상 회피하는 행동을 멈추고, 자신의 고통을 표현하게 도와준다.

"내가 매력 없는 여자라는 생각이 들면 힘들어요. 지금 아이 키우느라 경제 활동도 하지 못하고 있는데 믿었던 남편이 그런 행동을 해서 내가 고통을 받는다고 느껴지면 화가 나서 견딜 수 없어요. 배신감이 들어요. 그래서 남편을 밀어붙이고 공격하게 돼요."

공격하는 행동 대신 자신이 느낀 고통의 정서를 표현하게 도와주었다.

정서를 표현하지 않고 하는 행동, 즉 남편의 회피와 아내의 공격은 서로를 자극하는 촉발 요인이 되어서 관계를 고통에 빠뜨린다. 이런 패턴에 갇힌 부부는 스스로 벗어나기 어렵다.

🔗 정서 경로를 통해 무엇을 말할지 알게 된다

상담사는 인호 씨와 정연 씨의 상담 과정에서 갈등의 원인과 진행을 밝혀냈다. 초기의 촉발 요인부터 일차 평가, 신체 반응, 내면 정서, 표면 정서, 이차 평가, 그리고 마지막으로 행동에 이르기까지 정서의 전개 경로를 순차적으로 설명했다. 상담을 받으러 온 부부는 대개 공격적이거나 회피적인 행동과 이차 평가를 드러낸다. 이러한 행동은 연쇄적으로 서로를 자극하는 촉발 요인으로 작용한다. 정서의 진행이 매우 빠르기 때문에 행동이 나타날 때 이미 일차 평가와 그에 따른 신체 반응 및 정서가 발생한 상태다.

결국 서로를 자극하지 않도록 도와주며 정서를 표현하게 하는 것이 회복의 열쇠다. 단순히 도망가거나 공격하는 대신, 정서를 제대로 표현하도록 지원하는 것이 중요하다. 이 과정은 한 번의 상담으로 이루어지지 않으며, 여러 차례에 걸쳐 점진적으로 이루어진다. 부부는 상담을 통해 점점 자신의 감정을 표현할 수 있게 되고, 점차 "나는 당신이 도망갈 때 강한 자극을 받게 돼. 그 순간에 나는 답답하고 힘들었어"와 같이 자신의 감정을 솔직하게 말할 수 있게 된다.

인호 씨는 상담을 통해 회피적 행동을 멈추고, 자신의 감정을 표현할 수 있게 되었다.

"당신의 표정이 어두워진 순간 나는 내가 부족하고 힘들어서 피했는데, 그럴 때 나는 당신과 관계가 깨질 것 같아서 너무 두려웠어."

이렇게 인호 씨는 처음으로 자신의 감정을 표현했다. 이 과정은 그에게 새롭고 어색했지만, 자신의 목이 이완되는 느낌을 경험하며 마음이 진정되는 데 큰 도움이 되었다고 했다. 이처럼 자신의 정서를 올바르게 표현하는 것이 갈등 해소에 중요하다.

정연 씨는 남편이 회피적인 태도를 보이지 않자, 자신이 겪은 고통을 솔직히 표현할 수 있었다. 그간 남편이 전화를 받지 않았을 때 분노가 치밀어 공격적으로 반응했던 그녀는 이제 상담을 통해 자신의 감정을 드러낼 수 있게 되었다.

"당신이 전화를 받지 않을 때 엄청난 고통이 밀려왔어. 상담을 통해 이전에 전화를 받지 않고 회사 여직원과 함께 했던 것이 나에게 큰 상처였다는 사실을 알게 되었어. 그 이후로 내가 매력이 없다는 느낌이 들면서 힘들었어."

인호 씨와 정연 씨처럼 자신의 감정을 표현하면 엄청난 파급효과를 얻을 수 있다. 인호 씨가 도망가지 않고 아내에게 자신의 힘든 정서를 말한 덕분에 자신도 진정되었으며 아내에게도 긍정적으로 영향을 주었다. 정연 씨는 남편이 자신을 싫어한 것이 아니라 관계가 깨질까 두려워서 회피한 것을 알고 그것 자체가 위안이 되었다. 인호 씨는 아내가 자신을 밀어내려 한 것이 아니라 그녀의 고통에 접근하기를 원했음을 깨닫고, 이해하며 서로의 아픔에 다가갈 수 있게 되었다. 이처럼 서로를 불안에 빠뜨리거나 화나게 하지 않고 위안을 주고받을 수 있었다.

만약 지금까지 공격적이거나 도망치는 행동을 보였다면, 그 행동 뒤에 숨은 자신의 고통을 되돌아볼 필요가 있다. 이를 깨닫고 표현할 때, 회복은 가능해지며 서로를 자극하지 않게 된다. 이처럼 자신의 감정을 바라보는 연습을 지속하면 점차 이를 인식할 수 있게 된다. 처음에는 어려울 수 있지만, 주변의 도움을 받아 상담이나 세미나에 참여하는 것이 좋다. 이를 통해 가정은 유지되고 진정한 행복을 찾을 수 있다. 포기하지 않고 사랑을 새롭게 만들어 나갈 수 있다.

"배우자가 아니라
관계의 부정적 고리와 싸워야 합니다"

앞에서 정서 경로를 설명하면서 '행동'이 최종적으로 보여지는 부분이라고 했다. 그런 행동은 상대 배우자에게 촉발 요인이 되어서 서로를 자극하여 부정적 패턴을 만든다. 즉, 사랑과 이해받고 싶은 욕구가 좌절된 부부는 공격이나 회피라는 행동을 반복하며 이는 부정적 고리를 강화시킨다. 수잔 존슨 교수는 이를 부정적 고리의 '자기강화적 속성'이라 표현했다. 즉, 부정적 패턴에 갇히게 되면 그 안에서 상처를 주고받는 일이 반복되어, 갈수록 그 고리는 더 강화된다.

이 고리에서 벗어나기 위해서는 행동이 아니라 그 이면에 있는 정서와 욕구를 이해하고 표현하는 것이 중요하다. 즉, '행동'이 아닌 '정서'와 '욕구'를 표현해야 하는 것이다. 부부가 싸워야 할 진정한 적은 서로가 아니라 이 부정적 고리이며, 이를 이해하고 표현하는 데에 회복의 열쇠가 있다.

 ## 부부가 추는 세 가지 부정적 춤

부정적 고리는 크게 세 가지로 나눌 수 있다. 서로를 끊임없이 공격하는 공격-공격형, 한 사람은 공격하고 상대는 회피하는 공격-회피형, 두 사람 모두 방어적으로 피하는 회피-회피형이다. 정서중심 치료모델을 만든 수잔 존슨 교수는 부정적 고리를 음악과 춤에 비유했다. 즉, 정서는 음악이고, 관계 방식인 행동은 춤과 같다. 자신과 배우자의 음악에 귀 기울이지 않으면, 부정적 행동 패턴에 쉽게 빠져들어 부정적인 춤을 추게 된다.

이 고리에서 벗어나기 위해서는 공격이나 회피하는 행동이 아닌, 내면의 정서적 음악을 듣고 이해하는 노력이 필요하다. 이러한 정서적 고통의 음악을 인식하고 상대에게 들려주는 것이 중요하다. 그렇지 않으면 그것으로 유발된 공격이나 회피 행동으로 인해 관계는 깊은 수렁에 빠지게 된다. 서로 스텝이 어긋나는 춤을 추게 만든다. 자신의 내면에 흐르는 음악을 인식하지 못하면, 그 감정은 공격적이거나 회피적인 행동으로 나타나게 되고, 상대를 두렵게 만들거나 상처 줌으로써 신체 반응을 유발한다. 이렇게 상대방을 다시 자극하여 두려움이라는 내면 정서, 자신과 타인에 대한 부정적인 생각을 강화시킨다. 다시 행동이 일어나고, 끊임없이 고통을 주고받는 무한 반복의 고리를 형성하게 된다.

배우자를 향해 총알을 날리는 것이 아니라, 부정적 고리를 깨기 위해 서로 협력해야 한다. 적은 배우자가 아니라 그들 사이를 지배하는 부정적 고리이다. 이 고리를 인식하고 변화시키려는 노력이 필요하다. 부부가 함께 추고 있는 춤을 변화시켜야 한다. 상담사는 춤추게 만드는 내면의 음악, 즉 '정서'를 알고 표현할 수 있게 도와준다. 인호 씨와 정연 씨는 상담사의 도움으로 정서를 인식해서 표현하였고, 그 결과 재결합할 수 있었다.

갈등 상황에서 부부는 자신들이 부정적 고리에 빠진 것을 인식하고, 이를 멈추는 것만으로도 회복에 도움이 될 수 있다.

"여보, 다시 우리가 부정적 고리에 들어가고 있어. 잠깐 멈추는 것이 좋겠어."

치료사는 상담받은 부부에게 고리를 인식하고 이를 서로에게 신호를 보낼 수 있게 가르친다. 그러면 자신의 관계에서 작동되는 부정적 고리를 알고 싸움을 멈출 수 있다. 또한 부정적 고리에 이름을 붙이는 것도 도움이 된다. 두 사람의 부정적 고리에 이름을 붙이라고 제안하기도 한다.

'토네이도', '악의 고리', '태풍', '회오리', '뫼비우스의 띠', '무한 도전', '백분 토론', '풍차 놀이', '소용돌이' 등. 부부가 자신들의 부정적 고리에 붙인 이름들이다.

"여보, 지금 우리가 백분 토론을 시작하려고 해."

"지금 우리는 심각한 소용돌이에 빠져들고 있어!"

이런 식으로 고리가 작동되는 것을 인식하면 멈추기 쉽다. 고리를 멈출 때, 비로소 부부는 자신이 느끼는 감정을 자세히 살펴볼 수 있게 되고, 이것이 선순환을 만드는 계기가 된다. 부정적인 악순환을 긍정적인 선순환으로 바꾸는 것이 회복의 핵심이며, 그 결과 음악과 춤이 변하게 된다.

경애 씨는 철희 씨에게 화가 났다. 가정을 소홀히 하고 술을 마시고 나면 연락이 되지 않는다. 어느 날, 8살 된 아들이 집에서 놀다가 넘어져 발을 크게 다쳤다. 피가 카펫을 적시는 가운데, 경애 씨는 두려움에 휩싸였다. 아들은 공포에 질려 울고, 5살 된 둘째 딸도 덩달아 울음을 터뜨렸다. 당황한 경애 씨는 아들의 발을 수건으로 감싸고 딸을 달래며 남편에게 전화를 걸었다. 그러나 여러 번의 시도에도 불구하고 철희 씨는 전화를 받지 않았다. 경애 씨는 그 순간을 삶에서 가장 두려운 순간으로 기억한다. 결국 응급구조대를 불러 응급실로 향했고, 아들은 큰 문제없이 봉합을 마치고 퇴원했다. 그때까지도 남편의 연락은 없었다.

남편이 외부 일로 바쁘다는 이유로 연락이 되지 않을 때도 참아왔지만, 위급한 순간에도 의지할 수 없었던 것에 대한 분노가 폭발했다. 그녀는 가족을 보호하지 못한 남편을 더 이상 가족으로 여길 수 없다고 느꼈다. 아이들이 잠든 밤, 고통과 분노가 밀려왔다. 그때 결혼 초 이전 여자친구의 사진 문제, 시댁 문제에 편이 되어주지 않은 것 등 예전의 상처들이 다시 떠올랐다. 경애 씨는 남편이 다정한 표정으로 찍은 사진이 단 한 장도 없다는 사실까지 생각났다. 그녀는 순간 가족 앨범을 꺼내 모든 사진에서 남편의 모습을 잘라 버렸다.

"내가 힘들 때, 당신은 항상 내 옆에 없었어. 이제 자식이 힘들 때도 함께 하지 않은 당신을 더 이상 참을 수 없어. 우리 결혼은 시작부터 잘못되었어."

그동안의 갈등은 항상 경애 씨가 화를 내고 철희 씨가 회피하는 패턴으로 이어졌다. 그래도 시간을 견디며, 참아왔다. 그리고 자신의 모든 감정이 경애 씨는 무뎌졌다고 생각했다.

상담을 통해서 철희 씨는 그날 자신의 행동으로 받은 경애 씨의 고통을 조금씩 이해해 갔다. 오랜 기간 동안 자신이 회피의 춤을 추고 있었다는 것을 인정했다. 회피하면 상황이 진전되고 갈등이 줄어들 것으로 여겼다. 경애 씨가 점차 말이 없어지면서 철희 씨는 부부가 안정이 되어간다고 생각했다. 그런 그 역시 상담을 통해서 자신의 감정을 알아갔다. 그는 아내가 화를 내는 순간 가슴이 답답해지고 심장이 두근거리는 신체 반응을 느꼈다. 이를 아내에게 솔직하게 표현할 수 있게 되었으며, 아내와 아들이 겪은 공포의 순간에 대해 이해하고 진심 어린 사과를 전했다.

부부는 상담을 통해 서로의 정서를 공유하면서 관계의 '음악'을 서서히 바꾸어 갔다. 시끄러운 음악이 울려 퍼지던 관계에서 부드러운 발라드가 흐르기 시작했다. 자신의 정서를 알고 표현하면서 태도를 바꿨다. 경애 씨도 무책임한 남편을 비난하기보다 그 당시 자신이 느낌, 즉 공포와 고통을 말했고, 그가 함께 있어주기를 원했다고 했다. 그는 그녀를 위로해 주고 다시는 그럴 때 혼자 두기 않겠다는 말을 할 수 있었다. 부부 사이의 춤이 변화하고 있었다. 부정적인 고리에서 벗어나 서로를 원망하고 피하던 패턴이 긍정적인 방향으로 전환되었다. 치료사는 이 변화를 지지하며 부부의 새로운 음악과 춤을 계속해서 지지해 주었다.

"고통의 순간 옆에 있지 않은 남편에게 화가 났었네요. 그 당시 경애 씨는 엄청나게 무섭고 힘들었어요. 그래서 철희 씨가 정말 필요한 순간이었어요. 아들이 다친 그 순간 철희 씨가 옆에 있지 않았어요. 그러자 과거에도 당신과 함께 하지 않았던 고통의 순간이 하나씩 올라왔어요. 그리고 다정한 눈길을 주지 않던 사진 속 남편의 모습과 그 고통이 겹쳐졌어요. 가만히 있을 수 없었네요. 그런 기억은 경애 씨에게 너무 힘들었으니까요. 그때 본인이 철희 씨에게 소중하지 않다고 느껴지고 필요한 순간에 그가 없었다고 느껴졌어요. 그 순간 가위를 들고 사진을 잘랐어요. 지금 얘기를 들으면서……; 경애 씨에게는 공포의 상황이 닥치면 철희 씨가 곁에 있는 것이 정말 소중했어요. 그리고 남편의 다정한 눈길을 원했어요. 그 눈길이 당신에게 너무나 간절했어요. 왜냐하면 철희 씨는 경애 씨에게 정말 소중한 사람이니까요……."

필자가 그들의 음악을 들려주자 경애 씨는 하염없이 눈물을 흘렸다. 그 말을 귀담아듣고 있던 철희 씨가 고개를 끄덕이면서 아내에게 티슈를 한 장 꺼내서 건네주며 그녀의 손을 잡았다. 철희 씨도 비로소 그녀에 대한 자신의 소중함을 깨닫고 다가가기 시작했다. 그 마음을 모르고 밖으로 돌았던 시간을 후회하면서, 그는 그동안의 회피가 아닌 아내와의 진정한 연결을 추구하기 시작했다. 경애 씨 역시 공격을 멈추고 자신의 아픔을 공유했다. 부부는 이제 서로의 음악, 즉 각자의 정서를 조화롭게 들으며 춤을 추기 시작했다. 서로의 악기가 내는 소리에 맞추어 조화롭게 연주를 시작했다. 그들의 관계에서는 이제 행동이 아니라 각자의 정서를 들려주면서 춤의 방향을 바꾸고 있었다.

그런 부부에게 놀라운 변화가 찾아왔다. 상담 마지막 회기에 남편이 먼저 말했다. 그는 이제 더 이상 겉돌거나 회피하지 않는다.

"처음에 아내가 찢어 버린 앨범과 함께 처참하게 잘려서 휴지통에 박혀 있는 사진들을 봤어요. 순간 피가 역류했고, 우리 결혼생활이 끝났다고 생각했어요. 이제 나도 끝내야겠다, 참을 만큼 참고 살았다……. 그런데 상담하면서 차츰 저의 상처도 조금씩 말하고 아내 고통을 보게 되면서 아내에게 내가 얼마나 소중한지 비로소 알게 되었어요. 아내는 공포의 순간마다 저를 기다리고 있었어요. 제가 아내에게 이렇게 필요한 존재라는 것을 정말 몰랐어요. 내가 얼마나 미우면 화를 내고 사진을 찢어 버리나 하는 생각에만 사로잡혀 있었어요. 이번 주말에 가족사진을 찍자고 제가 제안했어요. 아내가 이번에 순순히 그러자고 했고요. 제 생각에는 이것이 진정한 결혼사진이 될 것 같아요. 이제 제가 결혼 생활이 어떤 것인지 알게 되었으니까요. 거울을 보면서 다정한 표정을 몰래 연습했어요. 이 말은 아내에게 하지 않았어요. (웃음)"

남편의 이러한 변화를 듣던 경애 씨가 웃으면서 부드럽게 말을 이어갔다.

"상담하러 왔을 때 저는 이혼이 답이라고 생각했어요. 그런데 반전이 일어났어요. 저의 그런 분노와 고통 속에 스며있는 남편이 나에게 정말 소중한 사람이라는 걸 소장님을 통해서 저도 이해하게 되었어요. 그래서 이제 철희 씨가 나와 함께 하지 못할 때 느끼는 고통을 말할 수 있게 되었어요. 더 이상 남편을 공격하지 않게 되었어요. 남편이 다가오지 않아서 생긴 분노라는 걸 이해하고 나니까 이제 다가와 달라고 요청도 하게 돼요. 그러면 남편도 나에게 나가옵니다. 화를 내서 밀어내는 것이 아니라 부드럽게 말하면서 남편이 내 곁에 있게 해요. 남편에게 이제 다가와줘서 고맙고 행복하다고 말해요. 내가 요청하지 않아도 남편은 제 곁에 머물러 있으려 해요. 이전에는 늘 밖으로 도망갈 준비를 하고 있는 남편이었어요. 남편이 가족사진을 찍을 때 어떤 표정을 지을지 지켜봐야겠어요.(웃음)"

부부가 웃으면서 상담실을 떠나갔다. 음악이 바뀌고 춤이 바뀌었다. 정서를 표현하고 패턴을 바꾸었다. 더 이상 서로를 향해서 변하지 않는다고 비난하고 공격하거나 피하지 않았다. 그렇게 서서히 변화는 찾아왔다.

애착대상이 나에게서 멀어지면 부정적 춤이 시작되고, 다가오면 긍정적 춤을 춘다. 자신의 내면의 음악을 들려주면 춤은 바뀐다. 내면의 음악은 바로 자신의 깊은 '정서와 욕구'를 말한다. 이것을 듣는 것에 익숙해지고, 연습을 해야 한다. 비난하고 회피하는 춤의 방식을 바꾸어야 한다. 그렇게 할 때 사람은 변하지 않는다는 말이 얼마나 허구인지 경험하게 될 것이다.

서로를 고치려 하고 문제를 풀려고 서로 비난하게 되면 부정적 고리에 갇히고 만다. 그럴 때 상대를 절대 변화시킬 수 없고 문제를 풀 수 없다. 아내가 임신을 거부한다며 싸우고 상담을 온 부부가 있었다. 남편은 결혼하면 당연히 아이를 가져야 된다는 입장으로, 이를 거부하는 아내를 무책임하다고 비난하며 차라리 이혼하자고 했다. 아내는 사랑하는 느낌도 없고 늘 자신을 비난하는 남편과 아이를 갖는 것이 끔찍하고, 두 사람의 미래 또한 불투명해서 그럴 수 없다고 했다.

"소장님께서도 봐서 알겠지만 이혼하자는 말을 서슴없이 하는 남편과 아이를 가질 수 있겠어요. 끔찍해요. 저도 아이를 갖고 싶은 마음이 간절해요. 하지만 지금은 나를 비난하고 무시하는 남편의 아이는 갖고 싶지 않아요."

부부는 자신들의 부정적 패턴을 '태풍 속으로'라고 이름 붙였다. 갈등이 시작되면 부부는 "우리가 지금 태풍 속으로 들어가고 있어"라고 말하면서 부정적 춤을 멈출 수 있게 되었다.

이렇게 상담을 통해서 고리를 이해했고, 비난하고 회피하던 부정적 패턴을 부부가 함께 바꾸었다. 선순환으로 돌아서면서 부부는 임신도 하게 되었다. 그동안 연구소에서 상담한 부부가 임신하는 경우를 종종 보았다. 안전한 관계가 될 때 비로소 부부는 그 문제를 풀 수 있다. 비난과 무시 등의 부정적 태도로 인해 나쁜 춤을 추고 있다면, 그 문제를 풀 수 없다. 태풍 속에서 임신을 하는 것은 너무 위험하다. 태풍이 잠잠해져야 부부는 임신을 하고 함께 여행을 가고 시가와 처가를 방문할 수 있다.

문제를 풀 수 있는 안전한 관계를 만드는 것이 관계 상담의 목표다. 시댁, 양육, 처가, 양육 등의 문제가 발생했을 때 부정적 고리, 즉 태풍 속에서는 해결이 불가능하다. 부정적 고리는 서로에게 상처를 주기 때문에 자신을 보호하게 만든다. 문제를 해결하기보다는 먼저 안전을 확보하려고 한다. 따라서 함께 하는 것이 위험하다고 느끼는 동안에는 머리를 맞대고 문제를 해결할 수 없다. 이때는 문제를 푸는 것을 멈추고 문제를 풀 수 있는 안전한 관계를 먼저 만들어야 한다.

"표현하지 않으면
반대로 알 수밖에 없습니다"

소통을 위해 정서 표현을 배워야 한다. 대부분의 사람들이 자신의 정서를 잘 표현하지 못하고, 정서에 익숙하지 않다는 점은 주목할 필요가 있다. 정서가 상담치료 분야에 도입된 것이 그리 오래되지 않았고, 한국에서 정서중심 치료가 본격적으로 적용된 것도 최근의 일이다.

한국은 한의 문화를 갖고 있다. 이는 깊은 정서의 표현이라 할 수 있다. 그런데 '한'의 문화는 정서를 억압하고 제한했기 때문에 발생되었다. 정서를 표현하지 못하게 하는 문화가 한의 뿌리가 된 것이다. 정서 표현을 터부시 하며 나약한 사람들의 전유물이라 여긴 나머지, 속에서 곪아서 한이 되었다. 마음이 답답해도, 가슴을 칠 뿐 말로 표현할 수 없었다. 정서 소통 방법을 모르고, 힘든 정서를 해결해 본 경험 또한 없었다. 이러한 문화 속에서 사람들은 자신이 잘 참는 사람이라고 여기지만, 사실은 부정적이고 고통스러운 감정을 가슴에 쌓아두고 있다가 때때로 그것이 폭발한다. 격한 신체 반응을 보이는 것은 이러한 고통스러운 문화에 갇혀 있었기 때문이다.

상담을 하다 보면 의외로 많은 사람이 정서 표현을 나약하고 유치하고 성숙하지 못한 것이라고 생각한다. 정서 표현을 제대로 모르기 때문에, 분노를 참는 것을 정서 표현으로 오해한다. 실제로는 공격이나 회피를 정서 표현으로 잘못 인식하고 있어, 이로 인해 상대방을 미성숙한 사람으로 보기도 한다.

정서 표현은 내면에 흐르는 음악, 즉 정서와 욕구를 자각하고 그것을 상대에게 전달하는 것이다. 많은 사람이 감정의 폭발을 정서 표현으로 착각하고 있다. 이런 분위기가 결국 정서를 나쁜 것으로 여겨지게 만든다. 이런 점에서 우리는 정서 표현에 대해 아주 미숙하다고 볼 수 있다.

정서중심 치료모델을 창안한 심리학자 수잔 존슨 교수는 소중한 애착 대상과 연결될 때 인간이 깊게 성숙한다고 강조했다. 자신의 정서를 표현하고 타인이 그것에 깊이 공감하고 반응할 때 성숙이 이루어진다는 것이다. 또한, 매사추세츠대학 심리학과의 에드 트로닉 교수는 정서를 혼자서 처리하기는 어렵다고 지적했다. 우리가 살아온 문화는 정서를 해결해야 한다고 요구했지만, 아무도 정서 표현을 도와주지 않았고 그래서 표현하는 방법도 몰랐다. 이로 인해 처리되지 않은 정서는 순전히 '한'의 덩어리가 되어버렸다. 이러한 억압과 참음을 성숙으로 오해해 왔으나, 이는 사실 퇴행의 오해였다. 이것이 결국 한이 되어 가슴을 치며 고통을 호소하는 상황까지 이르고 말았다. 정서를 표현하고 이해받으면 문제가 순식간에 해결될 수 있는데도, 많은 이들이 평생을 끙끙 안고 앓았다.

🌀 가정은 좋은 것만 표현하는 곳이 되면 안 된다

가족 중 누군가가 감정을 처리하지 못하여 심각한 고통을 겪고 있다고 해보자. 혼자 억압하고 참는 것이 해결책이 아니지만, 표현할 수 없다는 생각에 더욱 고립된다. 특히, 가장 가까운 가족에게조차 감정을 드러내지 못한다. 가정은 좋은 것만 말하는 곳으로 여겨져 내면의 아픔과 고통을 묻어두기 쉽다. 속에서 부글부글 끓고, 외부에서 깊은 상처를 받고, 고부와 장서 간 갈등이 생겨 아파도 혼자 해결해야 할 문제라고 생각하며 참는다.

그러나 가정은 진정으로 힘든 것을 솔직히 말할 수 있는 곳이 되어야 한다. 가정은 자녀가 상장받은 것만 말하는 곳이 아니라 성적이 떨어져서 힘든 감정을 공유하는 곳이 되어야 하며, 처가와 시가에서의 좋지 않은 경험도 털어놓을 수 있는 곳이어야 한다. 말하지 않으면 고통은 점점 커지고, 결국 그 고통이 가정 분위기 전체를 집어삼켜버릴 날이 찾아온다.

심리학에 정서 세분성emotional granularity이라는 것이 있다. 이는 심리학자 리사 펠드만 배럿Lisa Feldman Barret이 밝힌 개념으로, 자신의 구체적인 느낌을 구분하고 식별하는 능력을 말한다. 인간은 어느 상황에서도 각자 자신만의 정서를 경험하게 된다. 그래서 자신의 감정을 세분화하여 인식하고 이름을 붙여서 말할 수 있으면, 부정적인 감정을 처리할 수 있는 능력을 높일 수 있다는 것이다. 이렇게 할 때 '한'이 생기지 않게된다. 이렇듯 자신이 경험하고 있는 정서를 구체적으로 표현하면 우울증, 중독, 분노 등 파괴적 행동을 줄일 수 있다.

이처럼 정서를 알고 표현할 때 진정한 성숙이 이루어지고, 공격이나 회피 행동을 줄일 수 있다. 그동안 성숙에 대한 우리는 크게 오해하고 있었던 것이다.

그리고 또 다른 오해가 있다. 흔히 자신의 마음을 말로 표현해야 아냐고 말하는 사람이 있는데, 대부분 자신의 감정을 말로 표현해보지 못한 사람들이 하는 말이다. 정확하게 말하면 다음과 같다.

"마음을 말로 표현해야 아나? 나는 마음을 아직 한 번도 표현해 본 적이 없어!"

정서를 표현해 본 사람은 '마음을 표현해야 아냐'는 말을 하지 않는다. 그 표현이 얼마나 많은 것을 깨닫고 알게 하는지 경험하기 때문이다. 상담에서 자신의 마음을 밝혀서 그대로 상대에게 표현하라고 하면, 많은 사람이 다음과 같이 반응한다.

"연극을 하는 것 같아 말 못 하겠어요. 얼굴이 화끈거려요."

진정한 자신의 마음을 들여다보거나 표현해보지 못해서 이런 불행한 상황이 발생한다. 자신을 표현하는 것을 연극한다고 느끼는 것이다. 애착 대상을 통해서 내면의 진정한 자신의 목소리를 한 번도 드러내 본 적이 없기 때문이다. 낯설고 어색하고 창피하다. 자신의 진정 어린 정서를 이질 적으로 느끼는 것이 가슴 아프다. 외부에 보인 자신과 내면에 있는 자신 이 따로 노는 것이다.

많은 사람이 자신의 진정한 정서를 잘 모르고, 드러내길 꺼린다. 그러 나 정서를 빼고 말하는 것은 자신의 껍데기만 드러내는 것이고 성숙을 방해하는 것이다. 그것은 고스란히 '한 덩어리'가 되어 몸에 쌓인다. 목이 나 가슴에 뭔가 걸린 것 같아서, 결국 자신의 가슴을 치게 된다.

 말로 표현하지 않으면 반대로 안다

말로 표현하지 않으면 상대방은 알 수 없다. 심지어 반대로 오해할 수도 있다. 사랑하는 마음이 있어도 표현하지 않으면, 안타깝게도 상대는 자신 을 미워한다고 느낄 수 있다. 감사한 마음이 있어도, 이를 표현하지 않으 면 상대는 자신을 감사할 줄 모르는 이기적인 사람으로 여길 수 있다. 표 현하지 않으면 이런 억울한 상황이 발생할 수 있다.

인철 씨와 주혜 씨 부부를 보자. 인철 씨는 불우한 가정에서 자라 성실하게 일하고 있었고 그런 주혜 씨는 그런 그를 고맙게 생각했다. 그녀는 세 명의 자녀에게 정성을 쏟아 양육했다. 아이들도 잘 자랐고 가정 형편도 안정되었다. 서로에 대한 믿음이 컸고 주위 사람들도 잉꼬부부라고 불렀다. 주혜 씨에게 행복한 가정은 자랑이었고 그녀를 지탱하는 큰 힘이었다. 주혜 씨는 20대 초반에 만나 자신을 지켜주고 가족을 위해 노력하는 인철 씨를 깊이 신뢰했고 동반자로서 미래를 꿈꾸며 만족하며 살았다.

그러던 중 주혜 씨는 남편이 술집 여자를 만나 외도한 사실을 알게 되었다. 남편의 핸드폰에 남아있던 기록을 통해 친구들과 술 마시고 성매매로 이어졌다는 사실을 알게 되었다. 추호의 의심없이 믿었던 남편이다. 주혜 씨는 그 순간 모든 것이 무너져 내렸다. 자신이 삶을 지탱해 오던 모든 것이 무너졌고, 의심 한 번 하지 않았던 자신이 한심하기 짝이 없었다. 자신을 공격하기도 했다. 인호 씨에게 느끼는 배신감은 일상생활을 유지하기 힘들게 했고, 가족에게 화를 내지 않았던 주혜 씨는 이 사건으로 완전히 다른 사람이 되었다. 아이들도 눈에 들어오지 않고 사소한 남편의 행동에도 격한 분노를 드러냈다.

처음에는 화를 내고 공격적이었던 주혜 씨는 외도 사실을 알고 난 일주일 후부터 깊은 무기력증에 빠졌다. 손 하나 까딱하고 싶지 않고 밥도 먹기 싫어졌다. 아이들도 돌볼 힘이 없어서 방치했다. 급기야 물을 갖고 들어간 주혜 씨는 안방 문을 잠그고 침대에 누워버렸다. 아무도 들어오지 못하게 했다. 인호 씨가 들어가려 하면 극한 적개심을 보이며, 암막 커튼을 치고 깜깜한 방에 혼자 지냈다. 스스로도 그 당시 자신을 '산 송장' 같았다고 표현하며 마치 자신이 죽은 것처럼 느껴졌다고 한다.

아내가 밖으로 나오지 않고 인기척도 거의 나지 않은지 사흘 째. 인철 씨는 불안해지고 걱정이 되었다. 자신의 잘못으로 아내를 잃을 수 있다는 두려움이 밀려왔지만 선뜻 방 안으로 들어가지 못했다. 들어가면 분명 심한 분노를 표할 것이고 공격적인 행동을 할 것이라서 문고리를 잡았다가 돌리지 못하고 물러났다. 자신이 들어가면 아내가 고통을 더 느끼는 것 같아 회피했다. 나흘 째 반이 되면서 인철 씨의 두려움은 극에 달했다.

"이러다가 정말 죽으면 어떻게 하지?"

걱정이 물밀듯이 밀려왔다. 최근 체력도 약한 아내를 잃을지 모른다는 두려움이 엄습했다. 외도 발각 후 죽어버리겠다는 말을 자주 했던 그녀를 더 이상 그냥 둘 수 없었다. 자정이 가까운 무렵, 인철 씨는 조심해서 안방 문고리를 잡고 돌렸다. 다행히 잠겨있지 않았다. 분명 침대에 아내가 누워있는데 아무런 인기척이 없다. 그 순간 인철 씨는 엄청난 두려움을 느꼈다고 했다. 아내가 죽었을 수도 있겠다는 공포가 극에 달했다. 짧은 순간, 살아만 있다면 내일 용기 내서 다가가서 무릎을 꿇고 아내에게 용서를 구하고 함께 회복하자는 말을 하고 싶었다. 살아만 있다면……. 간절한 마음과 두려움으로 핸드폰 불빛을 비추면서 주혜 씨에게 조심스럽게 다가갔다. 그리고 자신의 오른쪽 두 번째 손가락을 내밀어 주혜 씨 코

가까이 갖다댔다. 다행히 아내의 숨결이 느껴졌다. 순간 안심이 되면서 눈물이 났다고 그 상황을 회상했다.

며칠 뒤 인철 씨의 설득으로 부부는 연구소에 찾아왔다. 내가 어떻게 상담을 오게 되었냐고 묻자, 그는 그날 밤 아찔하고 절박했던 심경을 털어놓았다.

"아내 숨결이 느껴지는 순간 눈물이 나고 감사했어요. 아내가 죽었으면 어쩌나 하는 두려움이 너무나 컸었거든요."

이 말을 듣고 있던 주혜 씨의 말은 충격적이었다.

"지금 남편이 그날 내 숨결을 느끼고 감사하다고 했지만 사실 나는 그 순간 뛰어내리고 싶었어요. 며칠간 아무런 반응이 없다가 사흘 째 되는 날 깜깜한 밤에 방에 들어오는 그의 인기척을 느꼈어요. 당시 나는 무기력해서 아무런 반응을 할 수 없었고, 하고 싶지도 않았어요. 그런데 나에게 다가온 남편이 내 코에 가까이 손을 대보고 나갈 때, 그냥 뛰어내리고 싶었어요. 그 순간 이런 생각이 밀려왔어요. '이 사람이 내가 죽기를 기다리고 있었구나. 그것을 간절히 바라고 있었구나.' 그런 생각이 드는 순간 죽고 싶었어요."

인철 씨는 충격을 받았다.

"아내가 죽었을까 봐 두려웠고 숨결을 느껴지고 살아있어서 저는 안도가 되어 좋았는데, 아내가 그 순간 이런 생각을 하고 있었네요."

말을 해야 아냐고 생각하는 사람들에게 필자는 말한다. 말을 해야 알고, 말하지 않으면 상대는 반대로 생각할 수도 있다. 사랑하는 것과 사랑한다고 말하는 것이 다르고, 화를 내는 것과 화가 났다고 말하는 것은 완전히 다른 것이다. 말을 해야 회복되고, 그 말이 기적을 만들 수 있다. 회복이 불가능해 보였던 관계도 말 한마디로 변할 수 있다. 표현하는 것은 마치 사막에 길을 내고 마른땅에 물을 주며 시들어가는 영혼에 생명을 불어넣는 것과 같다. 상담을 통해 인철 씨가 말했다

"그날 밤 나는 당신이 혹시 죽었을까 봐 엄청난 공포가 밀려왔어. 내 잘못으로 당신이 죽는다고 생각하니 너무 후회가 되고 내 잘못이 얼마나 큰지 깨닫게 되었어. 그날 당신 숨소리를 듣는 순간 나는 당신이 살았다는 안도감이 들었어. 그날 당신에게 내가 말을 하지 않고 돌아섰을 때, 내 생각과 정반대로 생각했다는 것을 들으니까 지금 아찔해. 정말 내 마음을 당신에게 표현하는 것이 얼마나 소중한지 알게 되었어. 내 표현이 당신을 살릴 수도 있고 반대가 될 수 있다는 것을 알았어. 내 말 한마디가 당신에게 얼마나 소중한지 알게 되었어."

남편은 익숙하지 않은 자신의 감정을 용기 내어 표현하기 시작했고, 주혜 씨는 외도로 인한 상처를 표현했다. 이때 인철 씨는 위로의 말과 자신의 행동에 대한 후회를 반복해서 표현했다. 주혜 씨의 마음속 사막에 물길이 생겼다. 표현이 가진 힘이 그러하다. 인철 씨는 표현하면서 생기를 얻었다. 과거 외도로 인해 고통받았던 부부지만, 이제 서로 표현을 하면서 외도 이전보다 더 편안한 마음이 드는 순간들이 생겼다. 인철 씨가 자신

의 감정을 표현하면서 했던 말이다.

"이렇게 표현하면서 제가 성숙한 어른이 되는 것 같아요. 아내와 가족을 이제 진정으로 보호할 수 있는 제 자신이 좋아요."

표현은 상대뿐 아니라 자신의 영혼에도 물을 주는 것이다. '말로 표현해야 아냐'는 말이 얼마나 무익하고 무책임한 말인가를 실감한 사례였다.

 정서의 씨앗에 물을 주라!

지금 사랑하는 사람에게 감사, 사랑, 미안, 후회의 마음이 생긴다면 용기를 내어서 표현하길 바란다. 중요한 것은 자신의 감정을 인식하는 것이다. 인식된 감정은 크기와 상관없이 표현되어야 한다. 그럴 때 그 감정은 선명해지고 자라난다. 인식하고 그것에 거치지 않고 용기 내어 표현하는 순간, 그 감정은 더욱 분명해지고 구체화되어 깨닫게 된다.

사랑의 관계는 끊임없이 정서를 생성한다. 우리가 그것을 인식하고 구별하는 경험이 부족해 표현하지 못하는 경우가 많다. 이러한 상황에서 정서는 쉽게 사라진다. 정서 부족이나 공감 능력 부족이 문제가 아니라, 그 정서를 인식할 수 있는 경험이 부족한 것이다. 작은 씨앗이 땅에 묻혔을 때, 그것을 인식하고 관심을 기울이면 그 씨앗은 점점 자라난다. 정서도 비슷하다. 비록 작게 느껴질지라도 표현을 시작하면 그것은 자라난다. 지금부터 시작하면 공감 능력도 생기고, 자신의 내면에서 작동하는 정서를 깨달을 수 있다. 씨앗이 보이지 않는다고 해서 싹을 틔울 능력이 없는 것이 아니다. 땅 속에 존재한다는 것을 인식하지 못한다면, 그 씨앗은 결국 썩거나 시들 것이다. 인간의 마음속에도 정서의 씨앗이 있으며, 이를 인식하고 적절히 다뤄주면 아름다운 꽃을 피울 수 있다. 이것을 인식하고 표현하는 것이 정서를 성장시키는 과정이다. 모든 인간에게는 정서의 씨앗이 이미 유전적으로 심어져 있다. 그동안 이를 제대로 경험하지 못했을 뿐이다. 지금부터라도 관심을 가지고 적절한 양분을 제공한다면, 그 씨앗은 충분히 자랄 수 있다. 결코 포기해서는 안 된다.

현호 씨는 아내 소정 씨로부터 결혼 10년 동안 지속적으로 공격받았다.

"당신은 정서 불구자이고 공감 능력이 제로야!"

현호 씨는 아내의 말을 들으면서 자신이 그런 사람으로 인식하며 지냈다고 했다. 자신이 그런 능력이 없다고 단정 지으며 살아왔다. 그래서 자신은 아내와 가족을 만족시켜 줄 수 없는 사람이라는 결론을 내리고 주어진 회사 일에 매달리며 살았다.

"아내는 늘 나에게 만족하지 못하고 우울해하며 울고 있어요. 어떻게 해야 될지 모르겠어요. 저는 공감 능력이 없는 사람이 맞아요. 저도 아내를 위로하고 싶지만 안 돼요. 제 존재가 문제 덩어리예요."

현호 씨는 늘 물러나 버렸다. 자신은 더 이상 그럴 수 있는 존재가 아니라고 여겼기 때문이다. 상담을 통해서 속에 있는 현호 씨의 정서에 다가갈 수 있었다.

"현호 씨, 아내를 위로하고 싶지만 그럴 수 없다고 느껴질 때 어떤가요? 우울한 아내를 위로할 수 없다고 느껴지면 어땠나요?"

"답답해요."

"그럴 수 있겠어요. 이해해요. 우울한 아내를 위로하고 싶은데 그럴 수 없으면 답답할 수 있겠어요."

"맞아요. 엄청 답답해요. 가슴이 막혀와서 가슴을 치게 돼요."

"아하, 그 정도로 그 순간은 현호 씨에게 답답하네요. 가슴이 막힐 정도로 답답하네요."

"제가 바보 같은 느낌을 받아요. 아내가 울고 있는데 아무것도 못하고 있으니까요."

"울고 있는 아내에게 뭔가를 해주고 싶네요. 아무것도 할 수 없는 자신이 바보라고 느껴졌네요. 그 순간에 뭔가를 해 줄 수 있는 남편이 되고 싶었네요. 그럴 수 없어서 답답했지요?"

"맞아요, 아무것도 할 수 없다고 느껴질 때, 저는 절망감에 빠져요. 무기력해요."

"이해해요. 아내에게 아무것도 할 수 없다고 느껴지면, 절망감이 느껴질 것 같아요. 아내에게 해주고 싶은데 못해주니 절망감이 느껴지고 그럴 때 답답하고 가슴이 막혔네요. 그럴 때 무기력함을 느꼈네요. 지금 이런 자신의 감정을 말하면서 어떤가요?"

"지금 눈물이 나려 하지만, 참고 있어요……. 저는 이런 마음을 한 번도 말해본 적이 없었어요. 말할 사람이 없었어요. 지금 엄청 어색하고 창피하기도 해요."

"이해해요. 아내에게 아무것도 할 수 없는 자신이 절망스럽게 느껴지고 답답했어요. 그런 상황을 지금 말하면서 눈물이 나려고 해요. 그럴 수 있겠어요. 그런데 이런 말을 한 번도 표현해 보지 못했어요. 자신의 마음을 말할 사람이 없었군요."

"제가 이런 감정을 느끼고 있는지도 몰랐어요. 소장님이 내 말을 이해해 준다고 하니까 눈물이 났어요. 나는 내가 문제고 감정 불구라고 생각하고 살아서 나를 이해해 줄 사람이 아무도 없을 것이라 생각하고 살았어요. 그걸 이해받으니까 눈물이 난 것 같아요. 창피하네요."

치료사는 현호 씨를 도와서 소정 씨에게 본인이 했던 말을 다시금 직접 표현하도록 요청했다.

"현호 씨, 지금 소정 씨에게 말할 수 있겠어요? '당신이 우울해하고 울고 있을 때, 당신을 위로해 주고 싶은데 그럴 수 없었어. 내가 아무것도 할 수 없다고 느껴져서 절망감이 컸고 많이 답답했어. 이런 말을 아무에게도 해 본 적이 없었어'라고 말할 수 있겠어요?"

처음에 현호 씨는 망설였다. 고개를 숙이고 말을 해야 할지 난처해하기도 했다. 상담사에게는 표현해도, 소정 씨에게 직접 말하기는 힘들어했다. 한 번도 이런 감정을 인식하지 못했고 드러내 본 적이 없어서였다. 그런 그를 상담사가 기다려주고 이해한다는 메시지를 전했다. 그러자 결국 현호 씨는 용기 내어 아내에게 표현했다.

"당신이 우울해서 울고 있을 때 위로해 주고 싶은 데. 아무것도 할 수 없어서 가슴이 막히고 답답했어. 내가 당신에게 힘이 되는 남편이 아니라고 느껴질 때, 정말 절망스럽고 무기력했어. 아무것도 하지 못하는 내가 무능한 사람이고 당신이 이런 나를 싫어할 것 같아서 회피해 버렸어. 이런 말을 당신에게 처음 해보는 것 같아."

현호 씨는 이런 말을 하는 것이 낯설고, 이런 마음 또한 처음으로 표현한다고 했다. 상담사가 그것이 어떤 느낌이냐고 물어보자 '낯설지만 나의 진짜 마음을 표현하는 느낌'이라고 했다.

이에 대한 소정 씨의 반응이 흥미로웠다. 현호 씨 말을 들은 아내가 눈가에 눈물을 보였다.

"당신이 표현하지 않고 그냥 무표정하게 있거나 자리를 떠나서 피해버리면 난 고통스러웠어. 내가 무가치하게 느껴지고 당신이 나를 싫어한다고 느꼈어. 그럴 때면 버려진 느낌이라 심하게 우울해져. 지금 당신이 이렇게 말해주니까 나는 안심이 돼. 당신이 나를 싫어하는 것이 아니라 해본 적이 없어서 힘들어서 그랬다는 말이 나에게 도움이 돼. 나에게 해주고 싶었다는 당신의 마음을 알게 된 것이 엄청 좋아. 사실 당신이 이렇게 나에게 말을 하면서 다가오는 것이 나에게는 큰 선물이야. 당신도 힘들었겠어. 당신의 진짜 마음을 보여줘서 고마워. 나도 이제 내 마음을 당신에게 표현할 수 있을 것 같아. 더 이상 당신을 공격하지 않아도 될 것 같아."

현호 씨의 노력에 소정 씨도 변했다. 자신을 싫어하고 감정 없는 사람이라고 그를 비난했는데, 감정을 한 번도 표현하지 못해 힘들었다는 것을 알면서 그를 위로해 주었다. 남편이 자신에게 잘하고 싶고 힘이 되고 싶은 남편의 마음은 소정 씨를 변화시켰다. 그리고 현호 씨를 다르게 볼 수 있게 해 주었다.

"난 당신이 전혀 감정이 없고 메마른 사람이라 느껴져서 희망이 없었어. 평생 당신하고 살면 공감은 받을 수 없다는 생각에 나도 속상했어. 그래서 당신을 감정 불구라고 공격한 것이 당신에게 상처가 되었겠어. 미안해. 당신은 이런 감정을 한 번도 표현하지 못해서 힘들었겠어. 당신 마음속에 이러한 감정이 존재한다는 사실만으로 내겐 희망이 생겼어."

소정 씨의 이러한 표현은 현호 씨에게 용기와 힘을 주었고, 아내를 위로해 줄 수 있는 사람이 될 수 있다는 희망을 갖게 했다.

이처럼 상담을 통해서 본래 속에 숨어 있던 '정서 씨앗'에 물을 줄 수 있다. 모든 사람들의 마음속에는 정서가 보석같이 존재하고 있다. 애착관계는 그것을 열매 맺게 도와줄 가장 풍성한 토양이다. 변하지 않을 것 같고 감정이 없을 것 같은 사람도 변할 수 있다. 정서 표현은 엄청난 변화를 이끌 것이다. 용기 내어 일단 표현하면 생각한 것보다 그 효과가 크다는 것을 경험하게 된다. 정서 표현은 단순히 말 이상을 넘어 생명을 살린다.

"외도로 인한 상처, 지울 수 없어도 회복할 수는 있습니다"

아내 어떻게 십 수년 함께 살아온 나를 배신할 수 있죠? 딴 여자에 홀려 가정을 파탄 지경으로 만들어버리다니……. 남편을 절대 용서할 수 없을 거 같아요.

남편 순간의 실수였고, 충분히 반성하고 있는데 아내는 여전히 절 벌레 보듯 합니다. 어떻게 해야 아내의 맘을 되돌릴 수 있을까요? 하루하루가 고통입니다.

연인과 부부 사이에 상처를 주는 순간이 있다. 바로 상대가 등을 돌릴 때다. 자신과 거리를 두며 외면하는 듯한 반응 그 자체가 상처다. 이런 순간들은 단순한 상처를 넘어서 깊은 갈등과 고통으로 이어진다. 외면당하는 상황 자체가 고통스러운데, 상대의 부정적인 반응까지 더해져 그 고통을 심화시킨다.

우리는 항상 상처받을 수 있다. 중요한 사실은, 상처 또한 혼자서 극복하기가 배로 힘들다는 것이다. 어려운 상황은 말할 것도 없고, 특히 기쁜 순간에조차 사랑하는 사람으로부터 외면당하면 고통은 배가 된다. 예를 들어, 힘들게 운전면허를 딴 아내가 그 소식을 남편에게 나누려 전화를 했다. 그러자 남편은 "개나 소나 쉽게 붙는 걸 가지고 호들갑 떨고 있어!"라고 대수롭지 않게 반응했다. 이 반응은 아내에게 벗어나기 힘든 분노를 일으킬 수 있다. 또 다른 예로, 남편이 오랜 기다림 끝에 이룬 승진의 기쁨을 아내와 나누고자 했으나, 아내는 "이미 동기들은 3년 전에 승진했어. 이제 와서 그게 자랑이냐?"라고 냉담하게 말했다. 이 반응은 남편을 나락으로 떨어뜨린다.

이러한 순간들은 '배우자에게 내가 소중하지 않은 사람'이란 점을 각인시키고, 아무도 의지할 대상이 없다는 외로움을 느끼게 만든다. 스스로 아주 하찮은 사람이란 감정을 갖게 된다. 이것이 애착 갈등의 핵심으로서 부모로부터 받는 상처, 연인, 부부 사이에 찾아오는 갈등의 뿌리가 된다.

상황 자체가 갈등의 원인이라 생각하기 쉽지만, 그렇지 않다. 실제로 갈등을 초래하는 것은 부모나 파트너의 태도와 반응이다. 이런 갈등으로 개인이 겪는 고통은 엄청나다. 자신을 하찮은 존재로 느끼게 되며, 사랑받지 못하는 자신의 모습을 직면하게 된다. 부정적인 반응을 반복적으로 받으면서, 결국 부정적인 자아상을 형성하게 되는 것이다.

그런데 단 하나의 사건이 이런 부정적 자아상을 만들어내며, 한 개인의 삶을 일순간 뒤집어 버리기도 한다. 바로 외도와 폭력이다.

특히 부부에게 가장 심각한 상처를 입히는 것이 바로 배우자의 외도이다. 외도는 부부관계를 순식간에 벼랑으로 몰고 간다. 서로 노력하면서 회복되어 가던 부부 사이에서도 외도 문제가 불거지면 그동안의 노력이 수포로 돌아가는 경우가 많다. 실제로 배우자의 외도 문제 때문에 고통받는 부부를 치료하다 보면 돌발 상황이 발생할 때가 있다. 배우자를 용서해야 관계가 회복되는데 용서는 안 되고, 그렇다고 섣불리 이혼을 결심할 수도 없어서 고통스러워한다.

외도로 인한 상처는 때때로 지워지지 않는 아픔으로 남는다. 이를 용서하는 것은 매우 어려운 일이다. 우선 외도를 저지른 당사자가 진심으로 뉘우치고, 배우자에게 다가가 용서를 구하는 손을 먼저 내밀어야 한다. 진지하고 진심 어린 태도로 다가가야 함은 물론이다. 진정성 있는 태도로 다가가 상대의 고통을 이해하고 위로함에 따라, 서서히 신뢰가 회복되고 그 결과 용서로 이어질 수 있는 것이다.

💍 시간이 흐른다고 잊히는 것이 아니다

외도는 부부 사이의 갈등을 순식간에 극대화시키며, 그로 인한 충격은 이루 말할 수 없이 강력하다. 심한 경우, 길을 걷다가 배우자의 외도 상대와 닮은 사람만 보아도 전신이 떨리며 분노가 치밀어 오르는 일이 발생한다. 상담 과정에서 외도로 인한 깊은 고통을 말하던 환자가 과호흡 증상을 보이는 경우도 있다.

부부가 결혼 15주년 기념으로 제주도로 가족 여행을 떠났다. 오랜만의 가족 여행이라 모두들 들떠서 즐거운 시간을 보내고 있었다. 저녁에는 제주 흑돼지 바비큐를 먹으며 술도 한 잔씩 기분 좋게 마셨다. 그런데 별안간 서희 씨가 남편에게 화를 내기 시작했다. 서희 씨는 주변 사람들이 모두 쳐다보는데도 아랑곳하지 않고 남편을 향한 공격을 멈추지 않았다.

"당신이 지금까지 나에게 잘해준 게 뭐야? 당신 마음속에 내가 있기는 한 거야! 혹시 아직도 그 여자 생각하고 있는 거 아니야? 응? 말해봐!"

남우 씨는 고개를 들지 못했다. 그리고 아무 말 없이 자리를 떠났고, 서희 씨는 흐느끼며 울기 시작했다. 그렇게 모처럼만의 가족 여행을 망쳐버렸다.

"저녁을 먹고 있는데 옆에 앉아 있는 사람이 눈에 들어왔어요. 나이 많은 남자가 젊은 여자와 다정하게 식사를 하고 있더라고요. 그때 휴대전화 벨이 울리면서 남자가 전화를 받으려고 일어서는데, 알고 보니 아내한테서 온 전화더라고요."

서희 씨는 그 남자의 전화통화 내용을 듣게 되었다. 남자는 "여보! 출장

와서 일 잘 마치고 지금 거래처 사람들이랑 저녁 먹고 있어!"라고 수화기 너머에 말했다고 한다. 서희 씨가 말을 이었다.

"그 남자가 함께 있던 여자의 눈치를 보면서 아내와 통화하는 모습을 보는 순간 피가 거꾸로 솟는 느낌이었어요. 남편이 예전에 외도를 할 때 출장 간다는 핑계를 댔었거든요. 그때 악몽이 되살아나면서 순간 가족 여행이고 뭐고, 참을 수 없는 분노가 밀려왔어요. 이제는 잊은 줄 알았는데⋯⋯: 그게 벌써 4년 전 일이에요. 그런데 한순간에 4년 전 상황으로 돌아간 듯한 느낌이었어요. 술김에 내가 화를 참지 못한 것도 문제였지만 생각해 보면 전 여전히 남편을 용서하지 못하고 있는 것 같아요. 아니, 절대로 용서할 수 없어요."

부부 불화에 외도 문제가 겹친 경우, 치료 기간이 훨씬 길어진다. 반드시 '단절'을 재연결'하는 과정을 거쳐야 하기 때문이다. 외도는 부부의 연결 끈을 모두 잘라버리는 상처를 준다. 이때 필요한 것은 단순한 용서가 아니라 상처받은 배우자의 고통에 지속적으로 집중하는 것이다. 섣부른 용서보다는 깊은 연결을 통해 상처를 치유하는 과정이 중요하다. 특히 외도 한 당사자는 배우자의 깊은 상처가 아물기 어려운 것임을 인식하는 것이 중요하다. 이 고통이 깊이 이해되는 순간, '나를 용서해 달라'는 말보다 '어떻게 나를 용서할 수 있겠어'라는 말이 나오게 된다.

많은 이들이 외도 문제가 드러나는 순간 부부관계는 끝이라고 생각한다. 심지어 전문가 중에서도 외도를 경험한 부부관계는 회복이 불가능하다고 생각하는 사람들이 있을 정도다.

얼마 전 부부관계 회복을 다루는 방송 프로그램에 참여한 적이 있다. 방송에는 하루가 멀다 하고 심하게 다투는 부부, 몇 년을 같이 살아도 서로 이해하지 못하는 부부, 경제적인 어려움으로 고통받는 부부, 서로 다른 양육관 때문에 갈등이 깊은 부부 등 다양한 문제를 안고 있는 부부들이 출연했다. 부부 문제는 갈등의 원인이 다양하고, 그 갈등이 아무리 심각하더라도 서로 노력하면 대부분 해결된다. 하지만 외도가 끼어 있으면 이야기는 복잡해진다. 관계가 회복되는 듯하다가도 작은 자극에도 과민 반응을 보이며 쉽게 과거의 부정적 패턴으로 회귀할 수 있기 때문이다.

그렇다고 해서 외도 문제를 안고 있는 부부가 모두 이혼을 선택하지는 않는다. 외도를 범한 당사자나 상대 배우자 모두 이혼까지는 원하지 않는 경우가 더 많다. 단지 그 상황을 어떻게 해결해야 할지 몰라 괴로워하고 있는 것뿐이다. 주위에서 드물지 않게 일어나는 일인데다 민감하고 자극적인 소재인 만큼 외도는 방송에서도 자주 다뤄지고 있다. 하지만 이 문제를 매체를 통해 간접적으로 해결하려 하면 오히려 감정의 골이 깊어질 수 있다. 외도는 그 어떤 문제보다도 조심스럽게 다뤄져야 한다. 그렇지 않으면 오히려 갈등만 부추기기 쉽다. 부부의 외도 문제는 감정적으로 접근하기보다는 전문가의 도움을 받는 것이 현명하다. 외도 문제는 그것을 이해할 수 있고 풀어줄 수 있는 곳에서 개방하여, 깊이 다루어야 한다.

# 외상후스트레스장애에 버금가는 외도의 상처

선화 씨 부부는 외도 문제로 상담을 시작했다. 외도를 범한 민호 씨는 시종일관 침묵했고, 아내는 그 옆에서 격앙된 목소리로 분노를 표현했다. 종종 상담을 할 수 없을 정도로 심한 감정 기복을 보이기도 했다.

"지금도 남편이 그 여자를 만나는 것 같아요. 아니, 만나고 있어요."

외도를 발각한 후, 선화 씨는 남편의 전화벨 소리 하나에도 예민하게 반응했고 문자 내용도 모두 감시했다. 한시도 남편 곁을 떠나려 하지 않았다. 아내는 남편이 자신과 떨어져 있으면 그 여자를 다시 만날지도 모른다고 의심하고 있었다. 결국 남편은 직장까지 그만두고 아내와 함께 시간을 보내고 있었다.

민호 씨의 외도는 사업차 중국으로 출장을 가면서 시작됐다. 몇 개월간 떨어져 지내는 사이, 남편 동료의 부인이 남편이 중국에서 바람을 피우고 있다는 사실을 말해주었다. 처음에는 믿지 않았다. 대학 시절 만나서 오랜 연애 끝에 결혼한 남편은 누구보다 가족에게 헌신하는 사람이었다. 민호 씨는 중국에서도 집으로 자주 전화해서 안부를 묻고 아내에게 애정 표현을 했다. 경제적으로도 안정적이고, 아이들도 별 탈 없이 잘 자라고 있었다. 남부러울 것 없는 가정이었다. 선화 씨는 오히려 남편이 먼 이국땅에서 가족을 위해 고생하고 있다는 생각에 미안함과 고마움을 갖고 있었다.

그랬던 남편의 외도한다는 말을 들었을 때 선화 씨는 그야말로 하늘이 무너지는 느낌이 들었다. 눈으로 확인하기 전에는 받아들일 수 없었다. 그녀는 그 길로 중국으로 건너갔고, 남편의 외도 장면을 목격하게 되었다. 상간녀는 술집에서 만난 조선족 여자였다. 남편은 그 여자를 통해 타국에서의 외로움을 달래고 있었다. 믿었던 신뢰가 완전히 무너지고 외국에서 고생하는 민호 씨를 생각하면서 돈 한 푼 허투루 쓰지 않고 절약해 온 자신이 한심하게 느껴졌다.

갑자기 찾아온 아내를 보고 민호 씨는 몹시 당황했다. 가정을 지키고 싶었던 남편은 그날로 그 여자와의 관계를 끝냈다. 선화 씨는 남편이 중국에서의 일을 접고, 한국으로 들어오기를 원했다. 단 일 초도 중국에 남편을 두고 싶지 않았다. 남편은 회사에 연락을 해서 그곳 상황을 정리하고, 약 한 달 뒤에 한국으로 들어왔다. 하지만 아내는 중국에서 그 여자가 한국까지 따라 들어왔을지도 모른다고 의심이 들었고, 남편이 누군가와 통화하는 모습만 봐도 그 여자일 거라는 생각이 밀려 왔다. 잠을 자다가도 남편이 바람을 피우는 꿈에 놀라 잠을 깨기 일쑤였다.

선화 씨가 느끼는 배신감은 엄청나게 컸다. 그동안 대학 때부터 보여주었던 민호 씨의 애정 표현이 전부 가식으로 느껴졌다. 외도는 지금까지 경험한 모든 것을 한순간에 무너뜨리기 때문에 파괴력이 핵폭탄급이다. 자신에게 했던 애정 표현을 그 여자에게도 똑같이 했을 거란 생각이 들어서 더 괴로웠다. 이제 남편을 전혀 믿을 수가 없었다. 남편이 어쩌다 한

숨을 한번 쉬어도 지금 자신과 함께 있는 게 답답하고 싫어서 그런 건 아닐까라고 생각했다. 심지어 남편에게 돈이 있으면 그 여자를 만나러 다시 중국으로 떠날 것 같아서 남편 카드까지 없애버렸다. 한동안은 남편이 월급을 받아오면, 별로 필요하지 않은 가구들을 사들이기도 했다. 돈을 다 써버리고 없어야 남편이 그 여자를 못 만날 것이라 생각했다.

"남편이 외국에서 고생한단 생각에 저는 돈 한 푼도 마음대로 쓸 수 없었어요. 아끼고 아끼며 살았는데, 알고 보니 남편은 그 여자한테 돈을 흥청망청 썼더라고요. 저도 더 이상 돈을 아낄 필요가 없다는 생각이 들었어요. 그래서 평소 사고 싶었던 가구도 사고, 가전제품도 샀어요. 집에 돈이 없어야 남편이 그 여자 생각을 하지 않을 거란 생각이 들어서요."

외도는 애착 손상이다. 애착 손상이란 소중한 순간에 관계를 단절시키고 배신감을 안겨주는 관계 상처를 말한다. 남편의 외도는 선화 씨의 모든 것을 일순간에 날려버린 사건이었다. 소중한 배우자의 배신을 경험한 사람들은 외상 후 스트레스 장애를 입은 사람들과 같은 증상을 보인다. 즉, 전쟁이나 천재지변 혹은 심각한 교통사고를 겪고 난 사람들이 느끼는 정도의 고통을 느끼는 것이다. 그만큼 외도는 부부 사이를 지독하고 끈질기게 괴롭힌다. 지속적으로 그 상황이 떠오르고 처음 받은 분노와 상처를 반복해서 경험하게 된다.

선화 씨는 민호 씨의 외도한 사실이 떠오를 때마다 견디기 힘들 만큼 괴로워했다. 그 후로 상당한 시간이 흘렀지만 상담을 하다가도 외도에 대한 이야기가 나오면 당시에 느꼈던 것과 같은 정도로 분노했다. 남편에게 심한 욕설을 퍼붓기도 하고, 믿을 수 없는 인간이라고 비난하기도 했다. 차분하게 말을 하다가 갑자기 눈물을 쏟기도 했다. 그만큼 감정의 기복이 심했다.

그나마 다행스러운 건 남편이 아내의 아픈 마음을 이해하려고 노력한다는 점이었다. 대부분의 외도 가해자는 그 상황을 축소하거나 거짓말로 넘기려 한다. 그렇게 되면 회복은 더욱 어렵게 된다. 물론 아내가 지금도 남편이 바람을 피운다며 사실과 다른 말을 할 때는 순간적으로 민호 씨가 화를 내기도 했지만 이내 진지한 모습으로 아내와의 관계를 회복하려는 마음을 보였다.

"선생님! 제가 실수했던 이전으로 돌아가고 싶습니다. 바람을 피웠던 그 시간을 정말 지워버리고 싶어요. 후회됩니다. 가끔 아내가 저를 의심할 때는 화도 나지만 제가 잘못한 일이니 기다려야지요."

가해 배우자가 자신의 잘못을 책임지려는 태도는 외도 문제를 극복하는 데 가장 결정적인 요소다. 외도를 한 쪽은 자신이 저지른 일에 대해서 유감을 표현하고 진심으로 사과해야 한다. 또한 사과는 한 번으로 끝나선 안 된다. 상대방이 힘들어하고 외도를 언급할 때마다 진심으로 사과를 하고 자신의 실수를 후회하고 있다는 점을 전해야 한다.

민호 씨는 아내가 조금만 떨어져 있어도 자신을 의심하는 바람에 결국 회사를 그만두었다. 외도로 피해를 입은 배우자는 이전에는 상상하지 못했던 행동을 하게 되는데, 이는 모두 그들의 깊은 상처에서 비롯된다. 자신이 부족해서 이런 상황에 처했다고 스스로를 비난하며, 다시 비슷한 고통을 겪을까 두려워서 그러한 행동을 벌이는 것이다. 외도 가해자는 이러한 반응이 전부 상대 배우자의 상처임을 직시해야 한다. 그것을 이해하고 그 아픈 마음에 다가가야 한다.

예를 들어 원래 성관계가 없던 부부인데, 외도 후에 피해 배우자가 지속적으로 성관계를 요구하는 경우가 있다. 이것을 '이상 성욕'이라고 할 수 있지만, 이는 심오한 상처에서 비롯된 반응임을 알아야 한다. '내가 성관계를 하지 않고 성적 매력이 없어서 그런 거야. 저 사람한테 성욕이 남아 있으면 또 외도할 수 있어.' 그래서 둘이 있을 때는 완전히 벗고 지내는 부부도 있었다. 온전히 외도한 배우자의 잘못인데도 자신이 뭔가 부족하고 문제가 있어서 그런 것이 아닌가 하여 자신을 공격하기도 한다.

이때 가해 배우자는 문제의 본질이 자신에게 있음을 항상 인지하고, 상대방의 고통에 진심으로 다가가야 한다. 전에는 자신감 있고 독립적인 삶을 살아온 전문직 여성이 남편의 외도 이후 성형수술을 여러 번 시도하기도 하며, 상담 중에 어느 날 얼굴 성형을 하고 나타난 사례도 있다. 그런 상황을 접하면 나는 가슴이 아프다. 외도의 결과는 해결이 아니라 상담을 통해서 치료되어야 한다. 이것이 외도가 이렇게 파괴적이라는 사실을 많은 사람이 알아야 할 이유다.

무엇보다 부부관계를 회복하는 것이 중요하다고 생각하고 민호 씨 부부는 상담을 결심했다. 선화 씨보다 민호 씨가 적극적으로 치료받기를 원했다. 처음에는 이혼까지 생각했었지만, 아내 역시 여전히 남편을 사랑하고 있다는 것을 숨길 수 없었다. 단지 믿었던 남편의 배신에 고통이 심하고, 쉽게 용서가 되지 않아서 힘들어하고 있었다.

민호 씨는 매일 아내의 고통을 이해하고 있음을 표현했다.

"지금 당신이 받는 고통을 이제 이해하게 되었어. 당신이 나를 용서할 수 있을지 모르겠지만 두 번 다시 그런 일은 없을 거야. 당신의 아픔을 상담을 통해서 알고 나서는 용서받지 못하리라는 생각도 들었어. 하지만 당신 마음이 회복될 때까지 나는 함께 하고 싶어……."

민호 씨는 반복해서 아내의 아픔에 다가갔다. 상담 초기, 선화 씨는 자신의 고통을 잘 모르고 잘못을 깊이 있게 인정하지 않는 남편을 용서할 수 없었다. 하지만 남편의 지속적인 노력과 태도에 조금씩 마음이 움직이기 시작했다. 결국 남편의 진심 어린 사과와 치료자의 도움으로 아내는 차차 안정을 찾아갔다. 민호 씨는 그 후에도 지속적으로 아내의 상처에 다가가 반복해서 후회의 감정을 표현하고 노력하는 모습을 보여주었다. 또한 아내가 현재 감정들을 솔직하게 표현할 수 있게 배려해 주었다. 애착 손상의 해독제는 정서적으로 깊이 자신이 준 고통에 대해서 후회의 마음을 전하고 배우자의 상처를 깊이 있게 이해하는 것이다.

선화 씨 또한 자신의 고통과 상처를 드러내보였다.

"그동안 내가 얼마나 힘들었는지 알아? 당신이 그럴 거라고는 추호도 생각해 본 적 없었어. 드라마에서나 있을 일이 나한테 벌어졌다는 사실을 받아들일 수 없었어. 내가 너무 격한 반응을 보여서 당신도 힘들었을 거야. 요즘 나는 아무도 만나고 싶지 않아. 내가 못난 것 같고 여자로서 부족하다는 생각밖에 안 들어. 나는 연애 시절처럼 당신하고 평생 행복하게 살 수 있을 거라고 생각했어. 그런데 이게 뭐야! 내 인생이 끝나버린 느낌이었어.

그 일이 있은 후부터는 난 아무 일도 하고 싶지 않아. 내 인생이 실패했다는 생각, 당신에 대한 배신감 때문에 잠도 안 오고, 정신이 나간 사람처럼 살았어. 내가 좀비가 되는 느낌도 들었어. 가끔씩 숨 쉬기조차 힘들 때도 있어. 악몽에 놀라서 잠을 깨는 날이 많아."

치료 과정에서 이렇게 아내가 자신의 상처를 표현하면, 남편이 정서적으로 반응하는 경험을 반복해서 할 수 있게 도와주었다. 민호 씨는 끝까지 아내의 말을 들어주고 위로해 주었다. 남편은 다른 어떤 것보다 아내와의 관계 회복이 가장 중요하다고 말했다.

상담 치료가 20회 정도 진행되자 부부관계에 서서히 긍정적인 변화가 찾아왔다. 정서중심 부부치료는 일반적으로 단기 치료법이다. 8회에서 20

회 정도 소요된다. 하지만 외도 문제일 경우에는 사정이 다르다. 치료 기간이 훨씬 길어진다. 그나마 이 부부처럼 남편이 적극적으로 상담에 임하고 배우자의 고통에 다가가면 시간을 줄일 수 있다.

결국 선화 씨는 거듭되는 남편의 진정 어린 후회와 고통을 이해하는 태도에 용서할 수 있는 마음이 생겨났다. 하지만 아직까지 그 생각에서 완전히 벗어나지 못했기 때문에 당분간은 남편을 괴롭힐 것 같다고 솔직하게 털어놓았다. 이러한 선화 씨의 마음은 지극히 자연스러운 것이다. 외도로 인한 상처는 하루아침에 아물 수 있는 것이 아니다. 이때는 자신의 외도 사실을 아내가 쉽게 잊지 못할 것임을 남편이 먼저 헤아려야 한다. 그런 다음 앞으로도 꾸준히 노력하는 모습을 유지하고, 아내가 힘들어할 때마다 진심으로 함께 해주는 태도가 무엇보다 중요하다.

 심각한 관계 상처를 회복하기 위한 팁

배우자의 외도와 같은 애착 손상의 경우 치료하는 단계가 있다. 일반적으로 외도에 대해서 배우자가 언급하면 외도를 한 쪽은 그 사실을 축소시키려 한다. 외도에 대한 언급이 수면 위로 떠오르면 격한 감정적 반응이 동반되며, 외도를 저지른 이는 대부분 배우자의 고통을 외면하고 사건의 중요성을 부인하며 방어적인 태도를 취하곤 한다. 치료자는 이러한 부부의 반응을 이해해 주면서 다음과 같은 단계로 회복을 돕는다.

앞서 언급했듯이 외도 문제는 꽁꽁 숨겨두거나 둘만의 문제로 치부하지 말고 적극적으로 전문적인 치료자의 도움을 받는 것이 좋다. 외도는 그 자체로 매우 복잡한 문제이기 때문에 당사자들만의 해결이 어렵고, 성급한 대화는 오히려 서로의 감정을 자극해 더 깊은 상처를 남길 수 있다.

심각한 고통을 겪는 부부를 상담해 온 경험을 통해 여러분께 꼭 전하고 싶은 이야기가 있다. 인터넷이나 친구들 사이에서 나오는 잘못된 정보가 관계를 더 악화시키거나 회복을 어렵게 만들 수 있다는 점이다. 특히 '외도는 회복이 불가능하다', '한 번 외도한 사람은 반드시 다시 할 것이다' 같은 말은 회복의 길을 막고 가족을 절망으로 몰아넣는다. 그렇지 않다. 오히려 힘든 과정을 겪은 후에는 이전보다 더 깊은 관계로 발전할 수 있다. 물론 과정은 힘들지만 회복은 가능하다는 사실을 잊지 말아야 한다. 외도를 경험하고도 상담을 통해 회복된 부부들이 말하는 것을 들어보면 그 가능성을 더욱 확신하게 된다.

"지금까지 들었던 말들이 전부 여기서 하는 상담 내용과 반대되는 것이었어요. 지인이나 인터넷을 통해서 외도는 회복이 불가능하다는 말을 하도 많이 들어서 절망 끝에 마지막 지푸라기 잡는 심정으로 상담을 신청했었어요. 그때 그런 얘기에 실망해서 이혼했더라면 큰일 날 뻔했어요. 지금 우린 이전보다 더 가깝다는 느낌을 받아요. 중간에 내가 힘들어하면 남편은 내 마음에 깊이 다가와요. 살면서 이런 경험을 요즘에야 하게 되었어요. 연애 때도 이렇게까지 가깝다고 느끼지 못했어요."

많은 내담자들이 고통스러운 상황은 시간이 지나면 저절로 잊혀질 것이라 생각한다. 하지만 애착 손상과 같은 트라우마는 저절로 사라지지 않는다. 반드시 그 상황을 직면하고 치료 과정을 거쳐야만 회복이 가능하다. 외도 후에 서로 침묵하기로 하고 문제를 덮었다가, 5년이 지난 후에도 그 고통이 여전히 생생하게 느껴져 결국 상담을 찾아온 부부도 있었다. 내면의 고통은 내버려 두면 더욱 곪고, 곪을수록 더 심각한 결과를 초래할 수 있다.

"지워지지 않은 상처라고 들었어요. 이것을 들춰내도 평생 지워지지 않는다면, 지금 회복을 위해 들춰내는 것이 무슨 의미가 있나요?"

많은 사람이 이렇게 생각한다. 그래서 가해자도, 피해자도 상처를 다시 들춰내고 싶어 하지 않는다. 평생을 가야 한다는 생각에 회복의 필요성을 느끼지 못하고 낙담하여 상담을 찾아온다. 이는 오해에서 비롯된 것이며, 상처의 깊이를 제대로 이해하지 못한 결과다.

수술실을 예로 들어 설명해 보겠다. 누군가가 휘두른 칼에 복부가 심각하게 다친 상황을 상상해 보자. 상처가 깊고 출혈이 심해 치료하지 않으면 생명이 위험해질 수 있다. 이 사람을 치료하기 위해서는 수술대 위에서 밝은 빛을 비추며 상처를 정밀하게 살펴야 한다. 혈관, 신경, 근육, 뼈 등에 이상이 없는지 점검하고, 상처를 봉합하며 필요한 약물을 투여해야 한다.

상처가 잘 아물고 있는지 꼼꼼하게 확인하고, 오랜 시간 동안 상태를 지켜봐야 한다. 퇴원 후에도 정기적으로 병원을 방문해 완치 여부를 확인한다. 처음에는 아무것도 할 수 없었던 사람이 이제는 회사에 다니고, 가족과 여행을 하며, 친구들과 만나는 일상으로 돌아간다. 하지만 옷을 벗으면 복부에 남은 칼자국이 보인다. 이 상처 자국은 지워지지 않는다. 가끔 그것을 보며 과거를 회상할 수도 있다. 그러나 이제는 그 상처가 일상을 지배하지 않는다. 왜냐하면 적극적으로 상처를 들여다보고 치료했기 때문이다. 상처를 무서워하고 흉측해한 나머지, 상처 안을 자세히 보지 않고 단순히 봉합했다면 어떻게 되었을까? 상상만 해도 끔찍한 결과를 초래할 수 있었다.

외도와 같은 심각한 관계 상처 역시 마찬가지 과정을 밟아야 한다. 상처를 드러내지 않고 덮어버리면 오히려 회복이 힘든 상태에 빠질 수 있다. 그 아픔을 드러내고 서로 마주하고 바라보면서 살펴보아야 한다. 외도를 겪으면 일상이 멈춘 것과 같은 고통을 겪게 되는데, 그 상처를 자세히 들여다봐야 후유증 없이 치유된다. 수술실에서 가장 밝은 불빛으로 상처 부위를 보듯이 상담 과정을 그것을 보게 하고, 가해자는 자신이 이러한 상처를 준 것에 대한 후회를 표현하고 다시는 그렇게 하지 않는다는 약속을 해야 한다. 이 과정은 정서적으로 깊이 다가가야만 이루어질 수 있으며, 대부분의 경우 전문가의 도움이 필수적이다. 왜냐하면 부부만의 힘으로는 겪을 수 있는 심각한 반응을 감당하기 어렵기 때문이다. 이러한 과정을 통해 연결을 회복하면, 일상으로 돌아갈 수 있다. 물론 칼로 입은 상처가 흉터로 남듯이, 외도에도 흔적은 남는다. 그러나 흔적은 일상에서 건강하게 생활하며, 부부가 다시 고통을 겪지 않도록 재발을 경계하는 이정표가 되어줄 것이다.

 외도라는 상처의 해독제

외도는 심각한 상처를 입혀 자신과 타인에 대해서 가지고 있던 생각을 무너뜨린다. 부부는 길을 잃고 회복에 대한 희망을 잃게 된다. 절망 속에서 법원을 찾거나 아이들 앞에서 심각한 몸싸움으로 이차적인 두려움을 아이들에게 안긴다. 그러한 상태로 오기 때문에 상담 과정도 힘들어서, 상담사는 고도의 집중을 해야 하고 특별히 외도에 대한 공부를 해야 한다. 필자의 연구소에도 지금까지 3천여 부부가 찾아왔는데, 이 중에 외도 케이스가 가장 많았다. 이는 외도 자체의 빈도가 높다기보다 외도가 결혼생활을 위기에 빠트리는 강력한 힘을 갖고 있기 때문이다.

우선 중요한 마음가짐은 회복이 가능하다는 것이다. 외도한 배우자를 참고 살라는 것이 아니다. 외도로 인한 상처를 회복하지 않으면 심각한 부작용을 안기기 때문에 상처를 회복하는 과정을 반드시 밟아야 한다. 그 과정에서 깊은 경험을 하게 되고 변화가 시작된다. 일례로, 어느 부인이 외도를 해서 남편이 상담을 시작했다. 아내는 자신의 잘못보다는 남편을 비난하며 자신을 방어하는 데 집중했다. 이에 남편은 이혼을 결심하고 상담을 신청했지만, 아내는 이혼을 원하지 않았다.

상담 첫날 남편은 말했다. "아내가 상담을 통해서 자신의 잘못을 깨닫고, 나에게 얼마나 상처를 준 것인지 이해하면 좋겠어요. 아내가 이를 이해하면 저는 아내와 관계를 끝낼 거예요."

상담이 진행되면서 아내는 외도로 인한 고통이 얼마나 큰지를 점차 이해하기 시작했다. 처음에 아내는 남편이 가정에 소홀했다고 생각해 이혼을 고려했었고, 그래서 외도 후에도 남편을 비난하고 탓하기 바빴다. 그러다가 점차 남편의 소홀함은 외도가 아닌 상담을 통해 해결해야 하는 문제임을 깨닫고, 부부 갈등은 해결해야 할 주제이지 외도로 해결해서는 안된다는 사실을 이해했다. 이해가 깊어지면서 아내는 진심으로 남편에게 사과했고, 이로 인해 남편에게 놀라운 변화가 생겼다.

"소장님, 원래 전 아내가 자신의 잘못을 깨달으면 이혼하려 했어요. 절대로 다시 받아줄 수 없을 것이라 생각했어요. 그런데 아내가 요즘 자신의 잘못을 깨닫고 저에게 진심으로 사과하고, 고통을 위로해 주니 이혼하려던 마음이 사라졌어요. 이전보다 우리 부부가 훨씬 깊은 관계로 나아가고 있다는 사실이 놀라워요. 이제 우리는 더 많은 대화를 하고 일상에서 일어나는 속상한 얘기도 전보다 더 잘하게 되었어요. 관계가 훨씬 단단해졌어요. 아내와 오래 살아야죠. 우리가 편안해지니, 아이들도 우리에게 잘 다가와요. 상담 초반엔 이전보다 더 좋아질 수 있다는 소장님 말씀을 이해할 수 없었어요. 잠깐 화가 나기도 했고요. 그렇지만 이제는 그 말이 무슨 뜻인지 하루하루 경험하고 있어요."

회복을 위해 기억해야 할 세 가지

외도와 폭력과 같은 심각한 상처를 입은 부부에게 내가 강조하는 세 가지 원칙이 있다.

첫 번째, 다시는 이런 일이 발생해서는 안 된다. 가해자는 반드시 재발을 방지해야 하며, 피해자 또한 같은 고통을 반복해서 겪어서는 안 된다. 가해자 중 일부는 "앞으로 안 그런다고 했잖아, 이제 그만 얘기해!"라며 스스로를 회복된 것으로 여기는 경우가 있다. 그러나 단순히 외도나 폭력을 중단하는 것만으로 회복이 이루어진 것은 아니다. 그것은 회복을 위한 기본적인 조건일 뿐이다. 더 이상 이런 행동이 없어야 회복을 진행할 수 있다.

외도나 폭력은 본래 사랑하는 사이에서 일어나서는 안 될 일이다. 서로에 대한 속상함이나 불안감은 정상적인 감정이지만, 이를 폭력으로 해결하는 것은 절대로 있어서는 안 되는 일이다. 상대로부터 위로와 의지를 받는 것이 아니라 오히려 상처받는 상황이라면 그 고통은 말로 표현할 수 없이 크다. 가장 소중한 사람이 외도를 함으로써 더 이상 안전한 의지처가 되지 못한다면, 그것은 마치 하루아침에 가장 소중한 사람을 잃는 것과 같다. 다시는 그러한 경험을 해서는 안 된다. 그 외도와 폭력을 멈추어야 한다. 외도가 진행되는 동안에는 부부관계의 재결합이 불가능하며, 이미 다른 사람과의 결합으로 인해 부부간의 유대감을 건강하게 회복할 수 없다. "나는 외도할 때도 배우자를 사랑하고 가정을 지켰어요"라고 말하는 사람이 있다. 외도 자체가 사랑의 기반을 무너뜨리고 가정을 위협하는 행위임을 이해하지 못하는 것이다. 사랑과 가정을 진정으로 회복하려면 다시는 그러한 일이 발생해서는 안 된다. 피해자 역시 그러한 심한 고통을 다시 겪어서는 안 된다.

두 번째, 이러한 상처는 오래간다는 사실을 인정해야 한다. 지워지지 않은 상처라고 표현했듯이, 아픔은 깊고 고통은 엄청나다. 잊을 수 없는 크기에 압도당한 피해자는 속수무책 고통을 반복해서 떠올리고 아파한다. 화를 내고 죽고 싶은 고통으로 순식간에 빠져드는 식의 반복되는 기억과 각성 상태가 이어진다. 이러한 상황에서 가해 배우자가 "도대체 언제까지 이럴 거야, 나도 할 만큼 했어. 나도 인간인지라 더 이상 견딜 수 없어"라고 화를 낼 수 있다. 그러나 누구보다도 빨리 그 순간을 잊고 싶은 것은 피해자이다. 자신도 모르게 고통스러운 상황에 빠져드는 것을 막을 수 없고, 본인도 통제하기 힘든 것이다.

가해 배우자는 '언제까지 이럴 거냐'라는 태도보다는 '당신이 평생 잊지 못할 상처를 내가 주었어'라고 다가가야 한다. 그래야 오히려 고통의 시간이 줄어든다. 반대로 종용하면 고통의 시간이 더 길어질 수 있다는 사실을 알고, 상처의 고통을 인정하고 함께 극복하려는 자세가 필요하다. 이러한 반응을 반복할 때 그 기억을 조금씩 지워갈 수 있다.

세 번째가 무엇보다 중요하다. 피해자의 상처에 진심으로 다가가야 한다. 피해자에게 다시는 겪고 싶지 않은 상처임을 알고 가해자는 그 깊이에 다가가서 정서적으로 함께 해야 한다. "미안하다고 했잖아, 이제 용서할 때도 되었잖아"라는 반응은 그 아픔의 깊이를 모를 때 하는 말이다. 작은 자극에도 피해자의 상처는 쉽게 되살아난다. 예를 들어, 가해 배우자와 연락이 되지 않는 상황에서 다시 외도가 일어나고 있다고 느끼며 깊은 고통에 빠질 수 있다. 이때 가해 배우자가 외도를 하지 않고 정상적으로 일하고 있음에도 불구하고, 피해자는 큰 스트레스와 공포를 겪는다. 이러한 오해를 줄이기 위해, 가해 배우자는 위치를 알려주고 자주 연락하는 등의 노력을 해야 한다.

생각해 보라. 지금 배우자가 다시 외도를 한다는 생각에 빠져드는 순간 얼마나 끔찍하겠는가? 가해자 자신이 회사에서 일하는데, 그런 오해를 받으면 얼마나 억울한가? 그래서 그런 오해를 줄이려면 행선지를 적극적으로 알리고 자주 연락해야 한다.

이러한 배려는 상처를 치유하는 것이 아니라, 상처를 자극하는 상황을 줄이기 위한 것이다. 또한 고통받는 배우자의 아픔을 알고 있기에 나오는 행동이기도 하다. 결국 피해자가 자극을 받아서 고통스러워하고 아파할 때, 적극적으로 그 상처를 이해하고 다가가야 회복이 된다.

"처음엔 일하고 있는데 아내가 전화하면 화가 났어요. 나를 믿지 않는다는 생각에 짜증이 나서 저도 전화를 끊었어요." 어느 남편이 상담 초기에 했던 말이다. 상담을 받으면서 점차 트라우마를 이해하고 고통이 얼마나 힘든 것인지를 이해한 남편의 태도가 달라졌다. "이제 아내가 집에 혼자 있을 때 고통이 밀려오면 언제든지 전화를 하라고 했어요. 정말 전화받기 힘들 때는 '여보, 미안'이라고 말해주기로 했어요. 정말 불가피한 상황 외에는 전화를 받았어요. 아내가 제 외도를 떠올리면 그 순간 죽고 싶을 정도로 고통이 밀려온다는 사실을 알았으니까요. 회의 중에도 잠깐 나와서 받았죠." 그랬더니 기적이 찾아왔다고 남편이 말했다. 점점 아내가 회사에 전화하는 일이 줄어든 것이다.

아내는 말한다. "이전에는 남편이 전화를 받지 않으면 외도 중일 거란 생각에 미쳐버릴 것 같아서 열 번이고 스무 번이고 전화기가 뜨거워지도록 전화했어요. 그런데 상담을 받고 내 마음을 이해해 주고 적극적으로 전화를 받기 시작하면서 저도 강도와 빈도가 점점 줄었어요. 여전히 상처로 인한 고통은 하루에도 몇 차례 올라와요. 그래도 전화하면 남편이 언제든지 받아줄 것이라는 생각만으로도 고통이 줄어요. 나중에 퇴근하면 말해야지, 생각하다가 남편이 귀가하면 잊어버리기도 해요."

외도로 인한 상처를 기억해 줄 때 상처는 줄어든다. '내가 그것을 언제나 기억하고 고통을 함께할 것이라는 가해자의 마음이 바로 트라우마를 사라지게 만드는 해독제가 된다. 부부관계는 그렇게 점차 회복될 수 있다. 지금, 외도 등 심각한 상처로 인하여 부부관계가 고통에 빠져있다 해도 회복할 수 있다는 희망을 버리지 않아야 한다. 둘이 해결하기 힘들 때는 이혼 법률가가 아니라 회복 전문가를 찾아야 한다.

"트라우마의 감옥에서 해방되려면 도움을 요청하세요"

33세 인모 씨는 힘겨운 표정으로 상담실을 찾았다. 3개월 전부터 심하게 우울하고 불안해져 사람들을 만나기를 꺼리게 되자, 어머니의 권유로 정신건강의학과 진료를 받았고 그곳 원장님 소개로 필자의 연구소를 방문한 것이라 했다. 심하게 더듬는 편인 그는 말을 이어가는 데 어려움을 겪는 것으로 보였다.

인모 씨의 부모님은 결혼 초부터 작은 식당을 운영하였고, 성실한 두 분의 노력으로 식당은 40명이 넘는 직원을 둔 사업으로 발전했다. 당시 인모 씨는 부모님이 운영하는 식당에서 일하며, 가급적 사람들과의 접촉을 피해 주방에서 음식 만드는 것을 돕거나 설거지를 하고 있었다. 반면 남동생은 회사를 다니면서 주말이면 식당에 와서 손님을 응대했다. 첫날 연구소를 함께 방문한 어머니는 눈물을 흘리면서 가난하고 살기 바빠서 아들 둘은 돌보지 못했다고 털어놨다.

"지금 식당에서 몇 년을 일하면서 아들을 지켜보게 되었어요. 사람들 만나려 하지 않아요, 결혼 적령기가 되기도 했는데……. 걱정이 되어 정신과 치료를 받으라고 권유했어요."

아이들이 어린 시절 부모는 식당 일이 바빠 관심을 줄 수 없었고, 두 자녀는 대개 외할머니 집에서 시간을 보냈다. 인모 씨는 착해서 집안 일도 잘 돕지만, 말은 거의 하지 않는 아이였다. 특히 학교에서 생긴 일은 전혀 말하지 않아서 무슨 일이 있었는지 알지 못했다. 최근에 인모 씨가 점차 쉬는 날에도 밖으로 나가지 않고 어머니에게 화를 내는 일이 늘어나자 부모님은 걱정에 빠졌다. 그는 흥분하면 말을 더듬었는데, 요즘 들어 증상이 더 심해졌다고 했다. 특히 그는 아버지를 무척 두려워했고, 같이 일하면서도 아버지와는 거리를 두었으며 두 사람 사이에 대화는 없었다.

첫날 인모 씨는 힘들게 자신의 이야기를 했다.

"최근에 이유 없이 불안하고 말도 더 많이 더듬고… 많이 우울해요……. 본래 낯을 가렸고 친구도 없어요……. 그런데 저는 늘 부모님과 동생이 걱정돼요……. 가족이 잘 지내고 있는지 항상 불안해요."

인모 씨는 말을 더듬으며 어렵게 말을 이어나갔다. 그는 상담 내내 치료사를 직접 바라보지 못했다. 한편, 그의 어머니에 따르면 동생은 직업도 있고 일도 잘해 걱정이 없다고 했다.

두 번째 상담에서도 그는 자신의 얘기보다는 부모와 동생에 대한 걱정을 많이 했고, 가족이 안전했으면 좋겠다고 말했다. 인모 씨는 대학을 졸업했고, 군대도 다녀왔다. 시키는 일은 잘했지만, 20대 후반부터 점점 자신감을 잃고 사람들을 만나는 것이 두려워졌다고 했다. 밖으로 나가는 것이 불안해서 주로 식당이나 집에만 머물렀다. 상담사가 물었을 때, 그는 밖에 나가려 하면 가슴이 두근거리고 견딜 수 없어 약속 장소에도 가지 못하고 돌아온 적이 많다고 했다. 그런 자신이 못나고 부족하다고 느껴져서 혼자 방에서 자책하며 살았다. 지금까지 살면서 자신의 얘기를 이렇게 길게 해 본 적이 없다고 했다.

그가 자신의 얘기를 하기 시작한 것은 조금씩 치료사와 관계가 편안해진 상담 5회 차부터였다. 초등학교 4학년 때 전학을 가면서 왕따를 당하기 시작했다. 같은 반 친구 세 명이 돈을 요구하고, 주지 않으면 때렸다. 그래서 할머니의 돈을 몰래 훔쳐서 주었고, 방과 후에는 아파트 놀이터에서 아이들에게 불려 가 맞았으며, 어느 날은 친구들이 전봇대에 그의 머리를 박기도 했다. 그때부터 학교 가기가 싫었다고 했다. 할머니가 쓰러지고, 학교에서는 왕따 당하는데, 부모는 늘 식당 일에 지쳐 만나지 못했다. 그럼에도 불구하고 그는 세 살 아래 동생을 돌봐야 하는 처지였다.

왕따 문제는 계속 이어져 중학교 때에 가장 심각해졌다. 인모 씨는 보호해 줄 사람이 아무도 없자, 스스로를 지키기 위해 말도 거칠게 하고 욕설을 사용했다. 그는 이렇게 강해 보이면 자신을 지킬 수 있을 것이라고 생각했다. 하지만 이런 태도는 오히려 더 많은 괴롭힘의 빌미를 주었고,

문제가 더욱 심해졌다. 친구들과의 관계도 더욱 어려워졌다고 한다. 고등학교 때는 부모에게 말해서 중국으로 유학을 가게 되었다. 그곳에는 자신을 괴롭히는 친구가 없었고, 성적도 좋았다. 한국으로 돌아와서 중어중문학과에 진학했다. 중국에 있으면서 자신의 트라우마가 없어지고 회복된 줄 알았다.

🔮 트라우마는 현재의 삶을 뒤흔든다

그러나 트라우마는 다시 현실에서 그를 괴롭히기 시작했다. 과거 자신을 괴롭힌 친구와 비슷한 사람을 길가다 만나면 갑자기 불안해지고 힘들어졌다. 대학을 졸업하고 취업을 준비하던 중, 한 면접에서 중학교 시절 자신을 가장 많이 괴롭혔던 친구를 닮은 면접관을 보고 혼비백산했다. 그는 땀을 흘리며 면접 중에 아무 말도 할 수 없었고, 결국 면접을 제대로 치르지 못했다. 그 사건 이후 취업을 포기하고 부모님이 운영하는 식당에서 일하기로 결정했다.

인모 씨와 같이 학창 시절의 왕따 경험으로 오랜 고통을 겪는 젊은이들을 상담할 때가 많다. 폭력과 같은 극심한 왕따는 개인의 삶의 근간을 흔들고 깊은 상처를 남긴다. 인모 씨는 오랜 시간 그러한 경험을 하고도 아무에게도 말하지 못했으며, 그 고통을 혼자 견뎌내야만 했다. 그 결과 그는 자신의 트라우마와 함께 살아가는 것을 일종의 숙명처럼 느끼게 되었다. 면접장에 가거나, 집을 나서거나, 비슷한 사람을 볼 때마다 그의 현실에서는 고통이 생생하게 재현되었고, 벗어날 수 있다는 희망은 점점 사라졌다. 그로 인해 그는 점차 사회생활을 기피하고 자신만의 세계에 칩거하게 되었다. 그에게 혼자 있는 곳이 가장 안전하다고 느껴졌으며, 자극을 줄이는 것이 유일한 방어전략이 되었다.

이 부분이 가장 가슴이 아픈 상황이다. 한 번도 자신을 안전하게 받아줄 사람을 경험해보지 못했다. 그래서 누구도 신뢰할 수 없게 된 것이다. 인모 씨도 누구에게도 말하지 못했다. 왕따가 시작될 무렵 할머니는 병상에 누워 계셨고, 부모님은 식당 일에 바빠 자신의 고통을 공유할 사람이 없었다. 중학교 시절, 그는 강해 보이려 노력했지만 그 행동은 오히려 그를 더욱 옭아맸다. 복어가 위험을 느끼고 몸을 부풀리듯 인모 씨도 욕을 하고 거칠게 행동하며 자신을 방어했지만, 그로 인해 더욱 친구들로부터 외면당하게 되었다. 중학교 시절 강해 보이려 한 그의 행동은 친구들을 더욱 자극했고, 결국 더 많은 친구들과의 교류를 잃게 만들었다. 그의 유일한 보호 방법은 사람들과의 접촉을 줄이는 것이었다. 고등학교 때 중국으로 유학을 간 것이 그에게는 숨통을 틔워주었고, 그때 얻은 자신감은 대학과 군대 생활 동안 그를 보호해 주었다. 하지만 점차 과거의 고통은 그를 다시 잡아끌었다.

🔘 감옥에 갇혀버린 상처받은 피해자

트라우마를 겪은 내담자를 상담하다 보면 무척 가슴 아픈 부분이 있다. 그들이 사용했던 전략, 즉 자신을 보호하기 위해 혼자 지내고, 외부와의 접촉을 최소화하는 것이 트라우마로 인한 고통을 줄이는 데는 일시적으로 효과적이었을 수 있다. 그러나 그 방식이 결국 자신을 가두는 감옥이 되어버렸다는 것이다. 한때는 필요했던 방어 메커니즘이 이제는 밝은 태양 아래에서도 그들을 억제한다. 왕따의 고통이 강렬하기 때문에 그 고통을 줄이려는 데 온 힘을 기울인다. 집 밖을 나가려면 바로 비상등이 울렸다. 가슴이 뛰고 그런 일이 닥칠지 모른다는 신체 반응이 오면, 불안감이 밀려와 결국 밖으로 향하던 발걸음은 집으로 급선회한다. 조금이라도 트라우마가 재발할 수 있는 상황이 예견되면, 다른 전략을 사용할 수 없게 된다.

트라우마를 경험하면서 형성된 자신과 타인에 대한 부정적인 생각은 그들을 더욱더 감옥에 가둬 놓는다.

"내가 하는 어떤 노력도 실패할 수밖에 없어. 난 무능력한 사람이야."

"난 이제 아무도 만나지 않을 거야. 아무도 날 환영하지 않아."

"사람들은 내가 얼마나 멍청한지 알고 있을 거야. 초등학교 때부터 당하고 살았던 나를 알면 날 비웃을 게 분명해. 그들은 날 실패자로 볼 거야."

"나의 비밀을 알아버리면 얼마나 날 바보라고 놀릴 거야. 당하고만 산

나를 한심하다고 여길 거야."

"난 아무도 믿을 수 없어. 그들은 늘 나를 비웃고 조롱했어. 다시 상처받지 않을 거야."

"그래도 내 가족은 마지막으로 내가 말하면 들어줄 거야. 한 번도 말하지 않아서 그렇지 분명 가족은 내 편일 거야."

인모 씨가 상담 과정에서 말한 내용이다. 트라우마를 겪은 희생자는 이와 유사하게 말한다. 피해자인데 자신을 실패자로 규정하게 되고 자신을 보호하기 위한 생각에 사로잡힌다. 아무에게도 자신의 고통을 털어놓지 못하고 살아가는 것이 얼마나 외로울지 생각하면 가슴이 저려온다.

그러나 인모 씨의 사례처럼 트라우마 상담은 변화를 가져올 수 있다. 27회의 상담을 거쳐 인모 씨는 회복의 길을 찾았고, 이제는 식당 일을 그만두고 새로운 희망을 갖게 되었다. 그는 중국어 교육을 위한 책을 쓸 계획까지 하고 있다. 이는 트라우마가 개인을 감옥에 가둬 버리지만, 적절한 치료를 통해 그 감옥에서 벗어날 수 있다는 것을 보여준다.

위로가 필요한 줄 몰랐어요

필자는 인모 씨의 경험에 들어가기 위해 그와 함께했다. 상담사는 트라우마 희생자를 끌고 가기보다는 함께 그들의 상황에 머물러야 한다. 인모 씨를 처음 만났을 때, 그는 말하기를 어려워하며 자주 더듬었다. 상담사는 그에게 서두르지 말고 천천히 이야기해도 된다고 조언했다. 과거의 이야기를 할 때 불안과 고통을 느낄 때마다 상담사는 그의 곁을 지켰다.

"지금 당시 생각만으로도 이렇게 불안해하고 고통스러워하는 것을 보니 그때 얼마나 힘들었는지 이해할 수 있겠어요. 그때 생각만 해도 지금 고통이 밀려오네요. 당시 인모 씨는 뭔가를 해결해야 할 것이 아니라 '위로'를 받아야 했어요."

상담 7회 차에 상담사가 '위로'가 필요했다고 말한 것에 인모 씨는 크게 놀랐다. 자신이 부족하고 무능하다고 생각하며 그런 부정적인 생각에 사로잡혀 살아왔던 그는, 그것을 처리하는 데 온 에너지를 쏟고 살았다. 인모 씨는 상담사의 말에 '위로'를 받았고 처음으로 울음을 터뜨렸다. 상담사는 인모 씨의 눈물이 멈출 때까지 기다려 주었다.

"한 번도 제 자신이 위로를 받아야 된다고 생각하지 못했어요. 저는 고통이 제 삶의 일부라고만 생각했지, 제가 고통받고 있다고 느끼지 못했거든요. 항상 제 탓이라고 생각했어요. 사실 저는 위로를 받아본 적이 없어요. 오늘 소장님이 제 과거 이야기를 들어주었는데, 저는 처음으로 위로를 받았어요. 그래서 눈물이 났어요."

트라우마 희생자는 종종 고통 자체를 자신처럼 느낀다. 자신의 상처와 그로 인한 고통을 분리하기 어려워한다. 왕따를 당했을 때 필요했던 가장 귀중한 것, 즉 소중한 사람의 위로가 상처를 치료할 해독제였음을 인모 씨는 경험하지 못했다. 위로가 필요했다는 치료사의 말에 인모 씨는 점점 자신의 고통에 다가갈 수 있었다. 그리고 치료사는 그 고통에 함께 머무르며 공감해 주었다.

🔘 당신을 이제 이해할 수 있겠어요

트라우마 회복에서 가장 중요한 것은 피해자의 경험을 인정하고 이해하는 것이다. 피해자는 자신을 진실로 인정받은 적이 없다. 여러 가지 이유로, 타인에게 말하지 못했기 때문에, 이해받을 기회조차 없었다. 그래서 피해자가 고통스러웠던 경험을 제대로 인정해 주고, 그들이 경험한 일을 이해하는 것이 중요하다.

"당신은 그럴 수밖에 없었어요. 이해가 돼요."

이렇게 머물러서 함께 해주어야 한다. 가치가 없다고 느끼는 내담자는 자신의 이야기를 쉽게 하지 못한다. 상담 과정에서 내담자가 용기를 내어 한 말에 대해 상담사가 비판하거나 잘못됐다고 지적한다면, 내담자는 다시 자신의 감옥으로 숨어버릴 수 있다.

"이것 봐, 전문가조차 내가 잘못했다고 하잖아. 내 생각이 맞았어. 아무에게도 말하지 않은 것이 지금 내게 중요해. 아무도 나에게 상처를 주도록 하지 않을 거야!"

인모 씨가 자신이 무능력하다고 말하면 상담사는 그런 생각과 감정, 행동을 연결해서 인정해 주었다.

"조금 전에 인모 씨가 본인이 어떤 노력을 해도 실패할 수밖에 없고 난 무능력한 사람이야라고 했어요. 맞나요? 스스로 노력했지만 실패했기 때문에 무능력한 사람이라고 느낄 수 있겠어요. 그 마음을 이해할 수 있겠어요. 실패자라고 느꼈을 때 얼마나 힘들었나요?"

인모 씨가 말했다.

"그래서 아무것도 하고 싶지 않았어요."

"어떤 노력도 실패했으니까요. 그래서 아무것도 시도하고 싶지 않았겠어요. 뭔가 시도했다가 실패하면 그것이 힘드니까요. 지금 이렇게 말해주니까 이해할 수 있어요."

이 같은 상담 과정을 통해 인모 씨의 경험을 지속적으로 인정하고, 자책과 회피가 트라우마 때문에 겪는 고통임을 반복해서 확인해 주었다.

이럴 때 많은 상담사가 흔히 범하는 잘못된 조언과 충고가 있다.

"지금 과거 상처가 있다고 이러고 있으면 어떻게 해요. 이제 성인이 되었으니 취업도 해야지요. 이제 과거는 잊고 자신 있게 행동해도 돼요. 아무도 당신을 무능력하다고 생각하지 않아요."

이런 식으로 진행하면, 트라우마를 겪은 사람은 자신의 경험과 감정이 이해받지 못한다고 느껴 다시 감옥에 갇힌 듯한 상태로 돌아갈 수 있다. 다른 사람이 당신을 무능력하다고 생각하지 않는다는 조언은 강력하게 피해자를 지배해 온 과거 경험을 무너뜨리지 못한다. 오랜 시간 동안 자리 잡은 마음과 그렇게 되기까지 경험한 고통을 이해받지 못하면 그 생각에서 벗어나기 어렵다. 자신이 무능력하지 않고 가치 있는 사람임을 느낄 수 있는 진정한 인정과 이해가 필요하다. 인간은 진정으로 자신의 경험을 인정받고 이해받을 때, 자신이 유능하고 가치 있는 존재라고 느낄 수 있기 때문이다.

🧿 산소가 공급되는 것 같아요

트라우마 피해자와 개인 상담을 할 때 상담사는 그들의 고통을 진심으로 이해하고 함께해야 한다. 피해자의 현재 경험을 그들의 트라우마와 연결하는 과정을 반복하면서, 안전한 상담실 환경에서 깊이 있는 표현을 할 수 있도록 도와야 한다. 이때, 속도 조절이 중요하다. 내담자가 말할 준비가 될 때까지 기다리며 천천히 깊은 경험으로 인도해야 한다.

"천천히 가는 것이 가장 빠른 것이다!"

치료사가 야단치고 끌고 가고 비난하면, 속도가 늦어진다. 다시 자신의 안전한 감옥으로 쉽게 들어가 버리기 때문이다. 다시 나오는 데 더 오랜 시간이 걸릴 수 있다.

상담이 진행되는 동안 인모 씨는 과거 왕따를 당했던 친구들에 대한 감정을 조심스럽게 드러냈다. 그는 자신이 못나서 그런 것이 아니라 그들의 잘못으로 인한 것임을 인정하기 시작했다. 폭력을 행사했던 친구들이 대학에 진학하고 취업한 소식을 듣고 분노를 느꼈다. 이때 치료사는 인모 씨의 분노를 충분히 이해하며 그 감정을 받아들였다. 그는 자신이 나쁜 사람이라고 느낀 부정적인 생각을 가졌지만, 치료사는 그러한 분노가 정당하다고 설명했다. 이 과정을 통해 그의 자책감은 줄어들었고, 자신의 감정을 말할 때 치료사가 비난하지 않는 경험을 통해 자신이 실패자가 아니라 위로받을 자격이 있는 사람임을 깨닫게 되었다.

이렇게 점차 인모 씨는 자신에 대한 부정적 생각을 교정해 갔다. 단순한 조언이 아니라 새로운 수용과 이해를 통한 변화가 이뤄졌다.

"소장님은 늘 저를 이해하고 위로해 주었어요. 제가 하는 말을 하나도 놓치지 않고 들어주어서 감사해요. 그동안은 모두가 내 말을 듣기 싫어하고 비난할 것 같아서 말할 수 없었어요. 그런데 이렇게 소장님이 저를 받아줄 때마다 답답한 가슴에 산소가 공급되는 것 같았어요."

그의 말을 통해서 내담자를 더욱 깊이 이해할 수 있었다.

"그동안 산소가 공급되지 않은 가슴을 안고 정말 힘들었겠어요. 지금까지 인모 씨의 가슴에 산소가 공급되지 않은 채 살았네요. 혼자 얼마나 답답했나요?"

이 날도 인모 씨는 눈물을 흘렸고 이전보다 자신의 감정을 편하게 표현하였다.

인모 씨는 상담 과정을 산소가 공급되는 것 같다고 묘사했다. 그리고 점점 자신의 깊은 정서를 표현했다. 점차 적절한 이미지를 사용해서 자신의 경험을 묘사했다. 그럴 때마다 필자는 가슴이 아팠다. 긍정적인 경험을 하면 회복이 가능한데, 인모 씨가 그런 경험을 갖지 못한 것이 안타까웠다. 왕따의 감옥에서 벗어나는 과정은 매우 고통스러웠을 것이다. 현재 많은 트라우마 피해자들이 희망을 잃고 좌절하며 자신을 감옥에 가두고 있다. 인모 씨처럼 조금씩 벗어나며 자신을 이해하고 자신감을 찾아가는 사람들이 많았으면 하는 바람이다. 최근에는 이런 트라우마 내담자에 대한 경험이 많은 상담사가 늘어나고 있다. 특히 필자의 연구소에서 실시하는 정서중심 개인치료는 트라우마 내담자들에게 큰 도움이 된다.

상담사의 끊임없는 인정, 이해, 공감을 경험한 인모 씨가 상담 과정에 대해서 직접 표현한 내용이다.

"저는 그동안 깜깜한 방에 갇혀 있었어요. 불빛 하나 없었어요. 그런데 상담하면서 조금씩 불빛이 들어오는 느낌이에요. 처음에는 아주 작은 바늘구멍으로 들어왔어요. 그것도 저에게는 희망을 주었어요."

"방안에 산소가 부족한데, 이해받을 때마다 신선한 공기를 조금씩 공급받는 느낌이 들었어요."

"어느 날 내가 창 밖을 쳐다보고 있다는 것을 알게 되었어요. 나가는 것도 싫었지만 오래 동안 밖을 쳐다보는 것도 힘들었어요. 그래서 창문을 보지 않고 살았어요."

"오늘 상담을 하면서 제가 문을 열고 밖으로 나가고 있는 것 같았어요. 소장님께서 이제 여기도 안전하니까 나와도 된다고 해주는 느낌이에요. 그런데 아직 혼자 나가면 늪에 빠질 것 같은 두려움이 있어요."

"상담 과정에서 저는 조심스럽게 한 발 한 발 내딛고 있어요. 그런데 몇 회가 지나고 보면 저는 천천히 가는 것 같은데 소장님께서 차에 태워서 빠른 속도로 지금 여기로 데려오는 느낌이 들었어요. 어느 순간부터 속도가 빨라지고 있어요."

상담 마지막 날, 인모 씨는 웃으면서 말했다.

"상담실은 내가 앞으로 나가다가 두려워지고 불안해지면, 넘어져도 되는 날 받아주는 쿠션 같아요. 그래서 다시 일어설 수 있어요."

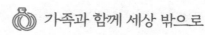 가족과 함께 세상 밖으로

앞에서 언급했듯, 인모 씨는 자신과 타인에 대한 부정적 생각을 가진 한편으로 가족에 대해서는 긍정적으로 생각하고 있었다.

"그래도 내 가족은 마지막으로 내가 말하면 들어줄 거야. 한 번도 말하지 않아서 그렇지 분명 가족은 내 편이 될 거야."

고통을 당할 때 자녀들은 이렇게 생각한다. 자신이 말하지 않지만 가족은 자신이 말하면 언제든 자기편이 되어 줄 것이라는 믿음을 가진다. 애착대상에게 달려갈 수 있다는 생각은 고통을 겪을 때 희망을 준다. 하지만 한 가닥 희망을 갖게 한 이런 생각을 무너뜨리는 상황이 발생했다.

인모 씨는 중학교 2학년 때 아버지와 아픈 기억을 털어놓았다. 크리스마스 선물을 사러 가서 동생과 선물을 고르고 있는데, 아버지가 와서 인모 씨에게 말했다.

"너는 엄마 아빠 선물은 준비했냐?"

그 순간 인모 씨는 당황스러웠다. 자신은 전혀 그런 생각을 하지 않았는데, 아버지가 갑자기 그렇게 묻자 당황했다. 진땀이 나고 갑자기 불안감이 밀려오고 가슴이 답답했다. 그렇게 힘들어하고 있는데 아버지가 말했다.

"넌 장남인데, 가족을 생각하지도 않냐?"

그 말에 충격을 받아서 아버지와 멀어지는 계기가 되었다. 그동안 아버지가 자신을 이해하고 언제든지 다가가면 받아줄 것이라는 확신이 있었는데, 그것이 무너지는 순간이었다. 자신을 부족하고, 생각이 없고, 가족을 소중하게 여기지 않은 사람으로 생각하고 있다는 아버지를 직면한 것이다. 인모 씨는 아버지와의 일을 말하면서 자신이 학교 폭력을 당한 경험을 떠올렸다. 그리고 잠깐 말을 더듬었다.

"아버지가 넌 가족을 생각하지 않는다고… 말할 때……, 충격받았어요. 날 폭행하던 아이들이 내 돈을 뺏으면서… '넌 우리 생각은 안 해……: 우리와 약속한 것은 생각 안 해?'라면서 때렸어요. 지들이 일방적으로 약속하고 그렇게 말했어요."

돈을 가져가면 자신들이 원하는 만큼이 아니라고 때리며, 가해자들은 아버지와 비슷한 말을 했다.

"넌 우리 생각은 안 해?"

그 말이 아버지의 말과 겹쳐지면서 충격이 된 것이다. 그때부터 아버지를 포함한 가족들이 가해 친구들과 겹쳐 보이며, 자신이 다가가도 화내고 비웃을 것 같았다고 했다.

"제가 말은 안 했지만, 그래도 아버지는 내가 말하면 분명 나를 이해해 주고……; 내 편이 되어 줄 것이라 생각했어요. 그런데 그날 저는 철저하게 혼자가 되었어요……. 이런 얘기를 그 누구와 한 번도 해본 적은 없어요."

 가족이 전부 낭떠러지에 있었어요

이후 아버지와의 경험에 대해서 3회 정도 상담을 진행했다. 4학년 무렵, 부모님께 왕따 사실을 고백했는데 가족은 전혀 심각하게 생각하지 않았고 귀 기울이지 않았다고 한다. 피곤한 부모님은 그의 말에 반응이 없었다. 그때 느낌을 인모 씨는 다음과 같이 말했다.

"낭떠러지에 서 있었는데, 부모님이 나를 밀어 떨어뜨리는 느낌이 들었어요."

그래도 다시 말하면 부모님은 자신을 알아줄 것이라는 희망이 그를 버티게 했다. 피곤해서 그렇지, 언젠가는 자신을 이해해 주리라 생각했다.

"그런데 중2 때 그날 이후 그런 생각이 사라졌어요…… 그때부터 아무에게도 기댈 수 없다고 생각하게 되었어요."

그는 상담을 통해서 가족과 자신의 고통을 말하면서 왕따와 폭력을 당했던 초등학교 4학년으로 돌아갔다.

"그 당시 할머니가 쓰러지고 부모님은 식당 일에 지쳐서 집에 들어와서 늘 씻지도 못하고 잠들었어요."

상담 과정에서 그 당시의 상황과 심경을 표현하며, 그는 점차 낭떠러지에서 자신을 떨어뜨렸다는 부모에 대해 새로운 이해가 생겼다.

"지금까지 부모가 낭떠러지에서 나를 밀어 떨어뜨린다고 생각했어요. 그리고 중2 때 사건으로 저는 문을 닫아 버렸어요. 그런데 오늘 내가 힘들었던 상황, 가족의 힘든 상황을 말하면서 순간 부모가 낭떠러지에서 나를 밀어붙인 것이 아니라고 느껴져요. 당시 우리 가족이 전부 낭떠러지에 서 있었네요. 지금 말하면서 그런 생각이 들었어요. 그리고 이런 생각이 저에게 힘이 돼요."

인모 씨는 부모가 자기를 받아주지 않고 낭떠러지에서 밀어붙인다고 생각했는데, 그것이 아니라 부모 역시 낭떠러지에 있었다는 것을 이해하게 되었다. 부모도 힘들어서 그런 것이지 자기를 싫어한 것이 아니었음을 이해한 것이다. 인모 씨에게 다시 다가갈 대상이 생긴 것이었다.

"오늘 상담을 통해 이해한 내용을 부모님, 특히 아버지와 나눠봐야겠어요. 저는 그동안 포기하고 있었어요."

이후 부모와 대화도 늘고, 성인이 되고 처음으로 아버지와 영화도 보게 되었다. 과거 상처가 있지만 이제 말할 수 있고, 말하면 위안을 받았다. 인모 씨에게도 아버지를 위로할 힘이 생겼다. 그리고 자신이 그렇게 해도 되는 존재임을 알고 스스로에 대한 긍정적인 생각이 늘어갔다.

"상담을 통해 저 스스로 위로받아야 한다는 생각을 처음으로 하게 되었고, 위안을 많이 받았어요. 그리고 제가 누군가를 위로할 수 있다고 전혀 생각하지 못했어요. 이제 내 감정을 알고 표현할 수 있어서 좋아요. 아버지도 저를 많이 이해해 주세요. 아버지 말씀이 중2 때 일은 농담이었다고 해요. 그리고 그것이 제게 상처가 되었고 힘들었다고 말하니, 아버지가 사과했어요. 최근에 왕따로 겪은 고통을 조금씩 부모에게 말했고, 그럴 때마다 제 편이 되어 주었어요."

 깜깜한 감옥에서 밝은 세상으로

인모 씨는 상담을 통해 자신의 생각과 행동, 감정, 욕구를 깊이 이해하게 되었고, 자신의 상처와 자신을 분리하는 방법을 배웠다. 그 결과, 더 이상 자신을 탓하지 않고 고통을 자신의 잘못으로 몰고 가지 않게 되었다. 가족과 상담사로부터 받은 위로는 그에게 큰 힘이 되었다. 한 번도 제대로 표현하거나 수용받지 못했던 자신의 고통스러운 경험을 인정받으며 점차 밖으로 나아갈 수 있게 되었다.

과거 감옥에 갇히게 했던 밤의 기억은 이제 새로운 경험을 통해서 조금씩 떠나보냈다. 산소가 공급되고, 신선한 공기가 들어오고, 빛이 비치면서 그는 자신이 얼마나 능력 있는 사람인지 깨닫게 되었다. 그리고 그는 자신의 표현력과 사회적 기능에 대해 더 자신감을 갖게 되었다.

심각한 상처를 경험하지 않는 것이 가장 좋지만, 만약 그러한 상처를 겪어도 소중한 사람을 통해 깊이 이해받는 새로운 경험을 하면 회복이 가능하다. 소중한 사람은 부모, 배우자, 또는 상담사일 수 있다. 이 새로운 관계 경험이 트라우마로 인한 감옥에서 벗어나는 길을 열어준다. 수용, 이해, 공감, 인정을 통해 그의 고통에 진심으로 머무르는 것이 필요하다. 그곳이 얼마나 깜깜하고 답답하고 힘든지 알고 함께해야 한다. 깜깜하고 답답한 감옥에서 그들과 함께 있어야만 진정한 치유의 길을 걸을 수 있다.

마지막 상담에서 인모 씨가 말했다. 이제 돈을 모아야 되니 새로운 직장을 알아보고 있다고 했다. 결혼에 대해서도 생각하게 되었고, 집을 나서는 것도 이제 불안하지 않다고 했다. 이전에 다니던 교회에 다시 출석하기 시작했고 지인들과 미국 여행도 다녀왔다. 관계를 통한 트라우마를 해결할 수 있는 가장 중요한 것은 관계를 통한 새로운 경험이다. 과거 관계 경험으로 인해 감옥에 갇혔다면, 현재 새로운 관계 경험을 통해 빛으로 나올 수 있다. 관계는 생명을 살리는 근원이 된다.

인모 씨의 정서 요소를 조합하는 과정은 정리해 보고자 한다. 촉발요인은 여러 가지가 될 수 있었다. 집을 나서려고 할 때, 길가다가 이전에 폭력을 행사했던 친구와 닮은 사람을 본 순간, 아버지로부터 이전 왕따 친구들과 유사한 말을 들었을 때, 과거 자신이 당한 고통이 떠오르는 순간이 촉발요인이 되었다. 이러한 순간들은 인모 씨에게 위험신호로 작용하며, 곧이어 일차적으로 '위험이 다가왔다'는 생각이 떠오른다. 이제 이러한 위험상황을 대처하는 반응이 뒤따른다. 이는 의식적으로 조절할 수 있는 수준이 아니다. 그 인식과 함께 곧바로 심장이 뛰고, 숨이 가빠지고 긴장하게 되며, 말을 더듬는 등 위험에 대한 신체 반응이 따라온다.

이와 함께 내면에서는 심각한 두려움이 생긴다. 다시 과거 고통을 당할 수도 있다는 두려움은 순식간에 인모 씨를 지배한다. 이러한 두려움은 인모 씨가 과거와 비슷한 상황에서 느꼈던 상처와 결합하여 강력한 불안과 고립감을 조성한다. 자신이 이 상황을 혼자 감당해야 한다는 생각에 벗어날 수 없다고 느끼며, 이로 인한 반응은 인모 씨를 더욱더 나약하게 만든다. 신체가 다시 반응하고, 그럴수록 두려움은 더욱 강하게 올라온다. 이때 인모 씨가 표면적으로 보이는 정서는 불안과 무력감이다. 주변에 있는 사람은 불안해하고 목소리를 떨고 무기력하게 있는 인모 씨를 질책한다.

그 순간, 그는 다시 무능력하게 상황에 지배당하는 자신을 직면한다. 아무것도 하지 못하는 자신을 질책한다. 동시에 타인에 대한 부정적 생각이 합쳐진다.

"나는 무가치하고 무능력하고 아무것도 할 수 없어."

"나는 벗어날 수 없어. 나는 이 굴레에서 벗어나지 못할 거야."

"내가 당한 것을 아는 사람은 날 바보로 생각할 거야. 내가 못나서 그런 일을 당했다고 비난할 것이 분명해. 그래서 철저히 숨겨야 해. 아무에게도 말하지 않아야 돼."

"부모님은 내가 말하면 내 편이 되어 줄 거야. 단지 내가 말하지 않아서 몰라서 그래."

"지금도 친구들은 나를 바보 취급 할 거야. 그들은 만나면 안 돼. 밖으로 나갈 수 없어."

"아무에게도 의지하면 안 돼. 그들은 나를 무시할 게 뻔해. 이 문제는 나 혼자 해결할 수밖에 없어. 아무도 믿어서는 안 돼."

이러한 부정적 생각은 행동을 제한하게 만든다. 회피하고 집에 머무르고 피하고 도망 다니게 만든다. 스스로 감옥에 들어가는 것이다.

상담사는 치료과정에서 이 모든 정서 요소를 파악했다. 그리고 그 요소들을 서로 연결시켜 보이지 않는 촉발 요인, 일차 평가, 신체 반응, 두려움, 고통을 드러내는 데 도움을 주었다. 그리고 그를 위로했다. 자신이 고통으로부터 위로를 받아야 할 소중한 존재라는 사실을 망각하게 만든 트라우마를 상담 과정에서 직면할 수 있게 도와주었다. 이는 그가 왕따와 폭력을 당했을 당시뿐만 아니라 촉발 요인이 발생했을 때도 보호받아야 하는 상황임을 인식하는 데 중요한 역할을 했다. 상담을 통해 자신의 경험을 말할 수 있고, 그로 인해 비난받거나 무시당하지 않으며 오히려 위로받을 수 있다는 새로운 경험을 할 수 있었다. 이러한 경험을 '교정적 정서 체험'이라고 부른다. 인모 씨는 이제 숨거나 도망치지 않고 자신의 어려웠던 마음을 드러내도 좋다는 것을 알게 되었다.

이 새로운 경험은 가족과도 공유되었다. 부모님과 자신의 힘들었던 트라우마를 나누고 이해를 받으며, 자신과 타인에 대한 부정적인 생각이 서서히 교정되었다. 이는 타인을 의지해도 상대가 자신을 쿠션처럼 받아줄 수 있다는 새로운 경험으로 이어졌고, 아버지와의 관계도 개선되었다. 이러한 내적 힘을 바탕으로 교회 활동을 재개하고 지인과의 여행도 가능해졌다.

내면의 고통이 해소되고 두려움이 사라지면서 더 이상 불안을 느끼지 않게 되었다. 이제까지 회피하고 숨으면서 그 상황을 제거해 왔지만 근본적인 내면의 고통은 사라지지 않았다. 내면의 음악이 그대로인 상태에서 상황을 통제하는 것으로는 문제를 해결할 수 없었다. 내면의 음악, 즉 정서가 안정되면서 새로운 춤을 출 수 있었다.

트라우마 피해자가 보여주는 표면적인 행동과 생각은 전체 서사의 아주 작은 부분에 불과하다. 그 아래에는 이런 생각과 행동을 움직이는 더 큰 동기가 존재한다. 사람들이 상처받은 이들에게 생각과 행동을 멈추라고 조언하는 것은, 실제로는 그들의 내면에 있는 두려움과 상처를 자극할 수 있다. 인모 씨의 사례를 통해 알 수 있듯, '밖으로 나가'라는 조언이 그들에게 얼마나 큰 두려움을 주는지 이해하기를 바란다. 고통이 촉발되고 순식간에 깊어질 수 있다. 피해자들에게 안전하다는 새로운 경험을 제공해야만 그들이 밖으로 나올 수 있다. 그런 경험을 제공할 수 있는 사람은 바로 당신이다. 당신이 그들의 쿠션 역할을 함으로써, 점차 그들의 생각과 행동이 바뀔 수 있다.

"당신이 이렇게 고통을 받고 힘든 줄 몰랐어. 천천히 세상으로 나갈 수 있게 내가 도움이 되면 좋겠어. 급히 서두르지 말고 천천히 함께 풀어 가. 당신이 당한 고통을 나에게 말해주면 좋겠어. 이제 숨거나 도망가지 않아도 돼."

감옥에서 나오게 하려면 밝은 세상이 있다는 것을 보여줘야 한다. 피해자들에게 그동안의 고통이 이해받는 경험을 주는 것이 중요하다. 그들에게 행동과 생각을 고치라고 강요하기보다는 그들이 겪은 고통을 이해하는 것이 필요하다. 그렇게 천천히 진행할 때, 트라우마 피해자는 밖으로 향하는 길을 더 빨리 찾을 수 있다.

관계도, 사람도,
아픔과 회복을 거치며
성숙해진다

부부 문제는 당사자의 관점에서 이해해야 한다. 어떤 것이 좋고 나쁘다고 할 수 없다. 몸이 불편한 사람끼리 결혼해도 행복할 수 있고, 건강한 사람끼리 결혼해도 장애 부부처럼 살 수 있다. 성격 좋은 사람끼리 결혼해도 서로 죽일 듯이 싸워대고, 거친 성격의 남녀가 만나도 알콩달콩하게 살아갈 수 있는 것이 부부다. 상처가 많은 남녀가 만나서 서로 이해하며 치유해 주는 경우도 있지만 서로 싸워서 그 상처를 더 키우는 부부도 있다. 직업도 상관이 없다. 영화 <조폭마누라>처럼 조폭과 그의 부인이 서로를 이해하며 행복한 가정을 꾸릴 수 있지만, 판사 부부도 가정을 혼란에 빠뜨릴 수 있다. 정신과 의사 부부가 정신적으로 불행할 수도 있다. 결국 중요한 것은 직업이 무엇인지보다 지금 우리가 남편과 아내가 되었냐가 더 큰 부분이 된다. 부부로서의 역할을 제대로 수행하고 있느냐가 더 큰 행복을 만든다. 서로 무시하고 비난하고 자신이 뛰어났다고 상대를 경멸하여 부부관계에 균열이 있으면, 불행은 두 사람 사이에 파고든다. 모든 것을 불행이 지배해 버린다. 당신은 서로를 존중하는 부부로 살고 있는가?

부부 문제는 당사자들만의 독특한 문화를 이해해 가면서 접근해야 한다. 일반적 틀에 맞춰 해석하면 자칫 부부관계에 상처를 줄 수 있다. 부부가 서로를 어떻게 바라보고 행동하는지가 행복과 불행을 좌우한다. 이것이 경제 수준, 학식, 건강, 성격 등을 뛰어넘는 행복의 조건이다.

수전 존슨 교수는 부부 불화에서 회복된 부부들에게 "사랑은 언어와 같아서 사용하면 할수록 점점 쉬워집니다. 사랑도 사용하지 않으면 점차 사라지고 맙니다"라고 조언한다. 부부 불화를 극복하고 나면 물론 서로에게 다가가고 반응하는 것이 훨씬 자연스러워진다. 이후에도 부부가 서로 의지를 갖고 꾸준히 노력을 해나가야 한다. 서로를 향한 마음과 태도가 바뀔 때 관계는 회복될 수 있다.

소중한 관계를 회복하려고 노력하는 한 사람을 소개하면서 글을 마무리하려고 한다. 정말 소중한 것을 알고 그것을 놓치지 않으려고 노력하는 사람들을 보면 아름답다. 상민 씨가 그런 모습을 보여주었다.

큰 사업체를 운영하고 있는 상민 씨는 최근에 고통에 빠졌다. 성실한 그는 직장과 가정을 위해서 열심히 살아왔고 행복한 미래를 꿈꾸고 있었다. 밤낮 사업 확장을 위해 최선을 다한 그의 꿈대로 안정된 사업체를 갖게 되었다. 그동안 아내 소희 씨는 아들 둘을 양육하면서 가정에 최선을 다했다.

그런데 점차 소희 씨에게 변화가 찾아왔다. 결혼 15년 만에 공허감이 밀려오고 무기력해졌다. 이런 감정이 찾아오면서 소희 씨는 고통에 빠졌다. 눈물이 나고 아이들이 학교에서 돌아와도 환영하지 않고 방에 누워있는 시간이 잦아졌다. 이전 자신의 모습에 비춰볼 때, 이런 그녀의 행동은 상상할 수 없는 일이었다. 40대가 되면서 집 가까이 제법 큰 카페를 운영하기 시작해서 에너지 넘치는 소희 씨였다. 그런 모습은 온데간데없이 사라지고 지금은 아무것도 하고 싶지 않아졌다. 직원에게 맡기고 카페에 출근하는 날도 급격히 줄었다. 이런 자신의 모습에 실망하면서 더욱 자신감을 잃어 갔다.

그러던 한 달 전 소희 씨가 상민 씨에게 폭탄선언을 했다. 상민 씨는 전혀 예상할 수 없는 말이었다.

"당신 하고 이혼하고 싶어."

처음에 소희 씨가 장난하는 줄 알았다. 그동안 가족을 사랑했고, 가정을 꾸미기 위해서 최선을 다한 아내였다. 아내가 이런 생각을 할 줄 꿈에도 생각 못 했다.

부부가 상담을 시작했다. 소희 씨가 자신은 너무 우울해서 이제 가정을 지탱할 힘이 없다고 했다. 더 이상 망가져가는 자신을 보고 싶지 않고 아이들에게 짐이 되는 것 같아서 떠나고 싶어 했다. 상담을 통해서 왜 이런 일이 그녀에게 찾아왔는지 표현하기 시작했다.

상민 씨 말대로 소희 씨는 친정 부모님이 심하게 싸우는 분위기에서 살았다. 그래서 빨리 친정을 떠나서 결혼하고 싶었다. 그리고 자신은 절대 싸움을 하지 않겠다고 다짐했다. 남편과 아이들을 불화가 없는 가정을 선물하고 싶었다. 그래서 힘든 일이 있어도 표현하지 않고 속으로 삼키고 티내지 않고 밝게 가정 분위기를 이끌었다. 그런 소희 씨를 주변에서는 '천사'라고 불렀다. 친척 모임에서도 한 번도 화를 내지 않고 웃으면서 다른 사람을 대했다. 그런 소희 씨가 갑자기 변했다.

갑자기 아이들이 조금만 서운하게 해도 눈물이 나고 쉽게 지쳐갔다. 남편이 늦게 들어와도 이전처럼 대할 수 없고 화가 났지만 표현하지 않았다. 자기 혼자 가정을 밝게 만들기 위해서 노력해 왔는데, 정작 자신이 힘들 때 아무도 곁에 남아 있지 않고 알아주는 사람이 없다고 느껴졌다. 어릴 때도 불안하고 힘들었지만 부모 갈등을 해결하기 위해서 전전긍긍해 왔던 자신의 모습이 불쑥 생각나기 시작했다. 자신이 너무 불쌍하게 다가

왔다. 현재 자신의 너무도 모습도 초라하고 남의 꼭두각시로 살아가는 것 같아서 더 이상 그렇게 하고 싶지 않은 생각이 올라왔다. 이런 자신의 생각이 너무 강해서 더 이상 그렇게 살고 싶지 않고 모든 것을 두고 떠나고 싶었다. 너무나 소중한 가정이었는데, 자신이 사라지는 느낌이 드니 더는 그렇게 하고 싶지 않아졌다.

그녀는 점차 상담을 통해서 자신의 경험을 표현했다. 상담사의 권유로 정신과에서 우울증 약물도 처방받았다. 기분이 조금 올라오기는 했지만 가정을 위해 더 이상 자신을 희생하고 싶지 않았다. 그리고 자신의 아픔을 얘기하는 것이 힘들어서 상담조차 거절했다. 당분간 혼자 있고 싶다고 했다. 감정을 한 번도 표현해 보지 않았던 소희 씨는 자기 고통을 말하면서 오히려 무너지는 자신을 만나는 것 같아서 힘들어했다. 아직 자신의 고통을 수용하기에는 무기력이 너무 강했다. 상담사도 우선 약물치료를 통해서 우울증이 완화된 이후에 상담을 다시 진행하는 것이 좋겠다고 판단했고, 그녀의 결정을 받아들였다.

상민 씨는 충격을 받았다. 서로 열심히 행복한 가정을 만들고 있다고 생각했다. 누구보다도 열심히 살아온 상민 씨였다. 한눈팔지 않고 가족과 함께 할 행복한 미래를 꿈꿔왔는데 날벼락이 떨어졌다. 다정하고 항상 웃던 아내가 어느 날부터 화를 내기 시작했고 주말에 사업상 일이 있어도 싫어했다. 집에 들어와도 아내는 문을 닫고 방에 들어가 버린다. 이제 가정은 차가운 기운이 흐르는 고통의 공간으로 변해 버렸다. 더 이상 미래를 꿈꿀 수 없다. 아이들 또한 아내가 손을 놔 버려서 상민 씨가 돌보기 시작했다. 아내를 돌이키고 싶지만 쉽지 않다.

◎ 급격한 상황에 적극적으로 대처하는 남편

상민 씨는 개인 상담을 꾸준히 이어갔다. 상민 씨 역시 부모님이 사업을 해서 경제적으로 힘들었지만 따뜻한 분위기는 아니었다. 아버지는 어머니를 무시했고, 경제적으로 어머니를 통제하고 생활비도 넉넉하게 주지 않았다. 그래서 상민 씨는 경제적으로 안정이 되어도 아버지처럼 하지 않았다. 소희 씨를 통제하거나 압박을 가하지 않았다. 소희 씨가 늘 밝게 가정을 잘 꾸려왔기 때문에 큰 걱정이 없었고 행복했다. 그래서 소희 씨의 급격한 변화는 상민 씨를 당황하게 했다.

상담을 진행하면서 상민 씨는 아내의 아픔을 알아가기 시작했다. 주말에 자신과 시간을 보내고 아이들과 놀아달라고 했던 소희 씨의 말을 떠올렸다. 그때마다 자신이 가정을 위해 밖에서 일할 수밖에 없다고 하면서 주말에도 나갔다. 주말에 늘 골프 약속을 잡았고, 회사에 가서 일했다. 소희 씨가 크게 불만을 표현하지 않았기 때문에 문제라고 생각하지 못했다. 소희 씨의 어릴 때부터 겪은 가정사를 들으면서 그녀가 얼마나 힘들었는지 이해하게 되었다. 소희 씨가 외롭다고는 전혀 생각하지 못했다. 상민 씨는 점차 어릴 때부터 혼자 모든 문제를 해결하기 위해서 애쓴 소희 씨를 이해하며, 아내를 집에 두고 밖으로 돌았던 시간에 그녀가 받은 고통을 보게 되었다.

"아버지는 어머니의 말을 듣지 않고 무시했어요. 그런데 지금 보니 소희 씨가 함께 있어달라고 자주 말했는데, 저도 그동안 무시하고 살았다는 것을 알게 되었어요. 내가 돈 벌고 경제적으로 압박을 가하지 않으면 좋은 남편이라고 생각했어요. 아버지처럼 하지 않으면 된다고 생각했죠. 그런데 아내가 표현하지 않았을 뿐이지 나에게 무시받고 있었어요."

그때부터 상민 씨는 주말에 집에 머무르고 아이들과도 시간을 보내기 시작했다. 골프 약속은 아예 잡지도 않았다. 평일에도 회사 일을 일찍 마무리하고 이사들에게 맡기고 퇴근을 서둘렀다. 처음으로 아이들을 학원에 데려다주었다. 그러다 보니 소희 씨가 많은 것을 감당하고 있다는 것을 비로소 알게 되었다. 갑자기 생활이 바뀌어서 힘들지 않냐고 상담사가 묻자 상민 씨는 이렇게 답했다.

"처음에는 힘들었어요. 그런데 제가 하는 일이 늘어나서 힘든 것은 아니에요. 아내가 마음을 돌릴 수 있을지 걱정이 됩니다. 저는 가정을 놓치고 싶지 않고 아내와 헤어지고 싶은 마음은 아예 없으니까요. 하지만 소희 씨는 마음을 돌리지 않아요. 힘든 것을 표현해 보지 않은 아내가 말하지 않고 자신과 가정을 놔 버릴까 두려워요. 아내 마음을 꼭 돌리고 싶어요.

가끔 아내가 극단적 선택을 할까 두렵기도 해요."

눈물이 고인 상민 씨의 눈에서 가정을 지키고 싶은 그의 진심을 알 수 있었다. 그는 많은 것을 바꾸어갔고 상담이 진행되면서 본인이 겪은 어린 시절에 겪은 아픔도 치유해 갔다. 부부 사이의 친밀감의 소중함을 이해했다. 정서적 소통이 없는 가정은 빈껍데기임을 알았다. 아빠와 대화가 늘어난 두 아들은 상민 씨를 찾는 시간이 많아졌는데, 상민 씨는 그 시간이 행복했다. 자신은 아버지와 그런 시간을 갖지 못했었기 때문이다.

◎◌ 우선순위를 바꾸면 보이는 소중한 가족의 마음

결정적으로 상담사가 상민 씨의 변화를 느끼게 된 시간이 있었다. 깊은 이해를 통해 나올 수 있는 말이었다. 그러면서 그들 부부가 회복이 될 수 있다고 느꼈다. 과거에는 자신이 사업상 골프를 치거나 약속을 잡아도 소희 씨가 힘들어했다. 그때 상민 씨는 사업상 어쩔 수 없는 약속임을 증명해 주면 충분하다고 생각했는데, 이제는 다르게 생각되었다.

"지금 주말에는 전혀 약속을 잡지 않고, 평일에도 가급적 일찍 퇴근해요. 물론 아내는 아직 반응하지 않아요. 오랜 시간 내가 모르고 살아왔기 때문에 저의 변화를 받아들이려면 아내에게 많은 시간이 필요하다고 생각해요. 시간이 걸리더라도 계속 가야지요. 저에게 무엇보다 가족이 가장 소중하니까요."

"전에는 사업상 약속이 있으면 당당하게 나갔어요. '주말에도 난 지금 가족을 위해서 힘들게 일하고 있어. 주말에 나도 골프 안 치고 쉬고 싶어.' 물론 사업상 약속이 아닌 것도 그런 마음으로 나가기도 했어요. 그때 아내가 얼마나 외롭고 힘들었는지 전혀 이해하지 못했어요. 내가 아내의 그런 감정을 무시했어요. 솔직히 말하면 집에 있는 것보다 주말에 나가는 것이 편했어요."

그리고 상민 씨가 이어서 하는 말에 상담사는 감동받았다.

"저는 요즘 생각과 마음이 바뀌었어요. 설사 주말에 친구와 골프 치러 가더라도 아내가 이렇게 말할 때까지 노력하려 해요. '평일에도 열심히 일했는데, 주말에 나가서 당신 피곤하겠다.' 제가 지금과 같은 마음으로 지냈으면 아내는 분명히 그런 말을 해주었을 거예요."

과거 그는 회식과 골프 약속을 일의 연장이라며 당당하게 말했는데, 거기에는 간과된 부분이 있었다. 부부가 서로 연결되고 친밀하고 위안받는 시간이 없었던 것이다. 부부가 함께 지내는 시간이 없었기 때문에 회식과 골프 약속을 아내는 속상해했다. 그것이 사업상이든 친목이든 우선순위가 부부관계에 있으면 크게 문제가 되지 않는다. 아내는 자신과의 관계가 우선이 아니라 시간이 있으면 그런 약속을 우선한다고 느꼈고, 그 때문에 문제가 생긴 것이다.

상담을 통해 상민 씨는 이 부분을 정확하게 이해했다. 그래서 본인이 아들과 보내는 시간, 회사에서 이른 귀가, 주말에 집에 머무르기를 우선 순위로 재정립한 것이다. 자신의 과거 생각이 아내를 외롭게 했다는 것을 알았기 때문에 우선순위가 되는 가정을 소중히 하고 있다. 소희 씨가 자신의 감정을 표현하지 않고 참아온 시간을 보상해 주려는 상민 씨의 노력은 곧 희망으로 돌아올 것이다. 소희 씨 역시 소중한 가정을 지켜내고 싶은 마음이 간절하기 때문이다.

상담사가 상민 씨에게 말했다.

"주말에 친구와 골프 약속을 나갈 때, 아내가 '평일에도 열심히 일했는데, 주말에도 당신 피곤하겠다'는 말을 들을 때까지 노력하겠다는 상민 씨의 마음이 정말 깊어졌어요. 그때가 되면 분명 행복하게 살 수 있을 거예요. 상민 씨의 이런 변화가 감동적이에요."

결합되면 성숙은 멈추지 않는다

자신이 사업상 골프를 친다고 알려주는 것도 중요하다. 하지만 그것에 대해 상대 배우자는 어떤 생각과 경험을 하고 있는지 조율하는 과정이 중요하다. 그럴 때 부부 사이에 공명이 일어난다. 행복은 공명이 일어날 때 찾아온다. 지금 상민 씨는 아내와 조율하기 시작했다. 부부 사이에 무슨 일이 벌어졌는지 알고 자신이 고집해 왔던 것을 내려놓고 노력하는 내담자를 보고 있으면 감동을 받는다. 돈을 얼마만큼 벌고, 하는 일이 무엇이고, 선한 일을 얼마나 하고 있고, 성실하게 살고 있다는 생각에 사로잡혀서 그로 인하여 배우자에게 주는 고통을 보지 못한다.

사랑의 관계는 자신이 무엇을 하는가도 중요하지만 그것이 상대에게 어떤 영향을 주고 있는지를 아는 것이 더 중요하다. 관계에서 무슨 일이 벌어졌는지 아는 것이 중요하다. 상대방의 경험에 귀 기울일 때 비로소 이를 파악할 수 있다.

남편과 가장의 역할을 새롭게 시작한 상민 씨에게 큰 변화가 찾아왔다. 상민 씨가 개인 상담을 시작한 지 3개월 후 소희 씨가 함께 연구소를 찾아온 것이다. 그녀는 꾸준히 노력하는 남편을 보면서 그의 변화를 받아들이게 되었다. 그리고 소희 씨도 감정을 느끼고 표현하는 것을 배우고 싶어 했다. 참는 것이 능사가 아니고 부부로서 함께 풀어가는 연습을 시작하자, 소희 씨는 우울한 감정에서 벗어나게 되었다. 누군가와 연결되는 것이야말로 우울증의 가장 강력한 해독제이기 때문이다.

이제 부부는 새로운 결혼 생활을 시작했다. 어린 시절의 아픔을 서로 공유하고 해소하는 방법을 배웠다. 우선순위를 지키기 위해 노력하며, 이제야 '진정한 부부'가 되는 것 같다고 했다. 깊은 연결감과 상호 존중을 기반으로 한 관계로 발전하며 두 사람의 관계는 더욱 성숙해졌다. 안정된 분위기는 부부 두 사람은 물론, 아이들에게 가장 큰 선물이 될 것이다. 부모의 사랑과 지지가 어떻게 표현되고 실천되는지를 보고 배우면서, 아이들은 정서적으로 안정감을 느끼고 긍정적으로 성장해갈 것이다.

필자는 말한다. 이 세상 모든 부부가 회복될 수 있다고. 가장 영향을 받는 관계를 소중히 할 때, 인간은 더욱 성숙해진다. 결국 부부가 가장 행복할 때는 자신의 배우자가 행복할 때란 사실을 잊지 말자.